Collana di psicologia sociale, diretta da Giancarlo Trentini

L'intendimento di fondo di questa collana di psicologia sociale è quello di costituire una sede istituzionalmente "aperta", secondo modalità pluraliste, ad ogni opportunità di contribuzione che autori di varia provenienza ed orientamento o scuola presentino per lo sviluppo della disciplina.
Tutto ciò significa che la collana non vuole esprimere le speranze e i conati di una sorta di disciplina-ponte che tenta di ritagliarsi un angusto e in definitiva secondario spazio tra la psicologia e la sociologia. Essa aspira a rappresentare una "meta-disciplina" nel suo farsi. Vi sarà dunque, talora, qualche "classico", cioè qualche testo di importante riferimento per tutti; vi sarà, raramente, senza deliri traduttivistici, la presenza di qualche autore straniero; vi sarà spazio per testi largamente di base così come per trattazioni o monografie su temi speciali. Vi saranno soprattutto le voci nuove, non necessariamente in termini di persona, della cultura psico-sociale italiana.
Nella convinzione che sia solo l'armonizzata e orchestrata difformità dei singoli strumenti, o dei solisti, ciò che produce un buon concerto.

[illegible]

L'intendimento di fondo di questa collana di [illegible] è quello di costituire una base [illegible] [illegible] pluralista [illegible] [illegible] [illegible] [illegible] e [illegible] lo sviluppo della disciplina. [illegible] cultura [illegible] [illegible] [illegible] [illegible] [illegible] [illegible], ciò che produce un [illegible].

Giancarlo Trentini

OLTRE IL POTERE

DISCORSO SULLA LEADERSHIP

FrancoAngeli

Progetto grafico della copertina: Elena Pellegrini

In copertina: Vittore Carpaccio (1465?-1525/6) *Il leone di S. Marco* (particolare)
Palazzo Ducale, Venezia

6ª edizione.

Ristampa						Anno				
1	2	3	4	5	6	2003	2004	2005	2006	2007

Stampa: Tipomonza, via Merano 18, Milano.

Indice

I. Una torre di Babele pag. 11

II. Gli orientamenti teoretici di base » 19
1. Alcune definizioni preliminari » 19
2. Gli orientamenti personologici » 23
3. Gli orientamenti interattivi » 28
4. Gli orientamenti funzionalisti » 31
5. Qualche osservazione conclusiva » 34

III. Leadership formale e leadership informale » 37

IV. I livelli di funzionamento dell'individuo nel sociale » 51
1. Premessa » 51
2. Dall'Individuo alla Coppia » 53
3. Dalla Coppia al Piccolo Gruppo » 57
4. Dal Gruppo all'Intergruppo » 60
5. Dall'Intergruppo alla Comunità » 62
6. Il tema dei conflitti e delle coalizioni » 64
7. Dalla Comunità all'Istituzione » 67
8. Il modello globale » 71
9. Una serie di chiarimenti » 73
10. Le difese, l'indipendenza, l'autonomia » 77
11. Conclusioni » 80

V. Gruppo e leadership » 81
1. Del concetto di gruppo » 81

1.1. Prospettiva sociologistica e prospettiva psicologistica pag. 84
1.2. Gruppo psicologico e genesi delle individualità » 90
2. Le quattro trappole » 91
2.1. Il primato del sociale o dello psichico » 91
2.2. Il primato tra *Weltanschauung* cognitiviste e *Weltanschauung* psico-dinamiche » 92
2.3. Il delirio socio-filico » 93
2.4 La lusinga colonialista » 94
3. Una definizione comprensiva » 95
4. Il contesto teorico meta-disciplinare utilizzato » 98
5. Un'iconografia del gruppo, della membership e della leadership » 101

VI. I codici affettivi » 107
1. Gruppo e fondamenti istituzionali del codice materno » 108
2. Gruppo e fondamenti istituzionali del codice paterno » 110
3. L'integrazione tra i codici » 112
4. Le forme della giustizia » 114

VII. Genesi delle ricerche sugli stili di conduzione della leadership » 117
1. Contesto di riferimento » 117
2. Lewin e la sua scuola » 118
3. Gli epigoni » 121
4. Un criticismo evidente » 124

VIII. I modelli della leadership » 125
1. Nascita ed espansione di una modellistica » 125
2. Modelli adimensionali » 126
3. Modelli a una dimensione » 126
4. Modelli a due dimensioni » 131
5. Modelli a tre dimensioni » 133
6. Considerazioni conclusive » 140
6.1. La questione manageriale o della leadership e della headship nel comportamento dirigenziale » 140

6.2. La questione della leadership formale e informale pag. 142
6.3. La questione dei rapporti tra membership e leadership » 142
6.4. La questione del determinismo » 143

IX. Le funzioni della leadership » 145
1. Persona centrale e gruppo » 146
2. Una metafora fisico-chimica » 152
3. La triplice leadership » 153
3.1. I gruppi "provvisori" » 153
3.2. La conflittualità permanente » 155
3.3. L'emergenza della funzione mediatoria » 159
3.4. Alcuni chiarimenti » 161

X. Leadership e Potere » 165
1. Introduzione » 165
2. Le fonti di legittimazione » 168
2.1. L'Autocrazia » 170
2.2. Il Padronato » 172
2.3. La Tecnocrazia » 175
2.4. La Democrazia » 177
3. La questione della successione » 179
4. L'articolazione tra Autorità, Potere e Libertà » 184
4.1. La falsa sinonimia tra Potere e Autorità » 185
4.1.1. Il Potere » 185
4.1.2. L'Autorità » 186
4.1.3. La Libertà » 188
4.2. Le fondamentali modalità di articolazione tra Potere e Autorità » 189
4.2.1. L'anthropos "repubblicano" » 189
4.2.2. L'anthropos "imperiale" » 192
4.2.3. Il salto istituzionale tra sudditanza e cittadinanza » 196

Bibliografia » 201

A mio padre

Mi resta il ricordo dei tuoi passi,
qualche fotografia che si scolora…
Ti tengo vivo con accanimento,
ho raccolto il tuo giorno di luce.
Non ha vinto la notte.
Non ancora.

Alessandro Bianco, Il treno per Parigi

I. Una torre di Babele

> «Se non sarai capace di rispettare gli altri, gli altri non rispetteranno te. Ma di un buon leader, di un leader che parla poco, conclusa la sua opera, raggiunto il suo scopo, gli altri diranno: "Siamo stati noi stessi a far ciò"».
>
> *Lao Tzu* (VI secolo a.C.)

Un genio bifronte si agita, negli ambienti "sacri" e in quelli "profani", tra gli accademici puri e quelli impegnati, tra gli intellettuali apocalittici e quelli integrati, tra il colto e l'inclita, tra principi e contadini: il genio della leadership.

Si tratta volta a volta, secondo i casi o i momenti, di un genio buono o di uno cattivo, di un benefico spirito animatore o di un malefico folletto, di Angelo o Demonio. La sua presenza – specialmente dopo gli anni caldi seguiti al movimento contrassegnato stereotipalmente come "1968" (un tempo si diceva, analogamente, "quarantotto") – è stata volta a volta evocata o rimossa, magnificata o stigmatizzata, invocata o deprecata, innalzata sugli altari o trascinata nella polvere.

In ogni caso, non si può dire che l'argomento lasci indifferenti, sia a livello delle teorie che a quello delle prassi. Come annota Vroom (1976), "poche questioni pertinenti la scienza del comportamento hanno maggiore rilevanza, per i problemi della società, degli studi sulla leadership". Infatti, se il termine leadership è relativamente recente, il tema che gli corrisponde ha interessato gli studiosi in ogni tempo: storici, filosofi, politici, politologi, letterati hanno sempre discusso la questione della gestione del potere, problema che, almeno in prima istanza, può essere assimilato a quello della leadership. Analogamente, la letteratura (anche divulgativa) di tipo sociologico e psicologico, contiene da sempre osservazioni nonché consigli sul modo migliore di esercitare la leadership nelle situazioni micro- o macro-sociali.

Corrispondentemente, anche nell'ambito della ricerca e della riflessione scientifica sull'argomento, in atto da un paio di secoli a questa parte, il problema è stato affrontato e analizzato secondo approcci e piani diversissimi l'uno dall'altro, spesso muoventisi secondo percorsi divergenti e conflittuali. Si possono così svolgere – sul tema in oggetto – un discorso politologico, uno sociologico, uno psicologico, uno giuridico, uno storico, uno etico, ciascuno dei quali sembra portato a muoversi piuttosto indipendentemente dagli altri. Magari con l'arrogante pretesa di ritenersi "l'unico vero". Non solo ma, anche all'interno di ciascuna disciplina, il discorso sulla leadership si può frantumare secondo visioni settoriali: di "scuola", come si suol dire.

Ne deriva una miriade di prospettive e di linguaggi, una vera e propria torre di Babele. Non casualmente, in un noto saggio, D. Cartwright sosteneva già nel 1965 che lo studio dell'influenza sociale e del potere, temi strettamente legati a quello della leadership, non erano più "una palude senza fondo", come aveva scritto Dahl nel 1957, ma certamente erano ancora "un luogo molto paludoso". Si potrebbe affermare anche oggi che lo studio dei diversi aspetti del fenomeno leadership cresce tra le canne di un infido terreno fangoso. Tuttavia si può anche rilevare che, dagli albori dell'interesse per l'argomento, si sono fatti progressi molto interessanti per la sua comprensione, di pari passo con il rilievo che si tratta di un problema estremamente complesso. Delineare una analisi dei nuovi sviluppi è l'obiettivo di questo volume.

Il carattere di Torre di Babele è rintracciabile puntualmente anche all'interno della psicologia generale e di quella sociale, quest'ultima ponendosi come la branca delle discipline psicologiche maggiormente deputata allo studio del nostro tema.

Più in particolare – di fronte alla situazione generale accennata, piuttosto confusiva e dispersa – la gran parte della psicologia sociale contemporanea tende a non occuparsi dell'argomento, anche perché impacciata dalla rincorsa cognitivista e spesso attestata sulle posizioni e sui dati acquisiti dalla ricerca di matrice lewiniana, negli anni '30 e '40, che considereremo più avanti.

Consequenzialmente, ciò dà luogo alla formazione e al consolidato strutturarsi di diffusissime credenze stereotipali, sia nel mondo dei giovani cultori delle Scienze dell'Uomo che, più latamente, nell'opinione pubblica (culturalizzata o meno) in generale. Ci riferiamo soprattutto alla diffusa convinzione che il discorso psico-sociale sulla leadership sia riconducibile, fondamentalmente, al problema degli "stili" di conduzione dei gruppi: siano questi ultimi classicamente e lewinianamente triripartiti in autoritario, permissivo, democratico oppure riconosciuti in altri e diversi modi.

Si tratta di una visione non priva di interesse ma chiaramente riduttivistica, che mutila e banalizza un problema di ben più ampie proporzioni. Tale riduttivismo concentra l'attenzione su una sola faccia del poliedro. Esso finisce, tra l'altro, per tradursi nella mera presa in considerazione dei comportamenti esteriori dell'uomo nel sociale, visti come passibili di "educazione" e "formazione" adeguate.

Si può arrivare addirittura alla prescrizione di un *bon ton* dello stile di gestione della leadership, nelle situazioni macro-gruppali e organizzative: il comportamento siglato convenzionalmente come "democratico" viene per lo più considerato, apoditticamente, come l'unico adeguato a tutte le situazioni e a tutti i casi. Esso viene definito attraverso tutta una serie di regole manualistiche su ciò che bisogna fare e ciò che bisogna non fare, nella convinzione che l'osservanza di tali indicazioni normative sia sufficiente a garantire il successo dell'azione dei leader. Sembra spesso di trovarsi di fronte a una sorta di grande finzione. Tra le altre cose, la prescrittività formale di un comportamento "democratico", per la gestione dichiarata del consenso all'interno di un'organizzazione tecnocratica, si carica sovente e rapidamente di deno-connotati artificiosi, collusivi, manipolativi, talora terrifici e talaltra ameni. Tali deno-connotati, in quanto saturi di comunicazione paradossa, finiscono per cadere in vite su se stessi, per invilupparsi, per autodistruggersi, nella finzione dell'esteriorità comportamentale, dando spesso origine a situazioni che sfociano nel comico. Si pensi, per esemplificare, al "buon comportamento democratico" del manager in un'impresa, spesso analiticamente delineato, costruito e prescritto magari proposto e coltivato attraverso cicli di attività "formative" all'uopo organizzate – secondo questo o quel "modello": si finisce frequentemente per disegnare, anche al di là delle intenzioni, delle vere e proprie macchiette.

La "democrazia", anche per i leader, è una cosa ben più seria, articolata, complessa e altrimenti fondata.

Naturalmente, tutto ciò non significa sottovalutare e men che meno escludere dalla nostra analisi il problema degli stili di conduzione dei gruppi. Significa solo sostenere che esso va inquadrato e collegato con una serie numerosa di altri problemi, pure riguardanti il tema della leadership. Più esattamente, pur rivestendo certamente importanza, il tema degli stili non appare certo il più vicino ai fondamenti istituzionali del discorso.

Quanto sopra accennato equivale a dire che occorre affrontare l'argomento della leadership secondo un'ottica di grande attenzione alla complessità.

Si tratta infatti di un poliedro a molte facce, tutte rilevanti o considerevoli per la miglior comprensione del fenomeno e per ogni ricerca o intervento si voglia porre in atto su di esso (e sulla sua casistica). Basti pensare all'aspetto costituito dal tema del potere, a quello delle fonti strutturali e funzionali di legittimazione, all'applicazione della modellistica del gioco dei ruoli all'interno dei gruppi (membership e leadership) e ad altri elementi ancora che vedremo in seguito.

La leadership si presenta dunque come una *funzione complessa*, proprio secondo i principi della complessità (reintroduzione dell'*incertezza* in ogni conoscenza, decollo del pensiero *multidimensionale*, *caduta* del primato *della razionalità* monistica, transito da una epistemologia rappresentativa ad una *epistemologia costruttiva*, ecc.) inquadrati da E. Morin, Bocchi e Ceruti, Prigogine e Stengers e altri autori.

Vale dunque la pena di aprire un vero e proprio *discorso sulla leadership*, organizzando intorno a tale tema un "sapere inteso come rete di modelli". Si tratta di procedere in analogia a quanto accade per tanti altri contenuti dello scibile umano. Mutuando da R. Romano, infatti, anche per la leadership è caduta la *centralità* di un qualche punto base, fondamentale e irrinunciabile, cui ricondurre in ogni caso l'organizzazione del sapere. Scomparsa dunque la centralità di un qualche Principio d'Autorità, di qualche Divinità (mono- o politeistica), della Ragione, dell'Idea, della Materia, dell'Inconscio..., la caduta dell'idea stessa di un "centro" tende a dar luogo a modelli molteplici per la comprensione dei fenomeni.

Ma cosa s'ha da intendere con la parola "modello"?

Due appaiono, fondamentalmente, i significati possibili del termine: l'uno è riconducibile al mondo delle *riproduzioni* (o interpretazioni), più o meno artefatte, *della realtà*.

Qualunque realtà: fisico-chimica, sociale, economica, storica, biologica, geografica, ecc. Rientra in tale ordine significale anche la categoria rappresentata dal *modello di un fenomeno* (o di un insieme di fenomeni), con cui si intende "una costruzione più o meno astratta che riproduce le caratteristiche strutturali del fenomeno osservato" (Galimberti, 1990). Vedi per esempio: modello econometrico, modello culturale, modello della personalità, modello di sviluppo, ecc.

– L'altro si rifà al mondo dei *valori* o degli ideali – che siano utopici o meno – che animano l'*immaginario* di un essere umano e che siano perseguibili (o come tali considerati), in qualcuno dei possibili vari aspetti della vita umana e del contesto in cui essa si svolge. Rientra in tale ordine significale anche la rappresentazione mentale (e sociale) di "ogni cosa o persona ritenuta esemplare e, come tale, degna di essere imitata" (Garzanti), così come di ogni originale da riprodurre e/o, a cui conformarsi.

Annotiamo che, talora, elementi dell'immaginario possono ben calare nel reale, sotto spinte da essi stessi determinate; così come elementi della realtà possono ben far scaturire, alimentare, supportare contenuti e processi pertinenti all'immaginario. Il livello del simbolico sta a mezza strada, disponibilmente.

Per la strada del primo significato, si può affermare che sono modelli «i trenini elettrici o le costruzioni del meccano in un negozio di giocattoli, il plastico di un edificio o di una città, una carta geografica o un mappamondo o anche le bamboline di cera di un sortilegio...» (Romano). Così come il modello dell'atomo di Bohr, quello anatomo-fisiologico della sinapsi o quello rappresentato da una formula chimica. Un modello è infatti in questi casi, semplicemente, "un artefatto, un marchingegno" che riproduce un sistema reale (cioè un "pezzo" del mondo) che è difficile o impossibile – per il nostro coinvolgimento ovvero per la sua complessità – affrontare direttamente, quando ci si propone di comprenderlo (diagnosi) o di agire su di esso (intervento) [1].

1. «Supponiamo di trovarci di fronte a un problema, ad esempio, un problema pratico: come raggiungere dalla periferia con la nostra auto il centro della città di Modena. Cosa facciamo? Ricorriamo ad un opportuno modello, tiriamo cioè fuori dalla tasca una pianta stradale di Modena e cerchiamo su di essa il simbolo della piazza centrale della città.

«Abbiamo così tradotto la nostra prima domanda (dov'è il centro di Modena?) in quella: dov'è (sulla carta) il simbolo che convenzionalmente rappresenta il centro

Per la strada del secondo significato, si può affermare che si costituiscono come modelli tutte quelle configurazioni cognitivo-affettive ideali e spesso un po' mitiche che ciascun essere umano pone eventualmente al vertice del proprio sistema motivazionale. Diciamo "eventualmente" perché il fenomeno non è certo obbligatorio per tutti e per sempre… Per questa strada possiamo incontrare i "nuovi modelli di sviluppo" così come le "top model", i progetti personali di una nuova vita (anche lo smettere di fumare) a partire da una certa "svolta", l'immagine della donna ideale (o, naturalmente, dell'uomo), il disegno di una città di Dio o il modello strategico dello Stato Sociale, le aspirazioni a «ciò che farò da grande» e i programmi di azione tesi a cambiare il mondo.

Come si nota, in un modo o nell'altro, in via diretta o in via mediata, c'è sempre un possibile riferimento alla configurazione di qualche "Io ideale". In connessione, si può notare anche come vi sia sempre – in tale configurazione del modello – almeno qualche connotato di utopia [2].

della città? Se sappiamo manovrare una carta, ecco che siamo in grado di rispondere alla seconda domanda (individuiamo cioè il centro della città sulla carta e un possibile percorso a partire dal punto che, sulla carta, rappresenta la nostra posizione, fino alla periferia). Si tratta poi di tradurre questa risposta, ma stavolta all'inverso: costruire dalla periferia (reale) della città un percorso verso il centro (reale) della città sulla falsariga del percorso che sulla carta si è stabilito.

«Naturalmente ci sono carte mediocri, carte buone e carte ottime. E così ci sono anche modelli mediocri, buoni, ottimi… ma siano mediocri o buoni i modelli non riproducono tutti gli aspetti della situazione reale modellizzata, bensì solo alcuni (a seconda delle nostre conoscenze di base, dei nostri valori, dei nostri desideri soggettivi e idiosincrasie, talvolta): un modello quindi presuppone sempre una analogia. E le analogie – come del resto si dice anche delle traduzioni e delle donne – se sono belle sono spesso infedeli (cioè audaci, *bold* come direbbero gli anglosassoni) e spesse volte, se troppo fedeli, poco belle.

«Al limite, una carta di Modena che ne riproducesse tutti i particolari sarebbe fedelissima ma altrettanto complessa e quindi inutile: per consultarla dovremmo ricorrere a una nuova carta…» (R. Romano, 1981).

2. «… Il destino di ogni uomo, e della Storia stessa, assomigliano a quello di Mosè, che non raggiunse la Terra Promessa, ma non smise di camminare nella sua direzione. Utopia significa non arrendersi alle cose così come sono e lottare per le cose così come dovrebbero essere; sapere che il mondo, come dice un verso di Brecht, ha bisogno di essere cambiato e riscattato… camminare lungo il fiume, risalire la corrente, ripescare esistenze naufragate, ritrovare relitti impigliati sulle rive e imbarcarli su una precaria arca di Noè di carta. Questo tentativo di salvezza è utopico e l'arca forse affonderà. Ma l'utopia dà senso alla vita, perché esige, contro ogni verosimiglianza, che la vita abbia un senso; don Chisciotte è grande perché si osti-

Sia la prima che, in particolare, la seconda strada dei significati attribuibili al termine "modello" richiamano con immediatezza – pur senza certo lì fermarsi – il mondo dell'adolescenza e della giovinezza. Ma in realtà non solo i ragazzi e i giovani, piuttosto che gli automobilisti perplessi nel traffico cittadino, i matematici o i maghi, i molti Cristoforo Colombo o Pasteur o Alighieri circolanti "giocano" con i modelli, nell'uno o nell'altro dei due significati sopra delineati. Così fanno anche scienziati, religiosi, filosofi, politici… Accade anche che per alcuni di loro il "modello" in cui si crede prende il posto del mondo reale, verificandosi una sorta di fusione tra la realtà effettuale e il modello (specie quello valoriale) che se ne è fatto. È come se queste persone vivessero nel modello.

Va peraltro anche annotato che l'antidoto al "vivere nel modello", costituito dalla logica della "rete di modelli", presenta un indubbio rischio: quello di ritrovarsi in un *labirinto* non privo di cariche ansiogene. Ma si tratta di un rischio tutto sommato fascinoso, di un labirinto di nodi di idee in cui è meglio non preoccuparsi di trovare il "centro", ma lasciarsi prendere dall'incantesimo delle verità plurali, con la libertà del sapere che ne deriva, rispetto al dominio di una qualche idea centrale.

Calando tutto questo discorso, propriamente teorico [3], sul nostro oggetto di analisi, si dovrà rinunciare all'eventuale interpretazione

na a credere, contro l'evidenza, che la bacinella da barbiere sia l'elmo di Mambrino e che la rozza Aldonza sia l'incantevole Dulcinea. Ma don Chisciotte, da solo, sarebbe penoso e pericoloso, come lo è l'utopia quando violenta la realtà, credendo che la meta lontana sia già raggiunta, scambiando il sogno per la realtà e imponendolo con brutalità agli altri, come le utopie politiche totalitarie. Utopia e disincanto, anziché contrapporsi, devono sorreggersi e correggersi a vicenda… Il disincanto è un ossimoro, una contraddizione che l'intelletto non può risolvere e che solo la poesia può esprimere e custodire, perché esso dice che l'incanto non c'è ma suggerisce, nel modo e nel tono in cui lo dice, che esso, nonostante tutto, c'è e può riapparire quando meno lo si attende. Una voce dice che la vita non ha senso, ma il suo timbro profondo è l'eco di quel senso. È stata l'ironia di Cervantes, che ha smascherato la fine e la goffaggine della cavalleria, a dire la poesia e l'incanto della cavalleria…» (C. Magris, 1996).

3. Ci si riferisce qui alla *teoria* come "costruzione speculativa dello spirito che collega delle conseguenze a dei principi" (Lalande) e che tende a situarsi in opposizione costante rispetto a cinque antagonisti: (1) la pratica, nell'ordine dei fatti; (2) la pratica, nell'ordine normativo; (3) la conoscenza volgare (il senso comune); (4) la conoscenza certa (l'errore che può essere anche dietro a un grande dotto); (5) il particolare della scienza (il dettaglio oligofrenico).

È chiaro che vi sono connessioni e articolazioni tra Teoria e Modelli, ma non si tratta di sinonimi.

totalizzante del fenomeno della leadership secondo questo o quel modello psico-sociale (o di altra natura disciplinare); al contrario, sarà più costruttivo il brivido della considerazione positiva di ogni sfaccettatura con cui si presenta il poliedro della leadership stessa.

Anche su questo argomento dunque, per altra strada, occorre tornare a quella "psicologia laica" di cui si parlava appassionatamente, anni fa, con Franco Fornari per e nel Congresso di Acireale: ogni posizione o interpretazione "confessionale", infatti, risulta limitante.

II. Gli orientamenti teoretici di base

Nos non nobis
(Motto inscritto su Palazzo Vendramin-Calergi, in Venezia)

1. Alcune definizioni preliminari

Prima di addentrarci nella trattazione delle trame e dei nodi che vanno a costruire la rete di modelli attraverso cui possiamo proporci di leggere la complessa fenomenica della leadership, converrà indicare alcune definizioni di base, anche al solo scopo di stabilire qualche convenzione di linguaggio.

Per quanto riguarda il termine leader, è facilmente realizzabile che si tratta di una parola di provenienza inglese, di origine indoeuropea, derivata dal verbo "to lead", condurre, guidare.

Seguendo alcune annotazioni di M. Vitali, il termine si ritroverebbe per la prima volta nel linguaggio italiano moderno e nella connotazione attuale nel 1834, quando viene utilizzato per indicare «il capo di un partito o di uno schieramento politico». La piccola enciclopedia Hoepli del 1895 sottolinea una derivazione ippica: leader è il «cavallo che si pone in testa nella gara e fa l'andatura».

Il suo significato è simile dunque ad una delle possibili configurazioni della parola italiana "guida" (che deriva dal germanico witan, indirizzare): «ciò che indirizza verso una meta determinata (sia concreta che astratta, sia reale che immaginaria) o suscita o provoca un determinato effetto; ciò che indica il percorso da seguire; punto di riferimento; musa ispiratrice» (*Grande dizionario della lingua italiana Utet*).

Ma se si scorrono più in dettaglio i molteplici significati che la nostra parola "guida" può avere, si comprende come mai la più specifica ed incisiva parola "leader" sia entrata nell'uso. La nostra parola "guida", infatti, può anche indicare un oggetto inanimato od astratto (una stella, un libro, un insegnamento) oppure una persona che ci conduce lungo un percorso, per professione o magari per ordine o disposizione di qualcuno che sta al di fuori del gruppo in cui ci troviamo, ma senza compartecipare con noi alcunché, al massimo condividendo con noi qualche tratto di strada o di obiettivo comune (che non vuol dire eguale).

Ci si collega bene, su questa base linguistico-etimologica, alle definizioni per così dire classiche di *leader* che compaiono nella letteratura psicologica; esse sono tutte riconducibili, già secondo English & English (1958), alle basilari seguenti:

1. una persona che – in un dato tempo e luogo – modifica, dirige o controlla, mediante le proprie azioni, gli atteggiamenti o le azioni di uno o più "seguaci".
   Si tratta di una definizione che potremmo qualificare come *descrittivo-rappresentativa*.
2. Una persona che occupa un ufficio o una posizione tale da conferire ai suoi consigli (suggestions) o comandi una certa autorità o un certo "potenziale" atto a controllare il comportamento di un gruppo sociale.
   Qualcuno, non senza efficacia puntualizzatrice, ha proposto di riservare il termine LEADER solo ai casi in cui l'autorità viene conferita dai "seguaci", usando la parola CAPO (HEAD) per i casi in cui l'autorità viene imposta dall'esterno.
   Ci si trova anzi, qui, di fronte ad uno dei punti chiave dell'analisi e del dibattito scientifico-culturale sul nostro problema: la distinzione necessaria, ma anche articolata, tra la "guida" imposta dal di fuori di un gruppo e la "guida" espressa dal di dentro. Si considererà più avanti, nel corso del volume, tale aspetto della questione, che corrisponde ad uno dei punti chiave del discorso proposto dal presente volume. Ciò avverrà in particolare in corrispondenza della distinzione tra leadership formale e informale (cfr. cap. III).
   Che si tratti di headship o di leadership, comunque, abbiamo a che fare con una definizione che potremmo indicare come *situazionalista*.
3. Una persona che possiede i tratti supposti necessari per la leadership. Questi tratti vengono variamente definiti; ma molte ricerche

sembrano indicare che non esistono tratti specifici di contrassegno della leadership.

Si tratta di una definizione che potremmo qualificare come *personologica*.

4. Sociometricamente parlando, la persona che riceve il maggior numero di scelte sociometriche. Questo significato è piuttosto tautologico e inoltre troppo "speciale" per essere accettabile, se non in un contesto ristretto.

   Si tratta comunque di una definizione che potremmo indicare come *statico-strutturale*.

Si è parlato fino a questo punto di leader con riferimento a persone fisiche dotate di peculiari funzioni o compiti o capacità o responsabilità, più o meno definite che siano. È tuttavia meglio – o quantomeno complementare – definire parimenti la *leadership* in quanto funzione: almeno in prima istanza, infatti, si tratta di qualcosa che non è necessariamente o sempre riferibile o legata ad una determinata persona fisica. Anche per quanto riguarda la *leadership* sono rintracciabili, a fondamento delle molte esistenti, alcune definizioni che possiamo considerare classiche. Per English & English esse sono:

1. i tratti o le capacità caratteristiche dei leader o della funzione di conduzione.

   Questo primo significato-definizione ignora la "situazione" come fattore determinante del chi e del come guida e conduce, implicando che il leader sia contrassegnato soltanto o prevalentemente dalle sue qualità intrinseche. In questo senso, secondo gli autori, la definizione è "theory begging" (mendicante teoria): splendida espressione inglese per indicare che… non ci sta sotto niente.

   Si tratta di una definizione chiaramente *obliqua* per non dire *mistificatoria*.

2. L'iniziazione, la direzione o il controllo delle azioni o degli atteggiamenti di un'altra persona o gruppo, con la più o meno volontaria acquiescenza dei "seguaci". Da differenziarsi dalla "coercizione".

   Questo secondo significato non implica che vi sia una categoria speciale di persone che sono leader, né che speciali qualità o tipi di azione conferiscano la leadership. Si tratta di una configurazione definitoria che, almeno relativamente, è libera da teoria (a-teorica): possiamo tuttavia inquadrarla e qualificarla come *funzionalista*.

3. L'azione, qualunque essa sia, che influenza il gruppo nel perseguimento dei suoi scopi.

Questo terzo significato appare come valutativo: esso sembra sottintendere che una leadership auto-centrata non è leadership autentica e che tutto si debba o si possa comunque ridurre ad un problema di influenzamento, per di più ad una sola via.

Si tratta in ogni caso di un tipo di definizione che possiamo qualificare come *riduttivisticamente e comportamentisticamente situazionalista.*

A doverosa e interessante integrazione del testo di riferimento costituito dall'English & English – e a riprova della fondamentale esattezza della sintesi significale in esso rappresentata – è utile riportare alcuni altri inquadramenti definitori rintracciabili nella letteratura o da essa legittimamente ricavabili:

- la leadership è l'attività volta ad influenzare le persone che si impegnano volontariamente su obiettivi di gruppo (A. Etzioni, 1961).
- L'influenza interpersonale esercitata da un "principe" in una determinata situazione e rivolta in direzione del conseguimento di uno o più obiettivi specifici (N. Machiavelli, 1513, così "tradotto" e interpretato da autori americani).
- Il processo volto a influenzare le attività di un individuo o di un gruppo che si impegna per il conseguimento di obiettivi in una determinata situazione (P. Hersey e K. Blanchard, 1984) [1].
- La complessità dei processi psicologici che caratterizzano l'esercizio delle funzioni di potere e di influenzamento nei gruppi (G. Trentini, 1980).
- La leadership può essere riferita, in senso largo, alla relazione che corre tra un individuo e un gruppo costituito intorno ad un interesse comune e che induce a comportarsi secondo modalità dirette o comunque determinate dall'individuo medesimo (K. Schmidt, 1933).
- Il termine leader si riferisce alla persona che è stata eletta o incaricata o che è emersa dal gruppo per dirigere e coordinare gli

1. Si tratta in realtà di una concezione sulla quale concordano, secondo Paul Hersey e Kennet Blanchard, la maggior parte degli studiosi di management. Si apre anche, subito e qui, l'aspetto del discorso che riguarda la sovrapponibilità o meno del processo di management con quello di leadership. Anche di esso parleremo a fondo più avanti.

sforzi dei membri del gruppo stesso in direzione di un dato scopo (F. Fiedler, 1987).

– Una forma particolare di influenza. È quella in cui una persona – il leader – influenza un altro o varie altre persone – i seguaci – "disposti" ad accettarne gli scopi e le finalità e a procedere tutti insieme nella direzione da lui indicata, affermando la propria autorità grazie alla forza di convinzione (E. Jaques, 1990).

– Il processo mediante il quale le attività dei membri di un gruppo sono influenzate da una o più persone. Si tratta di un fenomeno di gruppo, indice dello sviluppo, in senso sociale, secondo cui un individuo influenza gli altri più di quanto non venga influenzato. Le diverse modalità di leadership si chiamano stili di leadership (E. Spaltro, 1981).

A livello di un primo commento, è subito annotabile che le convenzioni definitorie che abbiamo indicato come classiche sembrano propendere – pur in modo non drastico – verso una impostazione prevalentemente "personologica" del problema.

In realtà le cose stanno o si pongono in modo diverso, come emerge già dal riesame e dall'analisi accurata del "saggio" delle definizioni sopra riportate, nonché dai dati delle ultime ricerche e riflessioni svolte nell'ambito delle discipline interessate al problema. In proposito, è anzi opportuno sistematizzare in una breve panoramica le principali scuole di pensiero, cioè i principali orientamenti e punti di vista teoretici adottati, nell'affrontare la tematica della leadership. Vediamo di realizzare tale disegno sistematizzante secondo un'intenzione che sia contemporaneamente logica e cronologica.

2. Gli orientamenti personologici

Un tipo di concezione della leadership che è anche in linea con le credenze più diffuse (non solo popolari) ha costituito il punto di partenza di un considerevole complesso di studi, che l'hanno sostanzialmente condotta ad essere oggi "falsificata". Ci si riferisce al principio che considera la leadership come derivata da un tratto, o da un sistema di tratti, della personalità umana. L'asse portante di tale concezione è che la leadership sia comunque riconducibile ad un insieme di caratteristiche della personalità, cioè anche, al limite, ad una configurazione di natura "biologica". Non casualmente, taluni autori qualificano tale impostazione come «caratterologica», termine che consente di lasciare almeno in parte impregiudicata la questione se si abbia a che fare con tratti inerenti la Natura o/e la Cultura dell'individuo.

In ogni caso, il soggetto detentore di leadership possiederebbe una speciale combinazione di caratteristiche personali che, per qualità e quantità, lo differenzierebbero dagli altri esseri umani. Tra queste caratteristiche vengono annoverate di volta in volta, secondo i diversi autori e le diverse Scuole: l'intelligenza, l'onestà, il coraggio, la perseveranza, l'industriosità, l'adattamento, l'estroversione, la sensibilità e altre ancora.

Molte ricerche sono state svolte per scoprire e misurare le correlazioni tra i citati (e altri) differenti tratti della personalità e la leadership ma – anche prescindendo dalla validità scientifica di queste ricerche, non sempre sicura – la gran parte degli autori (possiamo ricordare R.M. Stogdill, 1984; M. Mann, 1959; C.A. Gibb, 1947 e 1958) è concorde nel ritenere totalmente negativi i risultati conseguiti. Tale concezione resta tuttavia ancora molto diffusa e resistente al cambiamento e non sembra aiutare molto ad approfondire lo studio del fenomeno. Essa sembra esprimere le aspettative circolanti nei confronti di quello che viene considerato come il "modello" ideale di leader, spesso in linea di congruenza con una serie di stereotipi. Sono comunque molto diverse le une dalle altre le situazioni sociali, gruppali e istituzionali che mettono in gioco la fenomenologia della leadership; si rende pertanto estremamente arduo specificare i tratti di personalità associati con la figura e il ruolo dei leader senza considerare la differente natura delle varie realtà di contesto, ambientali o circonstanziali in cui essi si muovono.

Si badi che tutto ciò non implica che le capacità individuali non abbiano niente a che vedere con la nascita, la crescita e la gestione del potere (il comando, come spesso viene indicato) e della leadership. Piuttosto, risulta più attendibile valutare la qualità e quantità della loro presenza ponendola in relazione con la situazione. Ne consegue che gli orientamenti che concepiscono il leader come "eroe", come "grande uomo", come possessore di particolari caratteristiche e capacità a prescindere dal resto siano per lo più da considerare una ultrasemplificazione della realtà. In proposito V.H. Vroom (1976) ha osservato come il sogno di una tecnologia con cui fosse possibile misurare il grado di capacità di leadership posseduto dalle diverse persone e così promuovere al ruolo di leader una persona scelta per la "quantità" di tale capacità, si riveli come irraggiungibile in quanto basato su fondamenta del tutto erronee. Secondo un'ironia dell'autore, la domanda "Chi sarà il leader migliore?" è parente di quella "Quale sarà la migliore esca per i pesci?".

In realtà, sarebbe meglio risparmiarsi certe ironie, che suonano per certi aspetti eccessive. Indubbiamente, gli approcci personologici appaiono attualmente superati, specie nella loro fattispecie «classica» e per così dire meccanicistica: troppo ricchi sono i dati – e troppo suggestive le considerazioni – recati dalle ricerche ad impronta interattiva e da quelle ad impronta funzionalista, che considereremo nei paragrafi subito successivi. Purtuttavia, almeno alcuni contributi di studio e di moderna interpretazione delle correnti di tipo personologico non possono essere liquidati con sbrigative sciabolate.

Ci si riferisce con ciò, in particolare, alle analisi improntate psicodinamicamente. Si veda per esempio lo sviluppo del pensiero di Kets de Vries e, in Italia, del suo prefattore Quaglino: questi autori compiono un esame spietato del tema della leadership in quanto saldato «inestricabilmente e ineludibilmente» col tema del potere. Secondo tale prospettiva, l'accoppiata leadership-potere si presenta insolubilmente connessa coi problemi dell'umanità dell'uomo, della sua "qualità", della sua «anima»: si realizza tra l'altro, facilmente, una patologia individuale legata alle dinamiche della leadership e del potere (il narcisismo come «malattia» infantile del *leaderismo*), intrigata e intricata con le vicende personali della storia dei leader «sino alle prime esperienze infantili».

Quaglino porta ad esempio la letteratura sulla leadership che in questi anni si è andata accumulando, anzi

> affastellando e accavallando disordinatamente: quasi sempre il tema è posto con l'intento di rappresentare caratteri e condizioni di un comportamento di leadership efficace, istruzioni per l'uso, richiami al sano realismo per cui tutti possono avere nel loro zaino il bastone da maresciallo. Vagliata con occhio più critico ci si accorge tuttavia che questa letteratura è in larga misura fittizia, che i modelli a due, tre, quattro dimensioni – che vedremo di presentare e analizzare nel cap. VIII di questo stesso volume – presuppongono in realtà drammaticamente sempre il solito uomo "a una dimensione" e che a domande

più impegnative non c'è risposta, a domande che costantemente si ripropongono, che si legano immediatamente a quegli ambigui interrogativi da cui siamo partiti, a domande del tipo: da che cosa dipende il fatto che qualcuno diventi un capo e altri no? Perché è così difficile essere un buon leader? Che cosa determina il potere misterioso del leader sugli altri? Come mai una volta preso il potere (raggiunta una posizione di leadership) si può perdere il senso del limite? Perché è così difficile distaccarsi dal potere, rinunciare alla leadership?... [2].

Per questa strada, il contributo delle impostazioni psico-dinamiche tenta di "spostare" il discorso personologico, di recuperare un certo terreno di fronte ai dilaganti orientamenti interattivo e funzionalista. Cambiando, di quello, il senso. Depurandolo di ogni valenza organicista. Va detto che il tentativo registra un certo successo o comunque inserisce delle zeppe di dubbiosità critica nell'orgogliosa sicurezza degli avversari. Costoro, almeno in parte, vengono battuti in breccia sul loro stesso terreno: quel certo primato da essi conferito all'interazione sociale e al peso delle congiunture o situazioni contingenti si può convertire in elemento di sostegno per un moderno approccio di tipo personologico al nostro tema: un approccio congruente con gli apporti più recenti della ricerca e della riflessione psico-dinamica. Non più quella propriamente personologica di connotazione rigidamente legata alla scuola freudiana antica, ma quella largamente aperta alla valorizzazione del contesto sociale come elemento imprescindibile della stessa declinazione soggettiva e individuale del singolo. In una parola, la ricerca e la riflessione psico-socio-dinamica.

2. Quaglino prosegue proponendo di risalire, per la migliore comprensione del processo della leadership, fino ad Elton Mayo: «Che ne è della "logica dei sentimenti" che ha rappresentato il tratto più incisivo delle sue scoperte alla Western Electric? E che ne è degli ammonimenti di Fromm a proposito del vuoto del cosiddetto "orientamento al mercato", di quel vuoto che riduce le persone a privarsi di ogni qualità specifica (uomini senza qualità in un mondo dove della qualità ci si riempie la bocca ad ogni pié sospinto) per la necessità di andar dietro alle esigenze continuamente mutevoli del mercato stesso, rischiando di perdere di identità per cercare di "accontentare" questa mutevolezza, se non di perdere con l'identità se stessi? E che ne è ancora del grigio uomo d'organizzazione di Whyte, indeciso a tutto, dove la delega è dilazione, ogni azione è rinuncia alla responsabilità, ogni pensiero è rinuncia all'immaginazione?...».

Il lavoro dei leader potrebbe essere definito – scrive Kets de Vries – come gestione di energia. Loro compito principale è quello di trovare il modo più efficiente di convogliare tutta l'energia presente nell'organizzazione verso un obiettivo comune. Devono fare qualcosa di più che non creare ed estrinsecare una visione del futuro capace di armonizzarsi con l'ambiente esterno. Si chiede loro di articolare, condividere e realizzare questa visione incanalando verso l'esterno l'energia aggressiva delle persone che dipendono da loro, di creare un ambiente nel quale questa energia non vada sprecata in lotte intestine e giochi di potere.

Naturalmente una cultura organizzativa di questo genere dipende in gran parte dal tipo di contratto psicologico esistente fra leader e gregari.

È subito possibile annotare che anche nei contributi di tipo psico-socio-dinamico non è spesso rintracciabile una chiara distinzione tra le situazioni di *head-ship* e quelle di *leader-ship*. Il che inquina un po' l'analisi. Non è tuttavia il caso, qui, di esaminare la questione, che viene affrontata in altre parti del volume, specie nel cap. III. dove si analizza il rapporto di confronto-raffronto tra leadership formale e leadership informale. In questa sede, ci basta aver avanzato il rilievo di un certo rischio della confusività.

Consequenzialmente a quanto fin qui detto a proposito degli orientamenti «personologici», e prima di chiudere il paragrafo, non possiamo non evocare anche il tema del *carisma*. Esso pare saldarsi piuttosto bene con le considerazioni di ordine psico-socio-dinamico poco sopra avanzate. Anche a prescindere da questo, tuttavia, e checché ne possa sembrare, la considerazione della prerogativa del *carisma*, può rientrare fondamentalmente negli orientamenti "personologici" di interpretazione della leadership. Non ci si riferisce al carisma come "dono soprannaturale elargito da Dio a qualcuno per il bene di tutta una comunità" (com'era un tempo inteso per i profeti) ma certamente come sintesi di prestigio, ascendente, potere di suggestione che si basa su "straordinarie ed esemplari qualità personali". Si tratta di un *dono di grazia* – come significherebbe, letteralmente, il termine greco – non privo di consistenza, che può peraltro entrare in azione ed essere considerato anche all'interno degli altri orientamenti di cui stiamo qui trattando. Anche di questo parleremo abbastanza a fondo più avanti, nell'analizzare il più volte annunciato confronto dialettico tra leadership formale e leadership informale.

3. Gli orientamenti interattivi

Già nel 1947, dopo aver preso in considerazione gli studi sulla personalità del leader, C.A. Gibb affermava che la leadership era sempre legata alla situazione di un gruppo, che l'accesso di un individuo a un ruolo di leader dipende dagli scopi del gruppo, oltre che dalle capacità dell'individuo stesso di contribuire al loro raggiungimento.

Su tale base, egli concludeva che l'attenzione andava rivolta al rapporto tra il leader e gli altri membri del gruppo, poiché esiste tra loro una mutua interazione. Questo lavoro ed i successivi dello stesso autore (C.A. Gibb, 1950, 1958, 1969ab) gettavano le basi – almeno se consideriamo solo il nostro secolo – per lo sviluppo di una posizione teorica che egli chiamò *interattiva*, al fine di sottolineare che il centro d'interesse si doveva spostare dal leader alla sua interazione con la situazione del gruppo. Una persona in un contesto. In forza di tale impostazione, emerge che la leadership si esprime nel modo e nella misura in cui le *norme* e le *strutture* di un gruppo permettono a speciali abilità e risorse di uno dei membri di essere usate nell'interesse di tutti. Una persona non diviene dunque leader in virtù di un particolare insieme di tratti di personalità stabiliti *a priori*, ma piuttosto col possesso di qualche attributo che, a causa della sua rilevanza nella situazione e dell'importanza attribuitagli dagli altri membri del gruppo, può contribuire al progresso e al declinarsi della vita del gruppo stesso. Inoltrandosi sulla strada della ricerca e della valutazione di qualche attributo che emerga come rilevante nell'interazione con gli altri membri del gruppo, si può anche pervenire a risultati quanto meno strani: si veda come esempio la questione del bambino bilingue, che risulterebbe (in quanto tale!) un leader potenziale tra i suoi coetanei [3].

3. L'affermazione riguardante tale potenzialità rientra in una visione e in un'analisi cognitivista delle dimensioni della personalità nei bambini bilingui. Per essa, sulla base dei dati di determinate ricerche, «il bilinguismo precoce non porta con sé alcuno svantaggio nello sviluppo della personalità, nella misura in cui si tratta di sviluppo, il bambino abituato a parlare due lingue sin dalla sua infanzia non incontra difficoltà a socializzare in vari modi; quindi – si afferma apoditticamente – i bambini bilingui sono socialmente normali come lo sono i bambini monolingui.

Il filone della ricerca degli attributi avvantaggianti si configura tuttavia sempre come molto interessante. Esso risente ancora di qualche impostazione di tipo personologico: anche se il fulcro delle osservazioni viene spostato dai fattori "naturali" a quelli "culturali", si può infatti parlare fino ad un certo punto di vera e propria interazione psico-sociale. Il punto di vista più propriamente interattivo, invece, ha portato ad analizzare il "ruolo" di leader mettendo l'accento sulle azioni che più lo differenziano nel rapporto con gli altri. Tale differenziazione di ruolo fu in particolare studiata da R.F. Bales e P.E. Slater su gruppi appositamente creati in laboratorio presso l'Harvard Department of Social Relation, a partire dagli anni cinquanta. Usando il metodo di *analisi dei processi d'interazione* di Bales (1950), gli autori hanno codificato secondo dodici categorie ogni atto comportamentale individuale che si può riscontrare in un piccolo gruppo, specialmente nelle prime fasi della sua formazione. Essi constatarono presto che i gruppi hanno la tendenza a esprimere due tipi di leader complementari tra loro, rispondenti a bisogni diversi ma egualmente presenti nel gruppo. Questi due tipi furono convenzionalmente ed espressivamente indicati come il leader orientato al compito (task specialist) e il leader orientato alle relazioni (social-emotional specialist). Le caratteristiche dei due tipi di leader possono essere delineate in una sorta di profilo, sinteticamente esprimibile con relativa e un po' generica facilità.

Il *leader orientato al compito*:
- ha conoscenze relative al compito stesso;
- è creativo, innovativo;
- è realistico;
- è convincente nell'opera di raccolta del consenso del gruppo;
- è capace di formulare i problemi e di riassumere le discussioni;
- è abile nel pianificare, organizzare, coordinare;
- si può contare su di lui per completare il lavoro.

Il *leader orientato alle relazioni*:
- dà amicizia e calore;
- risolve i conflitti, allenta le tensioni, è conciliante;

D'altro canto la posizione privilegiata dei bambini bilingui ad essere prescelti, stimati e considerati come potenziali leader, più dei loro pari monolingui (come indicato nel test sociometrico), può influenzare positivamente la crescita e le capacità di acquisizione dei bambini» (Falcone, 1981).

– dà aiuto, consigli, incoraggiamenti;
– mostra comprensione e tolleranza verso i punti di vista diversi;
– mostra imparzialità ed equità.

Come si può notare – oltre alle ricorrenti deno-connotazioni stereotipali, almeno nel modo con cui vengono presentati – i due quadri paiono configurarsi ancora in termini fortemente personologici: semplicemente, i "tratti" vengono ancora riferiti alle caratteristiche del leader e sia pur con riguardo speciale alla gestione delle situazioni in cui egli è immerso. D'altro canto, il punto di vista interattivo non è mai radicale. Occorre infatti ricordare che le due diverse forme di leadership sopra delineate sono legate, oltre che alla situazione del gruppo, anche agli atteggiamenti e ai bisogni individuali dei leader: infatti, mentre la leadership orientata al compito «sarebbe assunta tendenzialmente da persone capaci di tener testa alle reazioni negative degli altri, la leadership socioemotiva sarebbe assunta da chi prova più forte il bisogno di riuscire simpatico a tutti» (S. Stella e C. Kaneklin, 1974).

Va rilevato che le dette specializzazioni di ruolo sorgono in risposta a un complesso di esigenze che derivano dall'interazione tra le domande delle diverse personalità presenti nel gruppo e le domande del gruppo inteso come entità superindividuale, nonché del sistema sociale che ne costituisce il contesto. Esse devono tener conto degli obiettivi del gruppo e delle percezioni reciproche e complementari che i membri del gruppo hanno dei ruoli propri e altrui.

Malgrado questi limiti, è possibile comprendere l'osservazione per cui «le scoperte di Bales sulla duplicità della leadership hanno contribuito alla comprensione della leadership e dei processi di gruppo molto più di ogni altro risultato sperimentale» (C.A. Gibb, 1958). Con il fiorire degli studi stimolati dall'impostazione interattiva, si è giunti ad una progressiva teorizzazione sul fenomeno della leadership in cui si tiene conto del fatto che il gruppo usa le caratteristiche differenziali dei membri a vantaggio di tutti, assegnando flessibilmente la saturazione dei diversi bisogni e la risoluzione dei vari compiti a coloro che risultano, nel gruppo, meglio qualificati a eseguire tali diversificate funzioni.

4. Gli orientamenti funzionalisti

Secondo una terza possibile modalità di approccio, la leadership può essere concepita come un fenomeno emergente e legato allo «svolgimento di quelle azioni che aiutano il gruppo a realizzare gli obiettivi da esso ritenuti importanti. Tali azioni possono essere definite funzioni di gruppo» (D.S. Cartwright e A. Zander, 1960, p. 492).

La leadership finisce allora per consistere in tutte quelle azioni che sono sviluppate ai fini di «contribuire a stabilire gli obiettivi del gruppo, far muovere il gruppo verso il raggiungimento dei propri obiettivi, garantire la coesione del gruppo o rendere disponibili al gruppo certe risorse» (*ibid.*, p. 493). In tal senso, e almeno in linea di principio, è conseguente a tale impostazione il fatto che la leadership possa essere realizzata sia da uno che da più membri del gruppo. Si parla non più tanto della persona leader quanto sempre più frequentemente della leadership come processo, poiché si ritiene di dover sottolineare l'importanza delle caratteristiche delle *funzioni* svolte e non della personalità degli individui che ad esse sono deputati. È bene tuttavia non equivocare su questo punto: non è che con ciò il leader scompaia e non esista più; semplicemente, si rintracciano e si affidano alle funzioni che egli sviluppa in seno al gruppo le fonti di spiegazione e legittimazione psicosociale dell'emergenza del suo ruolo. Anche in termini personali.

Naturalmente, ancora una volta, la situazione tende a differenziarsi secondo che si tratti di funzioni formalmente assegnate in qualche determinata struttura (caso della *head-ship*) piuttosto che di funzioni spontanee autenticamente emergenti in qualche movimento micro- o macro-gruppale (caso della *leadership* vera e propria). Abbiamo già visto, fin dalle basi "definitorie" del discorso, che i giochi dei ruoli tendono a differenziarsi in tal senso. Così come avremo ancora occasione di incontro con la differenziazione in parola, in successive parti della presente trattazione.

Qui, è comunque quasi d'obbligo il richiamo alla dicotomia head-leader, con riferimento alle correnti di pensiero «situazionaliste»: possono essere in tal modo qualificati tutti quegli approcci e quelle ricerche e quegli autori che pongono in rilievo il contesto, che enfatizzano l'influenza della situazione ambientale sulla dinamica comportamentale del leader e dei suoi "seguaci". Importante esponente di tale scuola di pensiero è Fred Fiedler, che attraverso i suoi numerosi lavori ha messo a punto un «modello della contingenza» basato sull'identificazione di tre elementi basilari per l'azione e il controllo della situazione da parte del leader: le relazioni di quest'ultimo con i membri del proprio gruppo, la struttura del compito da realizzare, il potere di posizione del leader all'interno di un'organizzazione. Per il nostro autore, è agevole rilevare che

> *il controllo situazionale* costituisce la maggiore determinante del comportamento del leader. Sebbene l'approccio psicologico al comportamento predittivo si sia concentrato più sulla personalità che sull'ambiente, tuttavia il modo in cui noi ci comportiamo è determinato più dall'ambiente che dalla personalità... Non è quindi sorprendente che la leadership ambientale (environment leader-ship) giochi una parte importante nel comportamento dei leader (Fiedler, 1987, p. 51).

Analizzeremo comunque a fondo il rilevante contributo di Fiedler nel cap. VIII.

A mio modo di vedere, le impostazioni situazionaliste possono essere semplificatoriamente integrate nella più larga categoria degli orientamenti funzionalisti: si tratta infatti, in ogni caso, di privilegiare la rispondenza di uno o più membri di un gruppo a determinate esigenze del gruppo stesso.

Per certi aspetti, se adottiamo un orientamento funzionalista, quello della leadership diviene un concetto che si applica a una particolare operazione della vita di un gruppo, un'operazione ancora "interattiva", ma in termini molto più radicali e secondo modalità flessibili, dinamiche, articolate. Tale operazione consiste in sostanza nel fatto che alcune persone vengono percepite dagli altri come meglio rispondenti alle diversificate necessità di realizzazione, di direzione e di controllo per il raggiungimento di scopi che sono comuni: esse sono gli «interpreti» maggiori e migliori degli evolventisi bisogni di un gruppo. Esse sono, appunto, funzionali alla vita del gruppo stesso.

L'opinione ancora diffusa secondo cui ogni gruppo ha sempre un solo leader e per di più fisso tende ad essere messa in crisi – secondo la prospettiva funzionalista – in base all'osservazione che gli obiettivi di un gruppo si evolvono nel tempo e nello spazio e che i suoi bisogni sono diversi e diversificabili. Secondo i funzionalisti, può certo accadere, probabilisticamente parlando, che *tutte* le funzioni della leadership siano raggruppate in una sola persona, ma accade raramente, limitatamente e fuggevolmente; ciò perché non tutte le funzioni sono ugualmente e contemporaneamente importanti al fine di far muovere il gruppo verso il suo scopo ed è quindi più dannoso che utile credere, come preconizzava Gibb già nel 1947 (p. 269), che un gruppo abbia o richieda necessariamente un solo leader.

L'approccio funzionalista porta una sempre maggiore sottolineatura sul rapporto tra leader e "seguaci": si pone in evidenza come, per comprendere le problematiche della leadership, occorra approfondire sempre meglio le conoscenze sulla *membership*, cioè tutte le modalità che regolano e possono caratterizzare il complesso fenomeno che consiste nell'essere membri di un gruppo.

I membri del gruppo danno origine e nutrimento alla leadership almeno in due modi.

Prima di tutto attraverso l'interazione continua che esiste tra ciascuno di essi e il depositario o i depositari della leadership, fin dalla sua genesi; e viceversa. Tutti i membri, infatti, entrano in un processo di relazione circolare per cui sono certamente influenzati dal leader ma le loro reazioni, a loro volta, influenzano in modo significativo il modo d'essere e di reagire e di comportarsi di lui, dentro e fuori del gruppo. Il che equivale a dire che un gruppo, per funzionare, richiede una collaborazione non statica e fissa ma dinamica e viva tra i suoi membri, una collaborazione conflittuale oltre che consensuale, valoriale e non conformistica, atta a favorire l'interazione reciproca tra i membri e viceversa. Il modello di causalità sottostante non è di tipo lineare (causa-effetto) ma, appunto, circolare (ogni effetto è anche causa e viceversa).

In secondo luogo la leadership trae origine e nutrimento dai membri del gruppo, attraverso la percezione che un'azione svolta da uno dei membri può contribuire positivamente al raggiungimento degli obiettivi di tutti e di ciascuno. In altre parole, le necessità diversificate del gruppo, nel suo sviluppo, creano diverse aspettative positive riferite ai membri, le cui molteplici e variegate abilità vengono identificate come utili agli scopi. Tali *aspettative di ruolo* creano circolazione di idee e di azioni, responsabilità, delega al leader, controdelega a questo o a quel membro, dissenso e consenso. Il che equivale a dire che un gruppo, per funzionare, richiede una collaborazione tra i membri del gruppo stesso che sia tale da consentire anche una gestione dei conflitti presenti in esso. Anzi, la dinamica dei conflitti e delle coalizioni costituisce uno dei fondamenti della vita del gruppo e, dunque, della nascita e dello sviluppo della leadership.

In base agli orientamenti funzionalisti, dunque, diventa importante occuparsi delle "situazioni" in cui si trova chi abbia da svolgere il ruolo di leader. Ciò vale anche se questo tipo di approccio e di teorizzazione non è ancora del tutto consolidato in un quadro definito: forse perché è isomorfico alla tesi che sostiene. In ogni caso, emerge con forza il rilievo che non esiste un modello di comportamento valido in assoluto; anzi, i leader autentici adattano il proprio stile alle situazioni in cui agiscono.

Da quanto detto, si rende possibile fino a un certo punto una sintesi lineare e comprensiva dei molti risultati fin qui ottenuti. La complessità del problema, legata anche al numero e alla flessibilità delle variabili in gioco, non ha condotto finora ad una puntualizzazione teorica del tutto compiuta.

5. Qualche osservazione conclusiva

Un rilievo emerge e attraversa tutte e tre le grandi scuole di pensiero considerate (personologica, interattiva, funzionale): esso riguarda ancora una volta la "complessità" che comunque interviene a questo livello dell'analisi del tema. Per fortuna si tratta di una complessità che è anche riconducibile all'articolarsi di due soli e grandi schieramenti, separati da un interessante antico spartiacque: quello del primato da conferire all'individuo oppure al sociale. Si ritorna sempre a tale punto cruciale. Si nota infatti l'esistenza, nella considerazione "teoretica" della nostra problematica, dei due seguenti versanti:

– il versante della sottolineatura portata sulla fenomenologia *psicosociale*, centrato sulla vita del gruppo nella sua globalità e sulla sua conduzione o guida, nelle vicissitudini situazionali che lo riguardano (all'interno e all'esterno). Rientra in tale versante, ovviamente, anche ogni accenno o tentativo di analisi "istituzionale" di una dinamica generale o speciale della leadership.

– Il versante della sottolineatura portata sulla fenomenologia *individualista*, centrato sulla vita e la personologia del leader, sui suoi tratti e sulle sue attitudini e capacità, più o meno carismaticamente caricate. Rientrano in tale versante, ovviamente, anche le centrature sul "comportamento" del leader (che sono le più banali e riduttive tra tutte) così come quelle riguardanti le vicissitudini della vita soggettiva e intersoggettiva del leader (ben più ricche).

Da almeno cinquant'anni, la considerazione della fenomenologia psico-sociale (genericamente indicabile come situazionalista) ha teso a gradualmente sopravanzare quella della fenomenologia individualista. Ciò almeno nel richiamare la considerazione degli studiosi. A. Bryman ha tentato di schematizzare tale evoluzione in una tavola (cfr. tav. II.1), mirando a semplificare storicamente il percorso. Ma, come abbiamo potuto vedere già fino a questo punto, il caso è più complesso di quanto appaia a prima vista.

Quanto allo spartiacque, potrebbe a prima vista sembrare che esso tenda a coincidere con il pur incerto e già richiamato confine tra Na-

Tav. II.1 - Tendenze nelle teorie e nelle ricerche sulla leadership (secondo A. Bryman)

Periodo	**Tipo di approccio**	**Fulcro di base**	**Denominazione (secondo G. Trentini)**
Fino agli (ultimi) anni '40	Approccio basato sui "tratti"	La capacità di leadership è innata	Orientamenti personologici
Dagli ultimi anni '40 fino a ultimi anni '60	Approccio basato sugli "stili"	L'efficienza della leadership ha a che fare con le modalità di comportamento del leader	Orientamenti interattivi
Dagli ultimi anni '60 ai primi anni '80	Approccio basato sulla "contingenza"	In questo caso dipende: la leadership efficiente è determinata dalla situazione	Orientamenti funzionalisti
Dai primi anni '80 in poi	Approccio basato sulla nuova leadership (includente anche quella carismatica)	I leader devono possedere la "vision"	Nuovo funzionalismo (attento a certe valenze personologiche)

tura e Cultura, cioè con l'antica *vexata questio* se leader si nasca o si diventi. Ma anche qui le cose non stanno proprio in modo così semplice. Sul versante psicologico-sociale, infatti, la fenomenologia della leadership ripete puntualmente quella sintesi dinamica di Natura e Cultura che è rintracciabile in ogni agire dell'essere umano in un dato ambito o società di altri esseri umani. Sul versante personologico-individualistico il riscontro è analogo: basta ricordare che tutti i tratti caratterologici e tutte le attitudini e capacità derivano, perfino costituzionalmente, sia dal genotipo che dal fenotipo e per questa duplice strada, in modo articolato e complesso, vengono trasmessi nonché "addestrati" e affinati: la Natura non rifiuta e non respinge certo la Cultura, e viceversa.

Ancora una volta, quindi, tra il *determinismo genetico* e il *determinismo sociale* l'unica scelta vera e possibile è quella di una connessione e intersezione tra le due parti, all'insegna della complessità. Cioè all'insegna della ragione del Bios, della biologia profondamente e propriamente intesa.

III. Leadership formale e leadership informale

Les esclaves volontaires font plus de tyrans
que les tyrans font des esclaves forcés
Gabriel-Honoré de Riqueti conte di Mirabeau,
Des lettres de cachet et des prisons d'État

Già scorrendo le definizioni di base di leadership riportate in precedenza, così come procedendo ad un esame analitico della letteratura esistente sull'argomento, emerge con evidenza una distinzione di fondo che corrisponde pienamente a una diffusa rappresentazione sociale: la distinzione tra prospettiva formale e prospettiva informale nella considerazione del nostro argomento. Tale distinzione corrisponde, al limite, a quella che corre tra leader imposto dall'esterno (il "sergente" della oleografia popolare) e leader espresso dall'interno del gruppo (il "profeta" o "guru" trascinatore).

In larga misura, si riprende più analiticamente, qui, la distinzione tra il termine *capo (head)* e il termine *leader*, distinzione già prospettata in precedenza come rintracciabile all'interno delle possibili definizioni "situazionaliste" di leader (cfr. p. 20). L'adozione della dicotomia formale-informale, tuttavia, sembra indicare espressivamente il problema sottogiacente e la sua importanza.

Su un primo versante, infatti, è evidente che molto spesso – sia nell'ambito della ricerca, sia nel concreto svolgersi della fenomenologia sociale – ci si riferisce ai leader intesi come persone (ovvero alla leadership intesa come fenomeno-funzione) in termini esteriori, organigrammatici, burocratici, espliciti, formalizzati secondo questa o quella modalità. Corrispondentemente, si hanno i segni esteriori del ruolo in oggetto: i gradi di ufficiale sul cappello o sulla manica, la toga specifica del presidente della Corte, la prerogativa della firma per procura, la pianta ornamentale e il tappeto nell'ufficio del dirigente, la cattedra dietro cui si pone il docente, ecc. In altri termini ci si collega ad una qualche forma di sanzione giuridica o contrattuale che sia intervenuta a contrassegnare una determinata posizione "gerarchica". Sembra anche, allora, che la situazione sia in qualche modo cristallizzata, conseguita e ratificata una volta per tutte o comunque stabilizzata, non modificabile se non attraverso procedure a loro volta del tutto formalizzate.

Su un secondo versante prospettico, è altrettanto spesso evidente che – ancora una volta sia nell'ambito della ricerca che nel concreto svolgersi della fenomenologia del tema che ci riguarda – ci si può riferire invece ai leader o alla leadership in termini informali, sostanziali, reali, spesso spontanei, non burocratici, impliciti, non formalizzati secondo alcuna segnaletica esteriore. In altri termini, ci si collega all'assenza o irrilevanza di ogni forma di sanzione rituale o ratifica pubblica, e pur tuttavia alla inoppugnabile, palpabile, innegabile e autentica presenza di leadership. D'altro canto, per dirla con C. Schmitt, non esiste nessun potere senza che vi sia una «anticamera» di influssi indiretti e di controllo, senza un «corridoio» verso l'anima del potente. Sapendo che tale anticamera è spesso solo un «gabinetto» privato.

Va detto che la contrapposizione tra i due aspetti – quello formale e quello informale – non è certo meccanicamente sovrapponibile con la distinzione schmittiana tra il Potere e la sua Anticamera-corridoio. Una corrispondenza tra i due discorsi è tuttavia ben rintracciabile: entrambi sono volti a mettere in luce ciò che sta al di là delle apparenze formali delle situazioni.

La dicotomia formale-informale è richiamata da molte espressioni di uso corrente, tra cui è esemplificatamente incisivo citare quella del "paese legale e paese reale", di così immediata pregnanza e di così frequente uso in politologia. Non si tratta di dicotomie meccanicamente corrispondenti, ma certo si richiamano con vivacità.

Va inoltre sottolineato che non si tratta di una contrapposizione necessaria e per così dire fatale tra i due aspetti, ma di una differenziazione che sfocia con facilità in una conflittualità latente o patente. Quest'ultima si può risolvere o in una costruttiva articolazione tra i due aspetti o in una loro distruttiva scissione. Sanno bene questo, per diretta esperienza personale, tutti coloro che – nelle mille occasioni e congiunture che la vita può offrire in tal senso – hanno avuto o hanno l'opportunità di ricevere l'investitura formale di un qualsiasi ruolo di conduzione di gruppi sociali: l'insegnante nominato in una scuola, il dipendente di un'impresa promosso a capo-squadra o capo-ufficio o dirigente, il membro di un gruppo politico o sportivo designato come commissario, l'addetto ai servizi pubblici assegnato a particolari responsabilità specifiche, ecc. La casistica potrebbe essere quasi infinita, in quanto può riguardare qualunque situazione sociale, laddove ci sia un passaggio esplicito e formalizzato – imposto o desiderato che sia – a ruoli che comportino responsabilità di guida e conduzione di persone.

In ogni caso, il problema eterno del leader formale così istituito è quello di dare corpo al simulacro, di "riempire" di sostanza informale il proprio ruolo, di confortare la nomina (in qualche modo notarilmente attribuita) con un almeno parziale consenso dei gestiti, di reperire anche presso i "dipendenti" o "seguaci" una sufficiente legittimazione – che sia dunque reale e non solo legale – della propria collocazione alla guida del gruppo.

Sotto certi rispetti, la situazione di *headship* tende sempre a divenire, almeno in parte, una situazione di *leadership*. Ciò per lo stesso gioco dei ruoli di tutti i vari membri di un gruppo cui sia imposto formalmente un determinato "capo"; compreso il gioco interrelazionale del ruolo del "capo" stesso. Il fenomeno della trasmutazione da *headship* a *leadership* si registra e realizza quando (e nella misura in cui) il "capo" diviene anche, fornarianamente, un oggetto d'amore del gruppo, in qualche modo un suo ideale (e vedremo in altra sede le diverse modalità con cui ciò si può declinare).

Naturalmente, l'evoluzione fenomenica dei due aspetti, quello formale e quello informale, nella loro articolazione composita, è del tutto flessibile nel tempo e nello spazio, potendo così dar luogo a tutta quella ricca e dinamica gamma del divenire del rapporto tra il leader e i "suoi" che è da tutti ben riscontrabile.

Per taluni fattori (ma solo per taluni) il quadro della leadership formale corrisponde alla prospettiva sociologica, mentre quello della leadership informale corrisponde alla prospettiva psicologica (cfr. sinossi contenuta nella tav. III.1).

Si potrebbe, meglio, parlare di punto di vista oggettivo e, rispettivamente, di punto di vista intersoggettivo. Ma ciò sarà più chiaro dopo che avremo affrontato il tema del gruppo (cap. V). Inoltre, in un certo senso, si potrebbero assiemare alla prospettiva sociologica anche le prospettive offerte da un certo tipo di politologia, di filoso-

Tav. III.1 - Leadership formale e leadership informale: criteri di centratura

L. formale	**L. informale**
Prospettiva di tipo sociologico	Prospettiva di tipo psicologico
Leadership imposta, eterodiretta	Leadership autentica, autodiretta
Organizzazione formale	Organizzazione informale
Oggettività	Soggettività
Contenuti	Processi
Informazione	Comunicazione
Cosa	Come
Intelligenza razionale	Intelligenza emozionale
Denotati	Connotati
Compito (task)	Relazione

fia morale, di diritto; così come si potrebbero altrettanto efficacemente assiemare alla prospettiva psicologica le prospettive offerte dall'antropologia culturale o dalla storia e da un certo altro tipo di politologia o di filosofia morale. In realtà, già in questo modo di porre la questione, emerge con forza la difficoltà degli incasellamenti disciplinari e la contraria felice opportunità di procedere secondo logiche multi-disciplinari o addirittura post-disciplinari.

L'enfasi eventualmente portata sulla leadership formale trova il suo campione in Max Weber, che ad essa ha conferito il primato della razionalità ed efficacia, assegnandole la qualifica di "burocratica"; ciò senza dare a tale termine, si badi bene, alcuna connotazione negativa, anzi considerandolo in senso del tutto positivo. La burocrazia sarebbe la più efficace soluzione del problema della guida e conduzione di persone, gruppi, organizzazioni; ciò in quanto poggia su una base gerarchica comunemente accettata, non è soggetta alle fantasie personali di alcuno e fa affidamento sul predominio della legalità e razionalità impersonale presente in un dato sistema [1].

1. La forma più pura di amministrazione burocratica, così come l'aveva interpretata Weber, è stata sintetizzata da Kennedy, puntualizzando in dieci i criteri che dovrebbero caratterizzare l'attività di base dei responsabili di una organizzazione:

L'articolazione fenomenologica tra leadership formale e leadership informale vede d'altro canto l'ingombrante e fascinoso inserimento, con tutto il suo peso, della variabile costituita dal cosiddetto *carisma*. Inteso quest'ultimo, propriamente, come "grazia", come carica prestigiosa di ascendente e forza di persuasione che si fonda su straordinarie ed esemplari prerogative personali, poco riducibili a meccanismi di tipo razionale e in definitiva poco esplicabili.

È stato lo stesso Max Weber ad introdurre il vocabolo carisma in sociologia, per indicare un potere che si fonda non già sulla legalità (burocrazia) o sulla tradizione (patriarcalità, patrimonialità), ma su straordinarie qualità personali: designando come "capo carismatico" colui che lo esercita. Da allora, per successive mutuazioni, il vocabolo si è diffuso alle altre Scienze dell'Uomo e, grado a grado, anche al linguaggio corrente. Naturalmente e normalmente, salvo taluni casi, si tratta di un uso metaforico del termine. Infatti, per lo più, non ci si riferisce a quello che sarebbe il suo significato proprio e letterale, che deriva dalla tradizione cristiana, certo ben più antica di Weber: il carisma, per essa, era ed è un dono soprannaturale dello Spirito Santo, concesso in via straordinaria ad alcuni membri della Chiesa per il bene generale di tutta la comunità ecclesiale: il *charisma*, appunto, cioè il "dono di grazia" [2].

a. Obbediscono, essendo personalmente liberi, solamente a doveri oggettivi.
b. Sono organizzati in base a una gerarchia di funzioni.
c. A ciascuna funzione spettano precise competenze.
d. La funzione viene assegnata in forza di un libero rapporto contrattuale.
e. I candidati ad ogni funzione vengono selezionati in base alle loro competenze tecniche. Nel caso più razionale, essi vengono scelti previo superamento di un esame o in virtù di un diploma che ne attesti la preparazione tecnica, oppure in base a entrambi i criteri.
f. Percepiscono uno stipendio fisso e hanno per lo più diritto alla pensione. La tabella retributiva viene fissata in base al rango gerarchico ma oltre a questo criterio si possono tenere in considerazione la responsablità della posizione e i requisiti del ceto sociale del detentore della medesima.
g. Considerano la propria funzione come professione unica o principale.
h. Vedono innanzi a sé una carriera, basata su un sistema di "promozioni" fondato sull'anzianità di servizio, sui risultati raggiunti o su entrambi i fattori. La promozione dipende dal giudizio espresso dai superiori.
i. Lavorano senza possedere i mezzi di produzione e senza un diritto alla posizione che ricoprono.
l. Nella gestione della funzione sono sottoposti a controlli rigorosi e sistematici.

2. Come dono soprannaturale dello Spirito Santo, il carisma è tenuto distinto dalla "grazia santificante", che a tutti viene infusa nel battesimo. Il termine andreb-

L'intervento e il gioco della prerogativa carismatica è del tutto trasferibile – anche fuori dell'ambito religioso – a tutta una serie di altre situazioni gruppali, intergruppali, macrogruppali, comunitarie e istituzionali: per questo, è sufficiente che un'Idea vivibile e vissuta come "divina", perfetta, eccellente, sublime da parte dei suoi sostenitori e aderenti trovi una sorta di incarnazione nell'agire di qualcuno di essi: costui diviene allora, per i membri del gruppo di cui egli fa parte e di cui è giust'appunto il leader (non necessariamente unico), in tutto o in parte il suo "profeta".

Secondo F. Alberoni (*Genesi*, 1989), la fenomenologia del capo carismatico si produrrebbe solo nelle situazioni che lui indica come di "stato nascente" e che esamina analiticamente, all'interno o in vista della dinamica dei Movimenti contrapposta a quella delle Istituzioni. Più precisamente,

> ...il capo carismatico è colui che costituisce il centro etico del gruppo e che viene riconosciuto come capace di dare una soluzione al dilemma etico dei singoli e del gruppo... Il capo è solo colui che, più di ogni altro, riesce a intuire il punto o i punti in cui il dilemma etico diventa distruttivo dello stato nascente. Se prevale la destra, infatti, lo stato nascente è destinato a scomparire perché riassorbito dall'istituzione e, se prevale la sinistra, a scomparire perché il gruppo si scinde o si dissolve.

be in realtà usato al plurale, perché i carismi sono diversi e parecchi. Vi sono infatti i nove originari enumerati da S. Paolo:
- la parola della Sapienza;
- la parola della Conoscenza;
- la Fede;
- la grazia di Dar Salute;
- la virtù dei Miracoli;
- la Profezia;
- la Discrezione o discernimento degli spiriti.
- la facoltà di Parlare più Lingue;
- l'Interpretazione dei discorsi.

Ve ne sono poi da aggiungere altri: l'Ausilio e il Governo. Quest'ultimo – il più vicino al tema del nostro discorso – è l'attitudine ad amministrare, dirigere, governare la comunità dei fedeli. Questo carisma andava un tempo normalmente congiunto con il carattere episcopale o sacerdotale, con larghe possibilità di eccezioni: «Essendo quello delle anime il più difficile dei governi, richiedeva nelle difficoltà e nelle angustie della Chiesa primitiva una speciale assistenza dello Spirito Santo, rappresentata appunto da questo carisma, connesso con tutti i gradi della gerarchia...» (P. Pisani).

Il centro etico del gruppo si costituisce, perciò, in modo da tener sospeso e tollerabile il dilemma etico per la maggior parte dei membri del gruppo, cosicché la destra non si arrende e la sinistra non rompe col sistema esterno che rimane luogo di possibile azione.
Il capo costituisce il centro etico del gruppo ponendo come valore il gruppo stesso nel suo farsi, in quanto portatore di un compito salvifico straordinario. Egli, in sostanza, si identifica con il gruppo stesso, parla a nome suo e si sostituisce a lui in una serie di circostanze concrete nel risolvere il dilemma etico.

Abbiamo riportato, da Alberoni (p. 219), un lungo brano specifico sul tema perché ci pare pregnante ed incisivo. Tuttavia non risulta proprio che l'intervento della prerogativa carismatica anche *a livello di una proprietà del gruppo e non di un individuo* [3] sia limitabile alle situazioni fluide, agli stati nascenti, agli ambiti dei Movimenti: infiniti sono sia sul micro che sul macro, sia nel tempo che nello spazio – gli esempi della presenza del carisma nelle situazioni consolidate, negli stati strutturati, nell'ambito delle Istituzioni.

Dopo quanto detto, dovrebbe risultare chiaro che l'intervento e il gioco dinamico del carisma pertiene in larga misura al versante informale della leadership. Tuttavia, ciò accade per così dire "all'origine" del carisma stesso – per una sorta, è il caso di dirlo, di "illuminazione" dall'alto – in quanto si realizza poi ben spesso la sua "traduzione" sul versante formale, secondo modalità che sembrano per lo più appartenere al concreto svolgersi delle cose. Si tratta d'altro canto di una "traduzione" non garantita, vale a dire di una formalizzazione non automatica; per cui ci pare legittimo considerare l'eventuale intervento della variabile carismatica come "sostanzialmente" informale.

La considerazione della variabile costituita dal carisma può portare molto lontano, fino a introdurre nel discorso il tema della "predestinazione", con tutti gli annessi e connessi. Possiamo anche voler trascurare, in questa sede, il possibile richiamo allo sviluppo della linea filosofica al riguardo, fino a Leibniz e Calvino (non a caso è stato il "protestante" Weber a studiare e analizzare le situazioni cari-

3. Tra l'altro, Alberoni attacca ed ironizza sulla tradizione psicologica e sociologica che vede nel capo l'origine del gruppo.

smatiche); ma non si può certo non riconoscere – nel porre attenzione alla "grazia" come fondamento di certe prerogative personali nell'assumere e gestire la leadership – almeno la presenza di un certo afflato giansenista.

L'introduzione del tema della "predeterminazione" – per cui Dio salva solo coloro che vuol salvare – non sembri eccessiva o fuori argomento: la predestinazione è infatti gratuita e precede ogni atteggiamento dell'agire e del volere[4]. Essa può essere a mio parere considerata come una forma antica e peculiare, per così dire nobile, sublimata e rarefatta, di teorizzazione personologica: quella forma di orientamento culturale che, come si è visto, tende ad impostare il discorso nel senso che "leader si nasce". Tale osservazione può essere avanzata secondo una formula di reciprocità: l'orientamento personologico – meglio ancora se, radicalmente, improntato alle Scuole Costituzionaliste e/o addirittura alla Genetica – rappresenta, nel ventesimo secolo, la formulazione "scientifica" e scientista delle credenze mistiche e degli atteggiamenti quantomeno giansenisti che un tempo venivano messi in gioco a proposito della "predestinazione".

Ritornando più propriamente alla dicotomia leadership formale-leadership informale, si può rilevare un ulteriore interessante contributo all'analisi della dicotomia stessa. Tale contributo ci viene – per via mediata – dalle ricerche e dai lavori di E. Jaques: come è abbastanza noto, nel trattare della definizione del concetto di "ruolo" nelle strutture sociali, questo autore distingue tra:

a. il ruolo *manifesto*, cioè quello formalmente ricoperto da una data persona in una data organizzazione o struttura sociale, indipendentemente dalle dimensioni e dalla natura e dalla ragione della struttura stessa. Si pensi, per esempio, a quanto è prescritto ad un "docente" di liceo, indipendentemente dalla materia che insegna, dal tipo di scuola e dalla sede in cui opera, ecc.; ovvero a un "capo-ufficio" di un'impresa, pubblica o privata (le Poste o la Fiat); ovvero ad un interprete che reciti la Traviata, ecc.;
b. il ruolo *presunto*, vale a dire quello che la persona vive e reputa come suo proprio, che si è messo per così dire in testa, che ritie-

4. Nella sua configurazione radicalizzata, la predestinazione di tipo calvinista si rifà ad un Dio spietato che non concede all'uomo nemmeno la facoltà di mutare il proprio destino, un Dio che assolve o condanna le proprie creature prima ancora che nascano e indipendentemente dai loro meriti e demeriti.

ne, suppone, immagina di svolgere (e non importa qui la qualità e la quantità della eventuale "distanza" di tale presunzione dalla realtà effettuale). Si pensi, per esempio, al vissuto di quel docente o di quel capo-ufficio o di quella cantante, a cosa spera o teme, a cosa pensa e si aspetta dal suo ruolo in rapporto ai suoi allievi o ai suoi sottoposti o ai suoi spettatori, ecc.;

c. il ruolo *reale*, detto anche *esistente*, quello effettivamente svolto, che è di fatto realizzato, attuato, posto concretamente in pratica. Si pensi, sempre nell'esempio, a cosa realmente fa quel docente o quel capo-ufficio o quella cantante, a cosa gli è consentito fare, a ciò che effettivamente e realmente svolge, ecc.;

d. il ruolo *adeguato*, nel senso di quanto sarebbe auspicabile per non dire necessario alla natura delle cose, di ciò che la struttura esigerebbe, di quanto sarebbe normativamente appropriato e valorialmente acconcio, conforme, conveniente. Si pensi a ciò che sarebbe auspicabile venisse attuato da parte di quel docente o di quel capo-ufficio o di quell'interprete della Traviata, in termini di adeguamento strutturale e/o funzionale ai bisogni dell'organizzazione (la scuola, l'impresa pubblica o privata, il palcoscenico di un teatro e i suoi spettatori), ecc.

Per comprendere appieno il discorso di Jaques (1976), ne va precisato un corollario importante: quello relativo all'ipotesi della "neutralità" di un qualsivoglia osservatore (anche scientifico) nei confronti di un qualsivoglia fenomeno. Scrive Jaques che

> è difficile, per non dire impossibile, che un osservatore scientifico, una terza persona, possa capire con esattezza il vero significato che una relazione può avere per coloro che la vivono. Si può illustrare questa difficoltà esaminando l'uso più diffuso del termine *ruolo* secondo la definizione datane da R. Linton di *aspetto dinamico dello status*. Questa definizione, imposta in sociologia da R. Merton, è divenuta quella classica usata anche in psicologia sociale. Con aspetto dinamico dello status si intende che cosa una persona fa, e come si comporta, in conseguenza della sua posizione o status sociale. In realtà il termine ruolo, usato in questo senso, è intercambiabile con il termine comportamento, considerato come determinato dalla struttura sociale. L'analogia con il palcoscenico, giustamente criticata dai fenomenologisti, viene usata per illustrare il fatto

che il ruolo di un *attore* è costituito da ciò che egli fa, dal modo in cui recita, secondo le caratteristiche del suo personaggio. Ciò che non è ben chiarito è fino a che punto questa definizione porti a considerare tutto il comportamento interattivo sociale come una funzione che può essere spiegata solo con forze sociali esterne, lasciando quasi niente da spiegare con i fattori di personalità e di interazione intersoggettiva.

Alcuni fenomenologisti hanno messo in dubbio il valore del tipo di definizione di ruolo sopra considerata, ponendo la questione di quale sia la descrizione del ruolo da ritenere valida: quella dell'attore (il ruolo presunto), quella di coloro che hanno una relazione tra ruoli con l'attore (il ruolo reale o quello manifesto, secondo che ci si riferisca alla realtà informale o, rispettivamente, a quella formale) o quella dell'osservatore esterno (il ruolo reale o quello adeguato, secondo che ci si riferisca allo stato dei fatti o alle idealità auspicate). Questo problema non presenta delle difficoltà insormontabili anche se «non è sufficiente a risolverlo la cosiddetta banale descrizione della vita quotidiana».

Vediamo ora di utilizzare il contributo di Jaques ai fini di portare avanti ulteriormente l'analisi dell'articolazione tra leadership formale (manifesta e in parte presunta) e leadership informale (reale e in parte adeguata), così nei gruppi come nelle organizzazioni.

Va osservato in proposito che, nella sua accezione più ampia, *ruolo* può essere definito anche come un nodo nella rete sociale delle relazioni tra ruoli. Orbene, nessun ruolo può esistere da solo: un ruolo non esiste di per sé, ma solo in rapporto con altri ruoli [5].

Ciò vale per ciascun membro di un gruppo e quindi anche per colui o per coloro che si trovano ad agire – stabilmente o instabilmente, flessibilmente o rigidamente – ruoli di leadership. Il processo di articolazione tra leadership formale (che non è detto esista in ogni caso: nei gruppi spontanei, per esempio, almeno all'inizio, ha solo *quasi* un barlume di esistenza) e leadership informale è all'inizio piuttosto confuso. Infatti da un lato vi sono (quando vi sono) le rela-

5. Secondo Jaques, tra l'altro, si ha da introdurre il concetto di *rete sociale*, che descrive l'ordine in cui i ruoli si dispongono l'uno rispetto all'altro. Quanto alla *struttura sociale* si riferisce ai particolari modelli di relazioni tra ruoli che agiscono all'interno della rete sociale; ad esempio: gerarchici, circolari, ecc.

zioni tra ruoli sugli organigrammi, che potremmo chiamare *struttura manifesta*, e dall'altro lato vi sono le relazioni tra ruoli così come ogni partecipante le intende, il cui insieme potrebbe essere indicato come *struttura presunta*. La confusione dipende anche dal fatto che le relazioni formali non sono quasi mai definite correttamente e compiutamente, mentre ciascun partecipante vede la struttura in modo diverso dagli altri, oltre che differente dalla struttura manifesta.

Quando si identificano e si confrontano questi modi diversi di vedere le relazioni tra ruoli, si può pervenire, attraverso approssimazioni successive, ad una immagine sempre più precisa della natura "reale" della relazione tra i ruoli, a cominciare da quelli che interpretano la leadership: si va costruendo quella che potremmo definire la *struttura esistente*.

Vi è poi una quarta prospettiva delle relazioni tra ruoli, quella di tipo *adeguato*: essa definisce ciò che dovrebbe essere una data relazione tra ruoli, sia in termini normativi che in termini valoriali.

Si rendono pertanto possibili, in connessione con il linguaggio di Jaques, alcuni rilievi interessanti:

1. il ruolo *manifesto* – applicato alla leadership – coincide con la formalità "burocratica", "organigrammatica", eterodiretta, quella caratterizzata dalla contrattualità più accentuata e spesso irreale. Si badi che il termine non va inteso in senso stretto e... burocratico; esso è assolutamente applicabile, in via allargata, ad *ogni situazione* di gruppo psico-sociale, familistica od organizzativa, imposta o spontanea, con o senza storia, di dimensioni diverse, ecc. Esso pertiene a una dimensione che potremmo indicare come oggettività circostanziale prevista e prescritta (per esempio: il capo-famiglia come risulta dal certificato dell'anagrafe);
2. il ruolo *reale* o *esistente*, che rappresenta l'estremo opposto (specie quando il ruolo manifesto è "irreale") e si evidenzia là dove si realizza il massimo di leadership informale, sostanziale, autentica, effettiva. L'opposizione con il ruolo manifesto è solo concettuale, nel senso che i due ruoli (le due situazioni di leadership) *non* sono affatto *necessariamente* in opposizione fenomenologica tra loro: la leadership manifesta e quella reale possono benissimo tendere a fondersi, a sovrapporsi. Anzi, questo è in fondo il compito che ogni leader si propone e si sforza di realizzare, consapevolmente e/o inconsapevolmente nei confronti del proprio

gruppo e, vicendevolmente ogni gruppo si propone nei confronti della propria leadership. In parole povere, ogni leader "manifesto" formalmente imposto dall'esterno (paradigmaticamente, il sergente incaricato di comandare un certo reparto militare), si trova sempre di fronte al compito di trasformare la propria leadership in "reale", nella massima misura che gli sia possibile. Anche nel caso del ruolo reale o esistente, siamo di fronte ad un'oggettività che potremmo indicare come storica (il vero capo-famiglia, come risulta dal test di realtà);

3. il ruolo *presunto*, che costituisce in definitiva una specie di sintesi dell'Io Idealizzato e dell'Ideale dell'Io, quando non vi si sovrapponga pure qualche impronta onnipotente dell'Io Ideale. La miscela più o meno ambigua delle tre istanze può risultare stabile e armonica oppure percorsa da folate più o meno forti e più o meno frequenti di scompenso, fino a diventare eventualmente esplosiva.
   La ledership presunta è una dimensione che pertiene alla soggettività ed è ancora più largamente dipendente dalla intersoggettività delle relazioni con gli altri membri del gruppo e con il gruppo globalmente inteso (il ruolo del capo-famiglia come pensa e sente di giocarlo l'interessato);
4. il ruolo *adeguato* rappresenta una sorta di proiezione sociale del Super-Io e dell'Ideale dell'Io, in quanto coagulo psico-sociale di quanto è normativamente e valorialmente auspicabile.
   Applicato alla leadership, esprime il profilo o la figura della guida che il gruppo vorrebbe o dovrebbe avere per funzionare *psicologicamente* (che non vuol dire sociologicamente, eticamente, ecc.) al meglio.
   La leadership adeguata è una dimensione che pertiene alla relazionalità e alla gruppalità sovra-individuale (il ruolo del capo-famiglia come sarebbe bene che fosse, per l'equilibrio e la sopravivenza del suo gruppo).

In corrispondenza con i rilievi consentiti dall'utilizzazione della chiave di lettura suggerita da Jaques, si può far riferimento anche al contributo di tutti gli autori che, più recentemente, si sono occupati di "culture organizzative" (Enriquez, Gagliardi, Bellotto e Trentini, Rutelli, ecc.).

Su questo piano, emerge in primis E. Schein, in certo senso l'ideatore della prospettiva che ha introdotto il concetto di *contratto psicologico* per indicare le intese *non* scritte esistenti all'interno di una organizzazione: la cultura di una organizzazione consiste nell'insieme di assunti comunemente accettati dai suoi membri ed è costituita dai valori e dalle prassi informali funzionanti nell'organizzazione stessa.

In un certo senso, come è agevole notare, la posizione di Schein (e di coloro che l'hanno seguito su questa strada) va a porsi agli antipodi di quella di M. Weber, là dove questo autore enfatizzava il primato da conferire all'*oggettività burocratica* nelle organizzazioni.

Come si può altresì notare siamo per altri aspetti di fronte ad un'interessante riformulazione della *scena nascosta*, già acutamente identificata e illustrata da F. Fornari in contrapposizione articolata con la *scena manifesta*. Avremo occasione di ritornare più volte su questi aspetti della dinamica psico-sociale della membership e della leadership, specialmente quando tratteremo dei codici affettivi (cap. VI). La loro considerazione attraversa peraltro un po' tutta la presente trattazione, costituendone uno degli assi portanti.

In sede di commento, pare agevole notare che la tematica delle culture organizzative, sviluppantesi lungo la strada dei contributi concettuali forniti da Fornari e da Schein, si pone sostanzialmente in rotta di collisione con i portati dell'antico pensiero di M. Weber.

In conclusione, emerge e si comprova una distinzione e differenziazione chiara tra la leadership formale e burocratica da un lato e quella informale e sostanziale, dall'altro, con un'ampia possibile oscillazione. Quest'ultima può andare dalla più ricca sovrapposizione o confluenza – senza confusione! – dei due ruoli situazionali sino alla loro più dura diastasi, con tutti i problemi di conflittualità e di "schizoidia" che ne possono derivare sia per il gruppo che per i leader.

IV. I livelli di funzionamento dell'individuo nel sociale

Chi non è in grado di entrare nella comunità, o per la sua autosufficienza non ne sente il bisogno, ha da essere o una bestia o un dio.
Aristotele, Politica, I(A), 2, 1253a

L'aquila non può levarsi a volo da piano terra; bisogna che saltelli faticosamente su una roccia o su un tronco d'albero: ma di lì si slancia alle stelle.
Hugo von Hoffmannsthal, Il libro degli amici

Per fare un passo avanti nella analisi della fenomenologia della leadership – sempre alla ricerca di ogni possibile trama e nodo e snodo della "rete di modelli" che stiamo costruendo – diviene a questo punto conveniente compierne due indietro. Si rende infatti utile, innanzitutto, retrocedere per compiere un minimo di analisi sulle dinamiche del piccolo gruppo, che è il miglior laboratorio di osservazione dei fenomeni inerenti la nascita e gli sviluppi evolutivi e involutivi delle funzioni di leadership. Ma si rende allora ancor più produttivo un ulteriore passo indietro, consistente in una digressione sulle radici stesse del discorso: i fondamenti, le vicissitudini e il senso del rapporto che corre tra l'individuo e le diverse sfere del suo mondo, del suo entourage, del suo contesto allargato, del suo sociale. In altre parole, dei molteplici circuiti spazio-temporali in cui è inserito.

1. Premessa

Analizzare i fondamenti e le vicissitudini del rapporto tra l'individuo e i suoi molteplici circuiti sociali potrebbe benissimo essere inteso come una trattazione dei diversi livelli di "socializzazione" dell'essere umano, che vive sempre all'interno di un ricco contesto ambientale, anche quando oggettivamente così non paia.

Il termine "socializzazione" può perfino sembrare più facile, se non altro perché noto, di uso comune e scontato, quasi stereotipale.

L'uso del termine in questa sede presenta tuttavia alcuni seri rischi, in quanto le cose non sono così semplici come potrebbe apparire. Normalmente, infatti, siamo portati ad usare il vocabolo "socializzazione" con riferimento all'oggettività, alla realtà, all'esteriorità pragmatica e quasi tangibile delle situazioni (si pensi ad una certa "socializzazione" degli allievi in un'aula scolastica, quella che passa attraverso le "attività di gruppo", le ricerche collettive ecc.). Anche chi "detesta" la sociologia usa e spesso abusa del termine nel suo senso sociologico: la prospettiva adottata è cioè di tipo "anatomico", in quanto si rifà sempre e comunque allo studio delle *strutture* (sociali, nel nostro caso) esistenti, alla loro architettura, al loro concreto manifestarsi. La sottolineatura esplicita dell'approccio è cioè sempre di tipo strutturale.

Tutto ciò è assolutamente e correttamente praticabile, ma è *diverso* da ciò che si intende qui affrontare.

Il punto di vista che si vuole assumere in questa sede è infatti di tipo "fisiologico", in quanto si rifà allo studio delle *funzioni* esistenti in un determinato campo psico-sociale, alla loro comparsa e al loro divenire, al loro quasi impalpabile ma potente agire. La sottolineatura esplicita dell'approccio è cioè sempre di tipo funzionale. Il vocabolo "socializzazione" potrebbe dunque ancora essere usato, ma dovrebbe esserlo con riferimento alla soggettività, alla "relazionalità" con gli altri, all'interiorità non sempre visibile e conoscibile dei singoli, ai vissuti. Per esempio, anche nell'aula scolastica di cui sopra non si può "funzionare insieme con" per disposizione esclusiva del preside o del Ministero; se si fa, e se si fa senza adeguate misure "funzionali", si tratta per lo più di una scheletrica "struttura". Anche chi "detestasse" la psicologia intesa come scienza della dinamica della soggettività dovrebbe usare il termine nel senso da essa suggerito.

Riferirsi a diversi livelli di funzionamento del sociale – o, se si vuole, di socializzazione, ma con le attenzioni derivate da quanto or ora detto – vuol dire allora riferirsi a che cosa succede all'interno della soggettività di un individuo quando si trova a doversi collegare e rapportare con altri soggetti, con altre polarità, all'interno di una qualsiasi determinata situazione sociale.

Il fenomeno è particolarmente evidente quando la situazione – il "campo" psico-sociale di cui andiamo parlando – è nuova. Possiamo pensare, come esempio limite, all'esperienza dell'essere e del divenire dell'uomo nel mondo dal giorno della nascita in poi. D'altro canto, la parola nascita potrebbe essere usata in senso molto lato e multiforme, universalizzante, perché noi non nasciamo al mondo solo quando nasciamo biologicamente o giuridicamente. Nasciamo ad un certo mondo, ad una certa situazione, ad un certo campo, ogni volta che – anche al livello minimale e magari provvisorio, precario, transitorio (un viaggio in tram, una vacanza in hotel o al campeggio, un'attesa in ambulatorio medico ecc.) – veniamo a trovarci in un contesto del tutto nuovo, buttati in circostanze ignote, proiettati in realtà che non conosciamo.

Ma quali sono poi, nella vita di ciascuno, le situazioni del tutto note? Possiamo andare a svolgere un'occupazione del tutto nuova, possiamo trovarci in una nuova casa, in una nuova scuola, in una nuova città, in una nuova trattoria, in una nuova compagnia di amici o conoscenti, ecc.: avremo sempre, puntualmente, lo stesso problema, quello di "socializzare" in qualche modo, di "funzionare psicologicamente insieme con" altri, nel e col mondo esterno.

2. Dall'Individuo alla Coppia

Il problema di fondo è dunque di mettersi oppure no in collegamento con altre "polarità" che si presentano all'inizio come indifferenziate, come elementi costitutivi di un caotico magma. Possiamo rappresentare la situazione, molto schematicamente, come in fig. IV.1, dove ogni "cerchietto" rappresenta un individuo, immerso

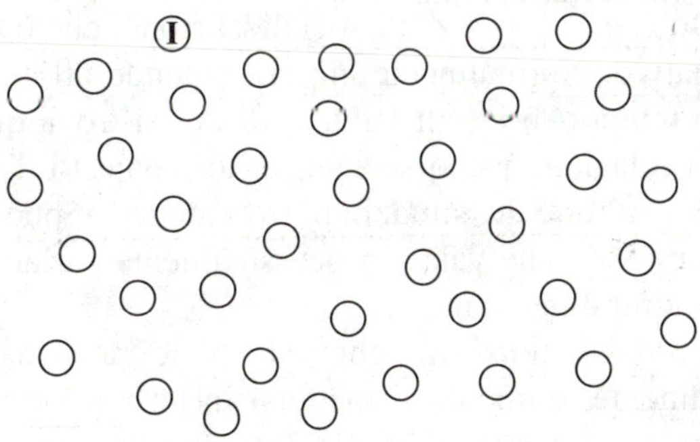

Fig. IV.1 - Il primo livello (o punto zero) nel processo di funzionamento dell'Individuo nel Sociale: l'I solo di fronte alla congerie sociale indifferenziata

all'inizio – al punto zero di ogni "nascita sociale" – in una congerie, in un insieme "anarchico" di altri individui, in una nebulosa normalmente povera o addirittura priva di senso. Il senso lo assumerà successivamente, appunto attraverso i processi della socializzazione.

L'insieme, la congerie, il caos soggettivo iniziale costituisce una realtà che – per ciascun individuo – può essere minacciante oppure piena di speranze: normalmente, anzi, essa è carica sia di minacce che di promesse, è potenzialmente disponibile all'una o all'altra valenza, è fatta da altri individui che spesso vivono un analogo o speculare problema e che sono pronti a relazionarsi con lui favorevolmente o/e sfavorevolmente. Questi vocaboli sono perfino inadeguati a rendere la complessità e la ricchezza della situazione di apparente nullità iniziale.

Orbene, esaminiamo quali sono le soluzioni che si presentano, non razionalmente, all'individuo per uscire dal caos primigenio di ogni nascita sociale, cioè quando egli deve o può iniziare a percorrere la scala dei "livelli di funzionamento" nel sociale, cioè nel rapportarsi con gli altri, nell'avviare relazioni di scambio donativo con loro.

Il primo livello che è a sua disposizione, ovviamente, è il livello del sé o del self. Potremmo forse parlare anche di Io, ma sarebbe da un lato inadeguato e dall'altro per taluni aspetti scorretto (dovremmo addentrarci in una disamina delle articolazioni interne dell'Io che, pur molto importanti, ci porterebbero fuori tema). L'essenziale è sapere che ci riferiamo qui a quello che possiamo indicare come il punto zero della socializzazione (nel senso chiarito), quel livello di funzionamento che è l'assenza di socializzazione, che è in certo senso il suo negativo. Normalmente ciò corrisponde all'attimo, al momento spazio-temporale in cui ognuno di noi si trova quando nasce ad una nuova relazione psico-sociale, in un contesto di altri individui. Ciò vale in tutte le situazioni evocate e si può anzi generalizzare, affermando che vale – processualmente parlando – in *tutte* le situazioni culturalmente nuove.

Il problema esistenziale che si pone a ciascuno, preterintenzionalmente, è quello di mettersi in un rapporto di comunicazione anche minimamente privilegiata con qualcunaltro, in una sorta di collegamento avvantaggiato con un interlocutore, per "fare coppia" con lui. Trovare un compagno di banco, un compagno di

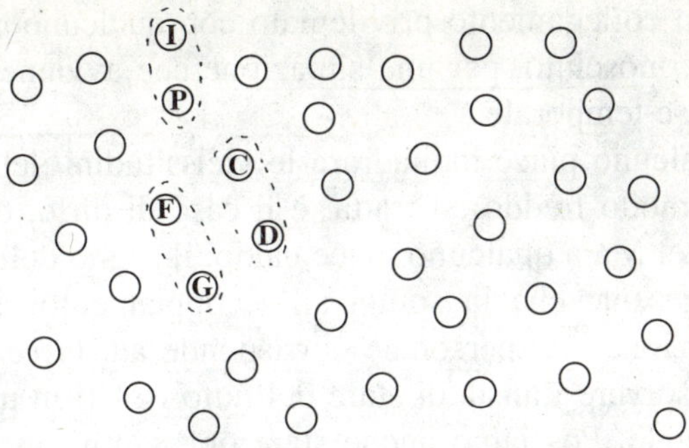

Fig. IV.2 - La formazione della coppia come avvio del processo di socializzazione: il secondo livello del funzionamento dell'Invidiuo nel Sociale

strada, un compagno di scuola, un compagno di lavoro, un partner che ci faccia sentire meno soli con noi stessi. Si tratta di una grande operazione psichica, intersoggettiva, prima che "sociale" e oggettiva, perché implica un salto di qualità impressionante nel funzionamento dell'individuo, il passaggio alla possibilità del secondo livello della socializzazione. Tale livello si pone come potenzialità e/o attualità a disposizione di ciascuno, *oltre* al livello del "sé", che resta naturalmente ben vivo. Il secondo livello, la coppia, è stato convenzionalmente ed efficacemente indicato anche come quello della relazione interpersonale (fig. IV.2).

Costituire funzionalmente la coppia vuol dire fare un'operazione percettiva, cognitiva ed affettiva importante, di svolta, vuol dire trovare qualcuno con cui instaurare, appunto, almeno un'ipotesi di rapporto privilegiato rispetto agli altri. Quanto meno qualcuno con cui e per cui porre la premessa di un rapporto di tal fatta, lanciare un ponte di speranze, farne un candidato alla partnership. Ma resta il fatto che questa ipotesi-valenza-bisogno di rapporto privilegiato scatta *immediatamente*, anche perché è per lo più illuminata dalla reciprocità, in un sottile gioco degli specchi. Parlare di coppia, di relazione interpersonale, di "accoppiamento" significa infatti parlare di dinamica della partnership. E parlarne in termini di realtà prevalentemente emozionali, o comunque non pertinenti all'ordine del razionale, del pensato, dell'intelligente, del deciso e stabilito a tavolino. È assurdo pensare che si possa stabilire e programmare a monte, a priori, un collegamento privilegiato con qualcuno che non si è mai visto né conosciuto, per una situazione che avviene a valle, sul piano spaziale e temporale.

Certo a qualcuno piace inquadrare le vicissitudini del campo psico-sociale in modo freddo: si tratta, è il caso di dirlo, di un freddo che sa di morte. Ma a qualcuno piace caldo: il segno della vita.

Si tenga presente che la spinta all'accoppiamento, alla partnership, alla relazione interpersonale corrisponde ad un *certo modo* di affrontare e risolvere l'ansia di stare del tutto isolati in una qualsiasi situazione sociale. Possiamo anche stare ore, giorni, mesi da soli – del tutto "sconcertati" – immersi in una congeria priva di senso, costituita da altri individui. Allora, come diceva Sartre, «staremo soli insieme». Ma questa risoluzione del problema non è sempre confacente né gratificante per il funzionamento dell'individuo nel sociale. Essa può sfociare nella rottura degli equilibri del singolo, nell'autismo o in altri epiloghi di scompenso, certo da accettare e rispettare (e magari curare in sede psichiatrica), ma ben problematici in chiave generale.

L'ipotesi-valenza-bisogno di formazione della coppia implica in un certo senso caricare tutti gli altri individui presenti nel campo di qualche connotazione negativa, rispetto al partner cui vengono invece attribuite delle connotazioni positive. Vuol dire che ci sarà tra tutti un volto un po' più "amico", in confronto agli altri che sono un po' più "nemici". Vuol dire che nei confronti di qualcuno scatta una molecola di sintonia e di simpatia – ed è un movimento reciproco, perché il bisogno di collegarsi e superare l'isolamento è di tutti – mentre per gli altri, ben inteso in prima istanza e in modo e misura relativi, si anima un qualche allontanamento. Il partner si pone infatti in figura, consunstanzialmente al fatto che gli altri vanno sullo sfondo. Si noti che *non* è una questione di tempo (un equivoco fondamentale che circola nel mondo del quantitativismo): il processo può essere velocissimo, anche pressoché istantaneo, oppure può non verificarsi affatto. Possiamo "stare soli insieme" per sette anni – come capita spesso negli ambienti di lavoro, nelle situazioni civili, in vacanza, a scuola, in famiglia – e impiegare invece solo sette attimi per far scattare un'articolata accensione di affetti: un'accensione di affetti positivi per il compagno di coppia e negativi per gli altri, cioè per il resto del mondo. Normalmente, tuttavia, si trova ben presto la persona che, poco o tanto che sia, può concedere all'individuo l'opportunità di costituirsi come partner di una relazione interpersonale, come partner di una relazione di coppia, come possibile punto d'appoggio per superare l'ansia della socializzazione [1].

Beninteso, ognuno degli individui presenti nella nuova situazione compie l'operazione descritta, per cui si vanno fluidamente costituendo molte coppie e vi sarà anche qualcuno che resta da solo (cfr. sempre fig. IV.2). È come se, nel magma del "disordine sociale" che si presenta davanti a ciascun individuo, si offrisse un'ancora di salvataggio, un primo punto di riferimento salvifico, quello costituito da un'altra persona. Altre ne verranno poi, nel tempo e nello spazio.

3. Dalla Coppia al Piccolo Gruppo

L'accensione di affetti infatti non si ferma, anzi pone alla coppia un problema analogo a quello che si presentava al singolo per la ricerca del partner: il problema-compito-obiettivo di ampliare il proprio funzionamento nel sociale, la propria socializzazione.

Alla coppia, a ciascuna delle coppie eventualmente instauratesi nell'universo originariamente indifferenziato, si presenta l'ambigua opportunità – anch'essa miscela di speranza e timore – di trovare un'altra coppia (oppure un altro singolo) con cui instaurare una relazione privilegiata tra coppie (o tra coppie e singoli), tale da far passare in qualche misura sullo sfondo le altre coppie (e gli altri singoli).

Si avvia così il processo di formazione di complessi comunicazionali privilegiati, sotto forma di triadi o di tetradi. Ci si avvia anche, per dirla con altre parole, a fare un salto di livello nel funzionamento dell'individuo nel sociale: il passaggio dalla Coppia al Piccolo Gruppo (fig. IV. 3). Si instaura così quella che si può convenzional-

1. Una delle scelte parametriche fondamentali dell'accoppiamento può sembrare quella della persona più vicina fisicamente, anche perché un certo orientamento comportamentistico o quantofrenico è portato a dire che, in una data situazione, ciascuno «si è trovato casualmente il proprio posto».

Sembra almeno che sia così. In realtà, perfino nel porsi o andare o sedersi in quel posto (si pensi ad una classe scolastica, paradigmaticamente), ogni individuo – emozionalmente – pilota la scelta del compagno di banco.

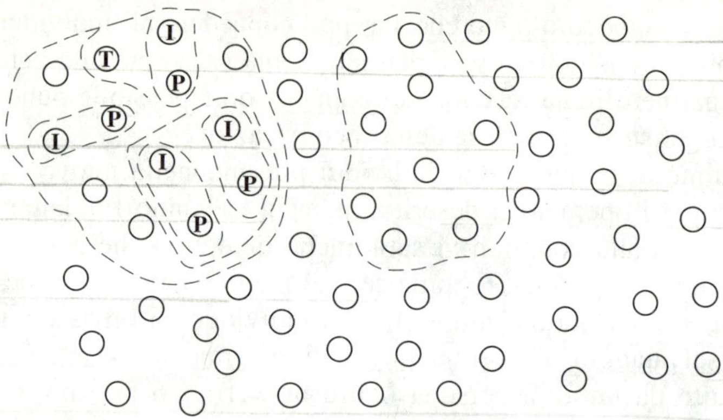

I = individuo; P = partner; T = tertium

Fig. IV.3 - La formazione della triade e/o della tetrade come nascita del piccolo gruppo*: il terzo livello di funzionamento dell'Individuo nel Sociale*

mente indicare come la relazione sociale, diversa dalla relazione interpersonale considerata in precedenza [2].

Va chiarito che la relazione sociale si definisce come quel tipo di fenomeno per cui un individuo ha rapporto comunicazionale non solo con ciascheduno degli altri membri del gruppo (quindi a livello di coppia), ma anche con la sua insiemità, con la globalità del gruppo, con il gruppo in quanto entità superindividuale. La dimensione gruppale, cioè il III livello di funzionamento dell'individuo nel sociale o livello di gruppo, non è data dalla somma di alcune o di molte relazioni di coppia. Non si tratta di "quantità" aritmetiche, ma di veri e propri salti di "qualità" nel funzionamento socializzato e socializzante dell'essere umano. Si potrebbe affermare che la dimen-

2. Si annoti a questo punto – ma la considerazione vale per tutti i livelli di socializzazione presi in esame – che il termine comunicazione non equivale a scambio di informazione. Non esiste sinonimia tra informazione e comunicazione. Commercio di informazioni è mero passaggio di notizie, di dati, di contenuti. Ma anche questo passaggio o negozio di informazioni si verifica e tiene solo se, per caso, c'è a suo supporto un minimo di comunicazione tra gli attori. La comunicazione implica e presuppone un aspetto emozionale ben rilevante, oltre che un coinvolgimento di codici cognitivi e affettivi, una «mutua compartecipazione di campi psichici» (Lewin-Asch), uno «scambio di doni all'interno di mura comuni» (Fornari), sulla cui base si instaurano, eventualmente, passaggi di informazioni. Non vale il viceversa: certo si può tentare di far passare informazioni senza instaurare alcuna comunicazione autentica, ma in tal caso si troverà ben presto che il meccanismo non funziona: non passano neanche le informazioni o passano solo le deformazioni.

sione gruppale scatta quando, lewinianamente, qualsiasi mutamento che intervenga in qualsiasi punto o elemento del campo psico-sociale determina un mutamento di tutti gli altri.

Va sottolineato che il raggiungimento del terzo livello di socializzazione, quello ora in esame, non determina la caduta dei precedenti, ma si pone *oltre* a quelli: è come se l'individuo avesse una terza chance, una terza possibilità-opportunità di funzionare socialmente. Ma, in questo, si ha una perfetta analogia con quanto già notato a proposito della Coppia, rispetto al Self.

Un'altra analogia è riscontrabile tra il terzo livello, quello del Piccolo Gruppo che stiamo trattando, e il precedente livello di coppia (così come per i successivi, che vedremo): anche qui non è assolutamente questione di tempo. In altre parole, la velocità del processo di formazione dei piccoli gruppi – e di ingresso del singolo individuo nel relativo livello di funzionamento nel sociale – può essere ben variabile: da quasi zero (mancato gruppo) all'infinito (accensione rapidissima dell'emozione gruppale).

Si rende opportuno a questo punto un corollario: alcune scuole di pensiero sostengono che la dimensione gruppo si mette in moto dal momento in cui ci sono tre membri, mentre altre propendono a ritenere che ce ne vogliano quattro. Si tratta di una sorta di dilemma tra la "fondamentalità" della triade e quella della tetrade. I sostenitori della triade affermano che per costituire un gruppo è sufficiente che il numero dei rapporti di comunicazione interpersonale superi quello di coppia, ovvero che il numero dei problemi di comunicazione interpersonale sia almeno uguale al numero dei componenti del piccolo sistema. Coloro che sostengono il primato della tetrade si basano invece su un'altra soglia: quella costituita da un numero di ponti comunicazionali interpersonali [3] che sia superiore al numero dei componenti. Nella tetrade quattro sono i componenti e sei sono i problemi comunicazionali esistenti a livello interpersonale; ne deriva che, essendo i problemi legati ai ponti di comunicazione interpersonale in numero maggiore dei componenti della tetrade, solo qui nascerebbe propriamente il livello gruppale di socializzazione.

3. Il numero P dei "ponti" comunicazionali interpersonali esistenti in un gruppo è ricavabile dalla formula $P = (N-1) \cdot (N/2)$, dove N è il numero dei membri del gruppo.

In ogni caso, il sorgere e lo sviluppo del terzo livello di funzionamento dell'Individuo nel Sociale risponde allo stesso scopo "teleologico" che aveva anche la nascita della coppia: fornire opportunità-potenzialità di socializzazione, cioè dare ordine alla farragine originaria, all'anarchia primaria. Tendere a passare dal *caos* al *cosmos*, dare sviluppo a più ampi circuiti di socializzazione, far progredire l'Individuo dall'angoscia dell'accozzaglia e del *caos* alla rassicurante e protettiva strutturazione del *cosmos*: il suo cosmos. Per questo il mondo di ciascuno di noi è fatto da amici e nemici, colleghi e competitori, genitori, figli, parenti, compagni di scuola. Si tratta di tutta una serie di relazioni interpersonali e sociali che danno senso al mondo soggettivo di ciascuno. Così come l'Individuo nel passare alla Coppia fa un primo salto di qualità conferendo un certo ordine soggettivo e intersoggettivo al sociale oggettivo che lo circonda, altrettanto fa la Coppia con un salto qualitativo analogo, in direzione del Piccolo Gruppo.

4. Dal Gruppo all'Intergruppo

Anche al Piccolo Gruppo, così costituito, si pone un problema analogo – non eguale! – a quello che si presentava alla coppia per la ricerca di altre coppie con cui porsi in relazione privilegiata: il problema-compito-obiettivo di ampliare le sfere di funzionamento nel sociale poste a disposizione dei suoi membri, di trovare cioè qualche altro gruppo con cui instaurare, proprio in quanto gruppo, un rapporto di comunicazione privilegiata. Tutto ciò, naturalmente, dopo che si è acceso e formato il *sentimento di appartenenza* al Piccolo Gruppo (tema, questo dell'appartenenza, di cui tratteremo più avanti). Ancora una volta, si tratta di far sì che qualcuno possa costituirsi come "nemico" in quanto c'è qualcun altro che si costituisce come "amico"; solo che, questa volta, amici e nemici sono Gruppi e non singoli Individui e nemmeno Coppie. Ancora una volta, comunque, qualcosa viene in figura o proscenio (il Gruppo con cui collegarsi privilegiatamente) e qualcosa viene cacciato sullo sfondo (il Gruppo "nemico" o secondario). Da un certo punto di vista, si tratta di un'operazione di tipo schizo-paranoideo, analoga a quella che era all'origine del rapporto di coppia, così come all'origine della relazione sociale o di gruppo.

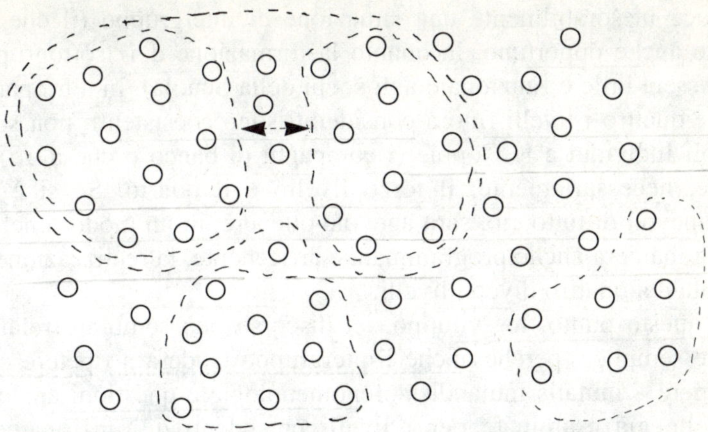

Fig. IV.4 - L'articolazione della dinamica inter-gruppo *come consolidamento del piccolo gruppo e scaturigine dell'organizzazione: il quarto livello del funzionamento dell'Individuo nel Sociale*

Ci troviamo di fronte ad un altro salto di qualità, quello atto a far passare il funzionamento dell'Individuo nel sociale dal terzo al quarto livello, quello indicabile convenzionalmente come intergruppo (relazione organizzativa). Lo schema del percorso e dell'approdo all'intergruppo è rappresentato dalla fig. IV.4.

La problematica dell'intergruppo non va intesa nel senso personologico della Psicologia tradizionale e per così dire classica, che è sempre ristretta o riferita unicamente all'universo individuale. Non si tratta soltanto di analizzare, studiare, inquadrare la dinamica di intergruppo così come viene vissuta dall'individuo singolo. Così come occorre evitare ogni banalizzazione quantitativa: certo, per esempio, la classe scolastica è difficile che diventi un solo gruppo, perché al di sopra dei 10-12 membri (diciamo fino a un massimo di 15) [4] si

4. Come riscontreremo meglio nel corso del successivo cap. V – specificamente dedicato ad un'analisi delle dinamiche del Piccolo Gruppo – il numero di dodici corrisponde alla soglia intorno alla quale «si plafona la possibile saturazione dei bisogni di identità delle persone» che fanno parte del gruppo, cioè «là dove e quando un eventuale aumento del numero dei membri non risulta producente ai fini dell'implementazione dei ruoli individuali o è – anzi – ad essa disfunzionale» (vedi in seguito, alla p. 96).

Può essere suggestivo annotare che dodici è il numero dei cavalieri della Tavola Rotonda, così come dei Pari che, nel *Roman de Brut*, si dividono la terra in dodici parti, ciascuno di essi assumendone in feudo una e facendosi chiamare re. L'impor-

produce inesorabilmente una situazione di intergruppo (il che può essere anche opportuno, in quanto la formazione dei "sottogruppi", può essere utile e funzionale agli scopi della Scuola). In altre parole, tutti e quattro i livelli finora considerati sono coesistenti: non solo i singoli Individui e le Coppie (i compagni di banco o che altro) ma anche, necessariamente, il terzo livello e il quarto. Se si è ben consapevoli di tutto ciò, sarà agevole ottenere, in un modo o nell'altro, in maniera anche programmata e arricchente, la realizzazione articolata dei quattro diversi livelli.

A questo punto, lo sviluppo del discorso può sembrare relativamente semplice, perché anche l'intergruppo tenderà a ripetere o far emergere – mutatis mutandis – fenomenologie e questioni analoghe a quelle già esaminate per i livelli precedenti di funzionamento dell'Individuo nel sociale: la questione del tempo e della velocità del processo di formazione dell'Intergruppo, il fenomeno della doppia valenza (speranza e/o timore, promessa e/o minaccia), il significato teleologico del fenomeno, la complessità comunicazionale, ecc.

5. Dall'Intergruppo alla Comunità

Se abbiamo inquadrato il senso generale del meccanismo, è possibile accelerare la trattazione, passando al salto di qualità successivo. Pure l'Intergruppo (indicabile anche come livello dell'Organizzazione), ad un certo punto dello sviluppo della sua vita (ed ancora una volta può essere molto presto oppure mai), sarà indotto a ricercare

tanza di questo dettaglio sta nel fatto che il dodici è un numero solare il quale, nell'una o nell'altra forma, sempre figurò dovunque si costituì, o cercò di costituirsi, un centro tradizionale: i dodici troni del Midgard, i dodici supremi dèi olimpici, i dodici ceppi del centro delfico, i dodici littori a Roma, i dodici residenti dell'Avallonia, i dodici conti paladini di Carlomagno, e via dicendo. Ma nella saga del Graal e di Re Artur ad un tale simbolismo si connette un motivo ulteriore, quello del posto pericoloso. È un posto lasciato vuoto nella Tavola Rotonda e riservato ad un cavaliere atteso e predestinato, superiore ad ogni altro, che appare talvolta essere il tredicesimo cavaliere e che allora manifestamente corrisponde alla stessa funzione suprema di centro, capo o polo dei "dodici" ed è immagine o rappresentante dello stesso cakravarti, o "Re del Mondo". Qui qualcuno potrà essere portato a pensare a Cristo e ai suoi dodici discepoli, e effettivamente riferimenti del genere non mancano nelle parti cristianizzate della leggenda del Graal. V'è però da rilevare che il simbolismo in questione à assai anteriore al cristianesimo e supertradizionale; la figurazione cristiana non ne è che una particolare adattazione in un quadro religioso» (Evola).

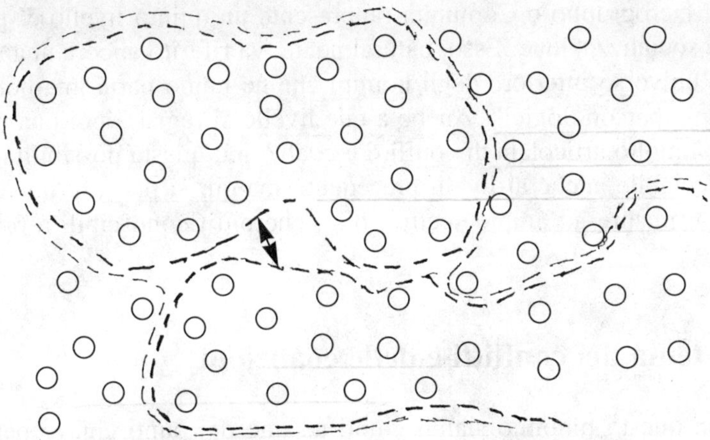

Fig. IV.5 - La formazione e l'articolazione del macro-gruppo *come fondamento della comunità o dell'"assemblea": il quinto livello del funzionamento dell'Individuo nel Sociale*

intorno a sé l'esistenza di qualche altro sistema "Intergruppo", con cui instaurare una relazione privilegiata rispetto ad altri, un Intergruppo da portare in figura rispetto ad altri da lasciare o cacciare sullo sfondo. E così via.

Una classe scolastica, allora, cercherà rapporti di "alleanza" con un'altra classe della stessa scuola, un reparto di un'impresa con altri reparti, una squadra sportiva con altre squadre, ecc.

In altre parole, nel sistema è attivabile un successivo problema-compito-obiettivo perseguibile, attraverso ulteriori e più vaste ipotesi di collegamenti privilegiati, per compiere un ulteriore passaggio o salto di qualità: quello che è stato indicato come il passaggio al livello del Macro-gruppo o della Comunità, corrispondente alla relazione da qualcuno indicata anche come assembleare o politica (fig. IV.5). Siamo così vicini alla conclusione dell'itinerario psicologico per cui l'individuo passa dal suo caos al suo cosmos soggettivo, dando un senso via via più ampio ai vari circuiti del proprio mondo, trasformando in "costellazioni" dotate di senso, in sfere ruotanti successive, gli sparsi elementi che all'inizio si presentavano come bizzarri atomi di presenza aliena. Ciò corrisponde ad un ricco e articolato possibile gioco delle carte sul tavolo della vita di relazione.

Il Macrogruppo o Comunità rappresenta un quinto livello di possibile socializzazione. Esso, naturalmente, va riferito ancora una volta all'universo interiore degli uomini che ne fanno parte, ma non in termini "personologici". Anche a tale livello si registra poi una possibilità molto articolata di conflitti e coalizioni: questa possibilità era rintracciabile anche ai livelli precedenti, ma qui si può esprimere in modi e misure ad ampio spettro, oltre che più riconoscibili a prima vista.

6. Il tema dei conflitti e delle coalizioni

Con questo binomio siamo giunti ad uno dei punti chiave per la miglior comprensione di tutto il discorso: gran parte di ciò che abbiamo delineato nei paragrafi precedenti, infatti, si regge o ruota o comunque è riconducibile anche (ma è un "anche" forte) al tema della gestione dinamica dei conflitti e delle coalizioni.

Ne parliamo solo ora, verso la fine sostanziale della trattazione, perché ci pareva che l'argomento – che attraversa e riguarda tutti i livelli del funzionamento dell'Individuo nel Sociale – meritasse una trattazione apposita e separata.

Come sappiamo, larga parte dei fenomeni riscontrabili nell'Universo, e specialmente quelli di pertinenza della vita, nel senso più lato, sono caratterizzati da una qualche forma di "dualismo". Ce lo insegna larga parte della riflessione filosofica (anche il Principio di Non Contraddizione può essere confutato dalle Dialettiche), della Biologia, della Fisica, nonché di altri ambiti disciplinari ancora.

Ciò vale anche per larga parte di quelle molteplici attività che vengono riunite sotto il nome di "psichismo" e – non solo – da Freud in poi. Omettiamo pure di considerare in questa sede i grandi dualismi degli "istinti" o dei "principi" (non solo vita-morte o narcisismo-oggettualità, ma anche omeostasi-antiomeostasi, extrapunitività-intrapunitività, piacere-realtà, primarietà-valorialità, ecc.). Possiamo tuttavia facilmente identificare forze che, all'interno delle attività psichiche e psico-sociali messe in atto dall'uomo nel mondo, si situano verso gli estremi, "originariamente" opposti, di diverse dimensioni bi-polari. Tali estremi – tali "poli" – esistono in realtà *solo l'un per l'altro*, l'uno in funzione dell'altro: essi si articolano in vario modo tra di loro, potendosi contrapporre o integrare, separare o congiungere, reciprocamente distruggere o sinergere, secondo una gamma ampia di soluzioni la cui scelta dipende in larga misura dalle contingenze delle interazioni tra l'individuo e i suoi circuiti sociali. Cioè da quel "funzionamento" di cui stiamo trattando.

Siamo abituati a considerare tali contingenze come un fatto di dominio assolutamente "individuale", ma così non è. Il concepire il funzionamento dell'essere umano come quello di un protagonista isolato e indipendente dagli ambiti e dai contesti e dalle congiunture esterne che lo riguardano fa parte di una psicologia generale arcaica.

Per quanto più direttamente riguarda i cinque livelli di funzionamento dell'individuo nel sociale, si evidenzia con forza una importante bi-polarità, quella che consiste appunto nel continuo articolarsi e alimentarsi reciproco di conflitti e coalizioni. Ciò accade tra gli attori di ogni coppia, tra i membri di un piccolo gruppo, tra i gruppi che compongono un intergruppo organizzativo, tra gli intergruppi che insieme affluiscono a formare una comunità politica o "assembleare". Si badi che l'essere partner in una coppia, l'appartenere ad un gruppo, il far parte di un'organizzazione, l'essere cittadino di una comunità non consistono – come stereotipalmente troppo spesso si tende a credere – nello statico e monadico e "unitario" permanere della polarità fusionale *senza* conflitti. Anzi, tali situazioni trovano il loro fondamento proprio nella compresenza movimentata e dinamica, articolata, vulcanica, *viva* – a livello conscio e/o inconscio che sia, secondo i momenti – di una polarità fusionale e di una polarità conflittuale, di forze centripete e centrifughe, di spinte pro e contro, di pulsioni coadiutorie e di pulsioni antagoniste. Solo la *morte* è statica ed unipolare. Anzi, proprio in questo essa consiste.

Solo la diversità della soluzione data di volta in volta, congiunturalmente e flessibilmente, alle dinamiche dei conflitti e delle coalizioni tra le parti costituisce il fattore fondamentale di distinzione. Tutto questo spiega come i complessi equilibri delle forze in campo possano incanalarsi in direzione costruttiva o in direzione distruttiva. Stabilizzarsi e divenire risorse positive o destabilizzarsi e divenire ostacoli e vincoli negativi. La metafora che meglio indica ed esprime la situazione è quella delle polarità elettro-magnetiche (positive e negative, nord e sud del magnete) che possono energeticamente produrre cose mirabili o risolversi in scariche distruttive di tempesta.

Quanto abbiamo ora detto renderà meglio conto delle considerazioni che dobbiamo ancora avanzare, sul nostro argomento, prima di chiudere il capitolo. Per intanto, la consapevolezza costante dell'esistenza della dinamica dei conflitti e delle coalizioni aiuta a meglio inquadrare i diversi livelli di funzionamento dell'Individuo nel Sociale, i passaggi dall'uno all'altro (e vedremo che si possono fare anche in senso "regressivo"), i salti di qualità e non di quantità che ciascuno di essi comporta. Così, per esemplificare sul concreto, si può meglio comprendere come e perché:

– a livello di Coppia, ogni rapporto di partnership sia nutrito di grandi elementi di tensione, di incomprensione, di invidia, di valenze distruttive, oltre che dei loro contrari. Basti pensare, paradigmaticamente, perfino alla coppia di innamorati o di amici cari;
– a livello di Piccolo Gruppo, per esempio in famiglia, un padre possa fare *collusione* con il figlio primogenito magari a spese di *collisioni* con un altro figlio (e viceversa); o una madre fare "complicità" con i figli contro il padre (e viceversa); o, per esempio tra amici, una coppia divenire "super-amica" in un gruppo coeso di colleghi o di coetanei o di compagni, a spese di alcune tensioni con gli altri;
– a livello di Intergruppo, per esempio in un condominio, possano trovarsi insieme un po' di persone per "parlare male" degli inquilini del piano di sotto; però possano anche trovarsi con gli inquilini del piano di sotto per dire male degli incivili del condominio accanto. Per fare un altro esempio, in una scuola, possono entrare in competizione le diverse classi, con plurime sfaccettature. O, sempre per esempio, gli operai di un'impresa possono entrare in conflitto di squadra o di reparto;
– a livello di Comunità, sempre per fare qualche esempio, in un'impresa possono coalizzarsi gli operai contro gli impiegati o gli uni e gli altri insieme contro quadri e dirigenti. Analogamente può accadere in un'Università, tra studenti di diversi anni di corso, o tra Facoltà diverse. Analoghe dinamiche accadono a Siena tra Contrade durante il periodo del Palio, così come a Venezia tra sestieri [5].

5. Assume rilevanza espressiva e simbolica, nella vita passata della Repubblica Serenissima il fatto che una volta all'anno Castellani e Nicolotti (i due macro grup-

In ogni caso, risultano sempre utili le possibilità di articolare e gestire la dinamica dei conflitti e delle coalizioni in modo e misura ricchi, così da dare e ricevere, cioè da gestire, plurime occasioni di "sfogo" e di esistenza, di accensione di affetti positivi e negativi. Il tutto in maniera creativa, disunita e illogica ma anche, per altri aspetti, organizzata e complessa. Non è casuale infatti che ovunque, a qualunque livello del sociale, il "funzionamento" sia garantito dalla contemporanea e ambivalente presenza di amici e di nemici, di alleati e di avversari.

7. Dalla Comunità all'Istituzione

Vi sarebbe un ulteriore livello da considerare, un livello che non è così sufficientemente accettato da tutti e che trova anzi scuole di pensiero diverse: il livello dell'Istituzione, basato sull'assunto che "comunità" e "istituzione" non sono necessariamente sinonimi.

Un primo e fin troppo semplificato modo di intendere l'istituzione può essere riferito a processi analoghi (non di più) a quelli delineati nei passaggi precedenti. In tal caso, alcuni autori parlano di appartenenza ad un'Istituzione, ma sarebbe meglio indicarla come "grande alleanza", in corrispondenza di un sesto livello possibile di socializzazione, convenzionalmente indicabile come "livello di ecumenia". Ci si riferirebbe infatti a un ulteriore livello della nostra scala, quello che ci portiamo dentro quando il Macrogruppo (la Comunità), in cui sviluppiamo un certo nostro agire dotato di senso sociale, vada eventualmente alla ricerca di altri Macrogruppi con cui relazionarsi in modo privilegiato. Sempre in analogia col meccanismo di articolazione figura-sfondo più volte considerato in precedenza. Sempre all'interno delle vicissitudini degli affetti positivi e negativi, cioè a livello delle emozioni e non solo del pensato. Sempre come espressione di ulteriori ricerche di integrazione, di ulteriori possibilità di

pi) si incontrassero sul ponte dei pugni per fare il "derby". Vinceva chi restava padrone del ponte e quindi, per occupare il ponte, bisognava buttar giù gli altri. Tutto questo è uno splendido episodio articolato di conflitto e di coalizione: normalmente i veneziani battagliavano o si alleavano fra loro a livello di vicolo o di sestiere, ma un determinato giorno in certo senso sospendevano i conflitti "interni" e si coalizzavano tutti insieme, i Nicolotti, contro quelli dell'altra parte, i Castellani (e viceversa). Ed era anche di questa dinamica che si nutriva la "venezianità".

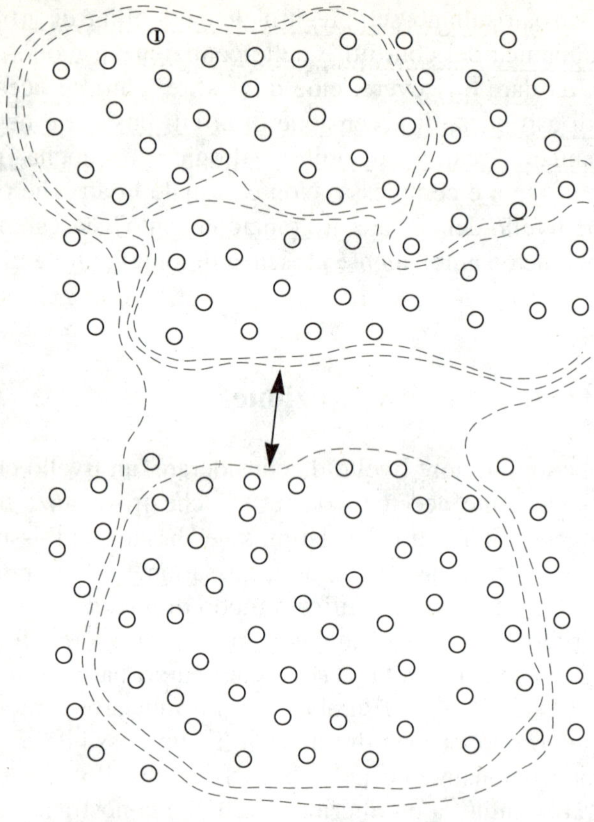

Fig. IV.6 - L'articolazione dinamica dei macro-gruppi come loro consolidamento in funzione del sorgere e dello sviluppo dell'Istituzione: il sesto ipotetico livello di funzionamento dell'Individuo nel Sociale

dare ordine "cosmologico" al caos primigenio, ordine pur ormai già così strutturato sulla base dell'articolazione dei cinque livelli fin qui considerati (fig. IV.6).

Un secondo e più articolato modo di intendere l'istituzione è invece riferibile a un peculiare vissuto di appartenenza, ad un denoconnotato che può essere assunto – sotto particolari condizioni – da ciascuno dei livelli della scala. Si tratta di una sorta di vissuto di immortalità e di universalità, che può essere attribuito e proiettato su qualunque dei livelli di funzionamento dell'Individuo nel sociale considerati in precedenza. Esso può cioè contrassegnare la coppia e/o il piccolo gruppo e/o l'intergruppo ecc. In altre parole, il connotato "istituzionale" può improntare di sé e attraversare *tutti* i livelli precedentemente analizzati.

Per esemplificare, può così divenire "Istituzione" l'italianità o l'appartenenza a una grande Università o a un grande Ente economico o alla venezianità o a una certa famiglia, ecc. ecc. Si tratta di quel complesso razional-emozionale per cui, se andiamo a Capo Nord con la nostra auto e vediamo transitare un'altra vettura targata Italia, può "scappare" a chiunque di suonare istintivamente e allegramente il clacson, a mo' di saluto; quel livello di affetti profondi per cui l'Italia intera sembra impazzire quando la squadra "azzurra" vince il campionato mondiale di calcio; quei sentimenti che si mettono in moto quando veniamo a sapere che un italiano ha ottenuto il premio Nobel. È come se, almeno per qualche attimo, avessimo vinto anche noi. Siamo in qualche modo e misura partecipi degli avvenimenti "nazionali". Ma l'esemplificazione macroscopica or ora fatta, più facilmente comprensibile, può benissimo corrispondere a esemplificazioni dimensionalmente più piccole: possono divenire infatti istituzioni anche una famiglia, un clan, un'impresa, un'associazione, un gruppo professionale, ecc.

Ancora una volta, dunque, non si tratta di fatti quantitativi: è difficile che l'Onu diventi un'istituzione (nel senso detto), è invece facile che lo sia, per molti, il Rotary. Non vale quindi pensare che l'istituzione sia qualcosa di più "mega" dell'organizzazione. Può capitare *anche* che sia così, ma non è questo il punto: almeno per certi aspetti, infatti, l'organizzazione è un mezzo al servizio dell'istituzione, che inventa scopi e mezzi per continuare ad esistere.

Si è pensato di rappresentare questo secondo modo di intendere l'istituzione, sullo schema di fig. IV. 7, tracciando una linea tratteggiata diagonale, che passi trasversalmente per tutti i sei livelli delineati (compreso, quindi, quello della Grande Alleanza, ipotizzato come sesto). La diagonalità intende rappresentare al meglio, per quanto possibile, il fatto che tale "vissuto di istituzione" tende potenzialmente a crescere sempre più, man mano che si transita dal livello dell'intrapsichico a quello della ecumenia, ma non escludendo alcuno di essi dal virtuale realizzarsi di tale connotato.

Un terzo modo di intendere l'istituzione discende infine dagli studi e dalle analisi di Carli (1981) e della sua scuola. Per essi, adottando una prospettiva diversa, originale e in certo senso contraria alle prece-

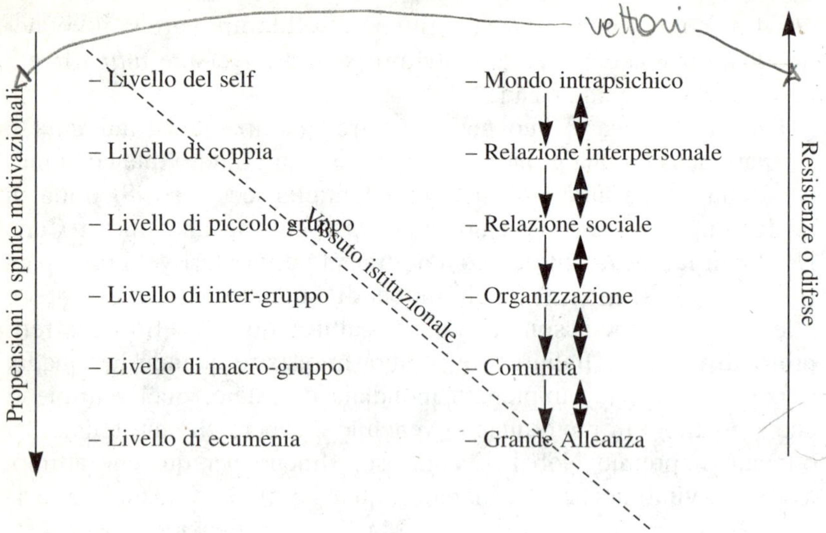

Fig. IV.7 - Modello dei possibili livelli di funzionamento dell'Individuo nel Sociale

denti, la dimensione "istituzionale" viene soprattutto contrapposta a quella "organizzativa": quest'ultima si riferisce – in qualsivoglia struttura – agli obiettivi espliciti ed ostensibili che sono da raggiungere, mentre la dimensione istituzionale si riferisce agli obiettivi impliciti e narcisistici o, meglio a dire, alla loro "simbolizzazione affettiva". Così, la dimensione organizzativa pertiene al livello cosciente, consensuale, razionale, normativo presente nei "processi di trasformazione" sempre rintracciabili nelle attività umane; la seconda dimensione, quella istituzionale, pertiene agli obiettivi inconsci, difensivi, collusivi, emotivi, fusionali, che danno luogo alla formazione delle culture istituzionali caratteristiche di ogni struttura, specialmente di quelle produttive.

Si noti in ogni caso che l'Istituzione, in queste pagine, è stata delineata e rappresentata con intenti di radicalizzazione psicosociale, cioè con implicazioni a vasto raggio di natura *non* giuridica, *non* fattuale, *non* oggettiva, *non* sociologica. Si tratta infatti sempre di fatti pertinenti all'universo soggettivo di ogni individuo e/o compartecipati, intersoggettivamente, dagli altri membri della coppia, del piccolo gruppo, dell'intergruppo, del macrogruppo, delle società, in cui l'Individuo stesso è attore e attraverso cui egli funziona socialmente.

Il livello "istituzionale" può sembrare come il più rarefatto sul terreno psicologico, in quanto meno concreto e per così dire meno tangibile, almeno in apparenza. Ma se così accade, si tratta di un'ennesima manifestazione della deformazione personologica della psicologia, quella che deriva dall'antico approccio individuo-centrico, in certo senso pre-copernicano. Quello animato dal "pregiudizio individualista" (Carli).

8. Il modello globale

Le delineazioni portate avanti fino a questo punto vanno a costituire un discorso complessivo che può essere tradotto nello schema di fig. IV.7. In esso vengono indicati i diversi livelli di "socializzazione", nella loro progressione; e, fin qui, nulla di nuovo nella trattazione. Compaiono in più, nel modello così costituito, alcuni vettori, indicatori di importanti particolari del sistema.

Essi visualizzano innanzitutto la possibilità non solo della *progressione* ma anche della *regressione*, da un livello all'altro. Ciò equivale a dire che, congruentemente con l'impostazione dinamica e non statica che tutta la logica del discorso assume, è certo possibile per chiunque "funzionare" secondo sfere di partecipazione sociale sempre più ampie e integrantesi l'una nell'altra; ma è altrettanto possibile ridurre il proprio coinvolgimento, regredire (anche rapidissimamente) a livelli precedenti e "minori" della scala di sei gradini prospettata dal modello. Si può sempre scendere, anche in corsa, dal treno della socializzazione e prendere quello che torna indietro, in direzione opposta. Anzi, per restare nella metafora così stabilita, il normale "funzionamento dell'individuo nel sociale" ricorda il continuo andare e venire di una navetta, cosa che comporta una sola fenomenologia: quella del pendolarismo della socializzazione.

In secondo luogo, la serie di vettori reciproci tra un livello e l'altro dovrebbe comunicare l'assenza di gerarchie di valore o di importanza tra un livello e l'altro: esiste una sorta di osmosi, di ricambio continuo, per cui il privilegiamento di un dato livello, per definizione provvisorio e transeunte, non corrisponde ad alcun suo primato oggettivo di valorialità. L'aggettivo "minori", poco sopra usato per indicare livelli "precedenti" ad altri sulla scala a cinque-sei gradini, è in tal senso puramente descrittivo, denotativo.

In terzo luogo, i due vettori di sintesi, posti l'uno a sinistra e l'altro a destra del complesso rappresentato dalla scala, intendono esprimere un importante significato o aspetto che viene implicato dal funzionamento dell'individuo nel sociale: le propensioni o le resistenze di fronte al cambiamento e il loro instabile equilibrio, ancora una volta dinamico e flessibile.

La spinta verso livelli progredienti di socializzazione – rappresentata dal vettore posto a sinistra sullo schema – equivale, ove e quando soddisfatta, allo "spendersi" reciproco nella relazione con gli altri, alla messa in gioco di continue verifiche del sé, a quello «scambio di doni all'interno di mura comuni» di cui si parlava pagine addietro, ad un dare ed un avere autentici – non un *do ut des* – con i vari circuiti del sociale di cui entriamo progressivamente a far parte. Ciò naturalmente vale, ancora una volta, se ci riferiamo alla socializzazione nel senso non formale, non oggettivistico, non quantofrenico del termine. Il che comporta sempre un complesso bilancio di costi e benefici, di rischi positivi e negativi, di investimenti e ricavi emozionali e razionali, per l'individuo e per il suo mondo.

La difesa nei confronti di quegli stessi livelli progredienti di socializzazione – rappresentata dal vettore posto a destra sullo schema di fig. IV.7 – equivale, ove e quando soddisfatta, alla messa in atto delle resistenze nei confronti del possibile cambiamento indotto dal sociale su di noi e da noi sul sociale.

Infatti, cambiare vuol dire entrare in rapporto con altri per reciprocamente influenzarsi; vuol dire che si deve interagire, discutere, confrontarsi, verificare, mutare qualcosa delle nostre idee, delle nostre credenze, dei nostri atteggiamenti, dei nostri sentimenti. Se dallo scambio è venuta un'idea, un pensiero, un dubbio, una critica, un interrogativo, un qualche cosa emerso in qualsiasi modo, allora vuol dire che le cose "funzionano" bene; non solo perché si è trasmesso, ma perché si è ricevuto. E si tratta di un fenomeno assolutamente reciproco. Anzi, se non è reciproco non funziona.

I due versanti – progressivo e regressivo – sono inscindibili: non si possono cambiare gli altri se non si è disponibili ad essere da loro cambiati; così come non si può cambiare se stessi, maturare, progredire, realizzarsi se non si è disponibili ad atti donativi nei confronti degli altri. Checché ne sembri, la strategia dell'eremita nel deserto non è producente, né per lui né per il deserto…

9. Una serie di chiarimenti

Quando il nostro mondo – in un determinato ambito o contesto – si è più o meno stabilizzato, quando la nostra personale cosmologia è strutturata, noi portiamo con noi, ovunque e sempre, tutte le cinque-sei "carte" della socializzazione e attraverso di loro funzioniamo (anche come individui). Naturalmente si tratta di "stabilizzazioni" e di "strutture" del tutto flessibili, piene di contraddizioni, per così dire... poco stabili e poco strutturate, assolutamente sovraesposte a continue destabilizzazioni e destrutturazioni, seguite da nuove ristabilizzazioni e ristrutturazioni.

Stiamo infatti parlando di realtà psico-sociali molto flessibili o, a dire meglio, della ricca dinamica con cui la realtà psico-sociale si presenta di fronte alla nostra considerazione. In questo senso, anche la modellistica che inquadra in cinque-sei livelli i processi di funzionamento dell'individuo nel sociale – quella modellistica che si è qui presentata e adottata – va presa in termini convenzionali, come utile e perfettibile strumento di lettura delle cose: come un modello, appunto (cfr. cap. I). Non bisogna inoltre prendere questi livelli come compartimenti stagni, come gradini statici: sia l'oggetto che l'approccio del nostro discorso sono infatti di tipo psicodinamico. Esistono miriadi di possibilità articolate di gestione emozional-razionale dei processi di socializzazione e ciascuno di noi, appunto, si porta con sé tutti i livelli fondamentali che si sono prima delineati. Ciò accade quando il nostro mondo interno è organizzato in modo tale da poter giocare queste "carte" – l'una per l'altra, si vorrebbe dire – sul tavolo della vita e sul tavolo del quotidiano, nelle varie situazioni sociali.

È interessante tra l'altro annotare che quanto si va dicendo appartiene alla comune esperienza vissuta di ciascuno di noi: tutti sappiamo e sentiamo di essere motivati alla relazione, cioè di avere desiderio, bisogno, piacere (tutti vocaboli che sono, non casualmente, di ordine prevalentemente affettivo) di mettere in moto un progressivo ampliamento delle sfere della socializzazione. Possiamo indicare tutto questo con il già considerato *vettore delle propensioni* alla socializzazione. Potremmo dire che tale vettore esprime la tendenza per cui si dice che "socializzare è bello": è bello e gratificante avere un compagno di banco nella scuola, un amico sul lavoro, un partner nei diversi aspetti e momenti della vita (relazione di coppia), è bello e gratificante avere uno o più gruppi di appartenenza (relazione sociale), avere un polo di riferimento (intergruppo), un'organizzazione-ombrello o comunità di nostra fiducia (macro-gruppo improntante, polis).

Tutto ciò è "bello e gratificante" perché ci arricchisce, perché rappresenta lo sviluppo stesso della nostra esistenza. Tutti i vari gradini della scala costituiscono ancoraggio e base per il divenire della nostra esperienza psico-sociale, del nostro essere nel mondo.

Ma oltre che desiderio, bisogno, piacere, noi sappiamo e sentiamo di avere – contemporaneamente e quasi consustanzialmente – timore, ripulsa, spavento o dispiacere nel mettere in moto quello stesso processo che è tanto affascinante. Possiamo indicare tutto questo con il già considerato *vettore delle difese* di fronte alla socializzazione. Potremmo dire che tale vettore esprime la tendenza per cui "socializzare è brutto": è brutto e terribile avere un partner con cui verificarsi di continuo, con cui dover fare i conti, con cui porre in comune le cose concrete e quelle astratte, è brutto e terribile appartenere ad un gruppo con tutte le sue regole, doversi riferire a degli intergruppo con tutti i vincoli che ne derivano, essere membri di organizzazioni, cittadini di una comunità.

Tutto ciò è terrificante e frustrante perché ci limita ed inquadra, perché ci schiaccia, perché tarpa le ali al nostro individualismo. Tutti i vari gradini della scala costituiscono entità supportanti e valorizzanti che sono però subito anche limitanti, già tramite il loro stesso apparire al di sopra o a latere della nostra vita, individualisticamente intesa.

Anche per questo motivo, non si deve intendere quanto sopra detto come un implicito e assolutistico appello alla "bontà" della socializzazione, alla sua convenienza, men che meno alla sua auspicata obbligatorietà. Ne potrebbero infatti discendere diversi tipi di moralismo, quali quelli che hanno deliziato la nostra vita negli ultimi decenni: per essi bisognerebbe – cioè sarebbe quasi obbligatorio – cambiare la politica educativa a scuola, far fare agli allievi attività e ricerca di gruppo, vivere comunitariamente, istituire ad ogni piè sospinto squadre, comitati, consigli e gruppi di lavoro. Tutto è visto in termini normativi e quantitativi, pensando per esempio che un gruppo in un'aula scolastica sia semplicemente un insieme di sette-otto persone rese disciplinatamente compresenti da parte dell'insegnante, dall'alto, per eseguire un dato compito. Se ne banalizza la sostanza a livello aritmetico. Del tutto analogamente può avvenire con le assemblee dei genitori, per i consigli di quartiere, per i consigli di dipartimento in un'università, per i consigli di fabbrica, ecc. [6].

L'ipotesi che regge tali realtà è soltanto giuridica, oggettivistica, sociologistica, statistico-razionale, cognitivista: si pensa per lo più che basterà prendere un certo numero di persone e metterle insieme in una stanza e senz'altro si realizzerà il gruppo, l'assemblea, la comunità, la democrazia. Non è vero. Natura non facit saltus: se mancano i livelli intermedi, se l'assemblea è fatta da persone che sono solo individui singoli tra loro sconosciuti, che non hanno disponibili – all'interno dell'assemblea stessa – le carte autentiche della coppia, del piccolo gruppo e dell'intergruppo, l'assemblea non è comunità: è solo un aggregato di persone sconosciute tra loro, magma indifferenziato per ciascuno. La situazione *psico*-sociale è tale da prestarsi solo all'emersione di leadership manipolatorie che si impadroniscono dell'assemblea, come puntualmente quasi sempre accade. Verrà espressa allora, facilmente, una determinata struttura di leadership – spesso carismatica, nonché bisognosa di capri espiatori interni e/o esterni – che guida l'assemblea verso propri scopi. La platea seguirà, molto spesso ipocriticamente, in modo dipendente, e un po' becero. Non può fare altrimenti. Non è che sia composta da persone stupide o che sia essa, globalmente considerata, stupida. Il fatto è che si tratta di una folla, e che la sua dinamica è pertanto un'altra cosa. È la "piazza", con il suo bisogno di entusiasmi e lapidazioni. È il tribunale dell'osanna e del linciaggio. È lo stadio. È l'adunata.

6. Così sono accaduti in Italia, negli ultimi lustri, alcuni fenomeni sociali di cui pare si sia capito poco: i decreti delegati della Scuola, con le "assemblee" dei genitori e degli allievi; i consigli di quartiere; le riunioni di condominio; i consigli d'ateneo, di dipartimento o di corso di laurea nelle università; una certa dinamica sindacale o politica, ecc. Tutte realtà psicologicamente artificiali e quindi più o meno votate al fallimento (le eccezioni non possono che confermare la regola): i decreti delegati non funzionano, così come non funzionano le assemblee di condominio, non funziona un certo modo di concepire la democrazia industriale, ecc. Così come *non possono funzionare* tante altre cose (se si prescinde dall'emersione, secondo determinati modi, di determinati tipi di leadership: congiuntamente alla designazione, e alla criminalizzazione, di determinati tipi di anti-leader, cioè di capri espiatori).

Un ulteriore chiarimento, collegato al precedente e altrettanto importante, riguarda il vettore opposto, quello della propensione alle difese, alla fuga dalla socializzazione, alle resistenze di fronte al cambiamento. Bisogna evitare la sua stigmatizzazione e criminalizzazione, è bene che questo secondo vettore non venga percepito come qualcosa di condannabile, di vergognoso, quasi di osceno. Non bisogna albergare atteggiamenti di attonita severità quando abbiamo o incontriamo segni di "difesa dal sociale". Si tratta di una spinta altrettanto funzionale come la propensione, di cui costituisce il pendant irrinunciabile; si tratta di una naturale e legittima "difesa-circospezione" di fronte al "rischio" della presenza dei circuiti sociali nella nostra vita.

Si tratta ancora di un fatto *biologico*.

Si tratta in ogni caso di una fenomenologia che esiste.

Si annoti, anzi si ricordi, che stiamo sempre analizzando dei processi e non dei contenuti. Dei processi riguardanti, nel nostro caso, le dinamiche attivate dalla relazione con gli altri o comunque connesse alla relazione medesima. Su questo piano, anche se un po' categorialmente, occorre richiamare:

- a livello di coppia, l'esistenza dei meccanismi di difesa (identificativi, proiettivi, denegativi, ecc.) nel rapporto interpersonale o tra ruoli;
- a livello di gruppo, l'esistenza delle difese di gruppo collegate agli assunti di base (attacco e fuga, ecc.) che Bion ha analizzato nei rapporti nel/col gruppo di lavoro;
- a livello di intergruppo, l'esistenza dell'uso difensivo delle istituzioni secondo Jaques (ansie schizoparanoidee, ecc.) nei rapporti nelle/con le organizzazioni di lavoro.

Le difese di fronte alla socializzazione, insieme con le parallele propensioni, anzi articolatamente con loro, consentono all'individuo una corretta (in relativo) navigazione nel sociale, la più corretta che sia possibile per ogni situazione e per ogni momento, cioè per ogni circostanza spazio-temporale. Come se i due vettori fossero due redini e ciascuno di noi, ad ogni momento, disponesse adattivamente della guida della redine *verso* la socializzazione e contemporaneamente della guida della redine *contro*: ottenendo in tal modo il miglior equilibrio possibile (sempre in relativo) tra le due.

10. Le difese, l'indipendenza, l'autonomia

Di fronte al termine "difese" dalla socializzazione si potrebbe essere tentati di sostituirlo con quelli di autonomia o indipendenza e di parlare, quindi, di "vettore dell'indipendenza o autonomia". L'intervento delle difese può infatti determinare una sorta di regressione progressiva (il bisticcio è voluto) dei meccanismi di funzionamento dell'individuo nel sociale: via via, indipendenza dall'istituzione, dalla polis, dall'organizzazione, dal piccolo gruppo, dalla partnership di coppia.

L'uso del concetto e del termine di indipendenza risulta tuttavia scorretto oltre che meno efficace. Per due motivi: il primo, di ordine per così dire teoretico, perché alla parola *difesa* si dà anche un significato positivo. Biologicamente parlando, infatti, guai se *non* avessimo le barriere anticorpali, i globuli bianchi, le difese immunitarie, le difese d'organo, ecc. Saremmo morti in poco tempo, anche fisicamente (si pensi all'Aids, che è costituita dal crollo di alcuni meccanismi di difesa). Alla parola difesa, dunque, la matrice o componente biologica del nostro discorso dà un significato basale positivo.

Anche i meccanismi di difesa dell'Io, per fare un ulteriore esempio, rientrano pienamente in questa impostazione: sono ben positivi strumenti di sopra-vivenza. La razionalizzazione, l'intellettualizzazione, la sublimazione, la proiezione, ecc., sono semplicemente elementi di quella categoria di meccanismi di difesa che pertiene al livello psichico del funzionamento dell'individuo, per "salvarlo" durante la navigazione tra le procelle dei conflitti sia intra-psichici che psico-sociali. Non ha pertanto senso – o ha il solo sapore di stereotipo della cultura popolare – inquadrarli o considerarli come fenomeni da evitare e combattere (così attuando delle difese dalle... difese), come diavolerie, come strumenti colpevoli di cui vergognarsi e da cui guardarsi accuratamente. Non ha senso pensare che "una persona è matura e normale se non li ha"; si tratta piuttosto di possedere – di tutte le misure difensive – esperienza e praticabilità, da una parte, e di comporne in equilibrio la rosa di cui disponiamo, dall'altra.

Il secondo motivo è più inerente al discorso psicologico nella sua specificità. Usare parole come autonomia e indipendenza potrebbe andar bene se – come accade di solito nel linguaggio corrente – autonomia fosse sinonimo di indipendenza. Ma così non è. Anzi, al limite, si tratta di vocaboli indicatori di realtà psichiche contrastanti per non dire opposte o che comunque si prestano a degli equivoci.

Il massimo dell'autonomia non consiste nell'assenza di relazione, non coincide con la rinuncia all'altro, non risiede nell'affermazione orgogliosa di non-influenzamento (reciproco o meno): questa è l'indipendenza. L'autonomia è invece la capacità acquisita di funzionare produttivamente nel sociale. È il possesso delle varie "carte" nell'articolato gioco di socializzazioni che stiamo dipanando. Il massimo dell'autonomia consiste quindi nell'interdipendenza, nella possibilità e capacità di interdipendenza. Esiste in tal senso un'interdipendenza a livello di coppia (con i vari partner delle varie relazioni interpersonali), una interdipendenza a livello di piccolo gruppo, una di inter-gruppo od organizzativa, una di comunità o politica, una dell'istituzione. Tutte forme complesse, suggestive e ardite di "autonomia". Interdipendenza vuol dire che ci influenziamo reciprocamente e che – nell'influenzamento – ci decliniamo e maturiamo e autorealizziamo.

Chi vuole staccarsi dagli altri, allontanarsi, uscire di casa, sottrarsi a qualcosa che avverte ermeneuticamente come un legame, non cerca l'autonomia, ma l'indipendenza, che è appunto un'altra cosa. Essa significa non voler avere più nulla da offrire agli altri e non voler aver più nulla da ricevere dagli altri. Significa voler troncare l'articolazione e il bilanciarsi dei rapporti e degli influenzamenti, della scomoda e difficile gestione del dare e del ricevere, sentita come vincolo e non come opportunità. Significa non voler più pagare nessun pedaggio, nel dare e nell'avere: ogni impegno di risorse proprie viene sentito come spesa e non come investimento. La parola indipendenza sembra proprio adattarsi alla situazione, anche nel senso etimologico.

Cerca invece l'autonomia chi vuole integrarsi, verificarsi, misurarsi, spendersi in relazioni complesse con altri, con i partner di ogni comunicazione, con la famiglia, con i colleghi, con gli amici, con i compagni di strada, ecc. Vuole impegnarsi in continue e varie dinamiche di conflitto e di coalizione, che avverte ermeneuticamente come generatrici di scambio e di progresso. Come opportunità e non come vincolo. Come se, o forse proprio perché, l'autonomia costa: ogni impegno di risorse viene tuttavia sentito come investimento produttivo e non come spesa.

Va aggiunto a chiosa conclusiva, che raggiungere l'autonomia nel senso così delineato, cioè la capacità emozionale dell'interdipendenza, rappresenta per molti aspetti il raggiungimento della maturità personale. In effetti, la maturità di ciascuno di noi in ciascuna delle situazioni in cui può venirsi a trovare – così come la maturità personale in generale – poggia sulla raggiunta possibilità-capacità di interagire con gli altri a tutti i livelli del funzionamento nel sociale nonché sulla intrecciata raggiunta possibilità-capacità di "scendere dal treno", da quel treno in corsa, ad ogni tappa. La possibilità-capacità, via via, regressivamente, di fuggire dalle istituzioni, di uscire dall'assemblea, di mollare l'organizzazione, di rifugiarsi nel piccolo gruppo, di abbandonare anche il piccolo gruppo, di rompere perfino la coppia per rientrare nel sé isolato. Questo perché hanno recato disturbo, progressivamente e magari ipervelocemente.

Si tratta di movimenti freschi, dinamici, vivaci, in continua alternanza con i loro frequentissimi opposti e non di "discesa" statica e ieratica dalla scala della socializzazione. Una sorta di va-e-vieni, una continua alternanza di fasi progressive e regressive nel meccanismo, una vera e propria corrente alternata. Tali oscillazioni accadono quotidianamente, anzi mille volte in un giorno, per ciascuno di noi. L'attivazione delle difese, cioè la spinta verso una più o meno momentanea in-dipendenza, verso un disimpegno più o meno parziale, possono ben facilmente assumere un significato liberatorio, di ri-creazione, di boccata d'aria, di «regressione al servizio dell'Io» (Kris, 1952). Esattamente come la spinta opposta. Torniamo cioè sempre all'immagine delle due redini: non c'è solo la progressione, verso livelli sempre più alti e complessi della socializzazione, con una sorta di obbligo della medesima, c'è pure la regressione. Vicendevolmente, non c'è solo la regressione (o fissazione) a bassi livelli, c'è pure la progressione. E i diversi livelli non sono in gerarchia di valore tra di loro.

Tutto poggia sul fatto che il raggiungimento del gradino successivo della scala non annulla o cancella i precedenti. Anzi, è come se ciascun individuo li portasse con sé per sempre.

La coppia per esempio aiuta il gruppo a formarsi, anche se spesso, *pure*, la coppia rovina il gruppo. Quando si fa "coppia fissa" si sfascia il gruppo; quando capita che, nelle attività di gruppo, per motivi di ansia vari e diversi, qualcuno si mette a parlare con la persona che gli sta accanto, in quel momento esatto esce dal gruppo, perfino acusticamente, e tenta di far sì che il gruppo non esista più. Infatti, perfino sul piano acustico le onde sonore arrivano lo stesso ma la persona non le intende più perché ha scelto di parlare con l'altra, in una relazione di coppia, e gli accadimenti gruppali passano sullo sfondo, divengono brusio più o meno disturbante. Quando molti realizzano diversi comportamenti "di coppia", si scioglie momentaneamente il gruppo; è come se ci fosse una sospensiva del gruppo stesso. Ognuno "regredisce" dal piccolo gruppo alla dimensione di coppia.

D'altro canto, può ben spesso capitare, in una dinamica di coppia, che uno dei partner si isoli, ritorni al self, si rifugi nei "fatti suoi", non senta più nessuno, neanche l'appartenenza di coppia. Si ha in questo caso una regressione dalla coppia al singolo.

Il massimo della maturità è di poter disporre di tutti i livelli della possibile socializzazione, come se si trattasse di una scala mobile, da cui poter salire e scendere senza accorgersene, cento, mille, diecimila volte al giorno. Soltanto allora si può restare efficacemente nell'assemblea (di scuola, di condominio, di sindacato, di partito, di quartiere, ecc.): se si dispone nell'assemblea stessa del proprio piccolo gruppo, delle proprie partnership di coppia, ecc. In tal caso, funziona infatti anche l'assemblea. Il che è esattamente quello che i "manipolatori" non vogliono – a livello inconscio e, qualche volta, a livello conscio – perché agire in un'assemblea del genere vuol dire governare un'assemblea matura e vera, in modo maturo (il che, per loro, è più arduo).

11. Conclusioni

Con la delineazione del modello a cinque-sei livelli del funzionamento dell'individuo nel sociale, si è concluso l'esame dell'argomento per trattare il quale avevamo fatto quei "due passi indietro" di cui si parlava all'inizio del capitolo: quei due passi indietro giudicati utili ai fini del miglior sviluppo possibile del discorso sulla leadership.

Su questa base possiamo ora ritornare sui nostri passi e farne uno avanti.

V. Gruppo e leadership

> Ma qual è la pietra che sostiene il ponte? Il ponte non è sostenuto da questa o da quella pietra, ma dalla linea dell'arco che esse formano.
>
> *Italo Calvino*

III° livello

Il passo avanti consiste nell'analizzare il piccolo gruppo e le sue dinamiche. Si tratta di operare una sorta di "zoom" sul cardine centrale della scala dei livelli di funzionamento nel sociale considerata nel capitolo precedente: il terzo livello della scala stessa, cioè il piccolo gruppo. Quel piccolo gruppo che è stato in altre sedi e anche da altri Autori indicato come la cinghia di trasmissione dell'intero meccanismo, come il "crocevia" delle complesse fenomeniche che stiamo esaminando.

Il discorso sulla leadership – dentro e fuori del gruppo – ne risulterà molto più analitico ed esaustivo.

1. Del concetto di gruppo

L'immagine del gruppo è certo più antica della sua concettualizzazione. E non solo con riferimento alla storia della elaborazione culturale, intellettuale e scientifica del nostro attuale tipo di sapere.

Essa emerge infatti, nell'ontogenesi e nella filogenesi umane, come molto arcaica. Essa sembra per certi aspetti precedere, in questo, la stessa emersione dell'immagine del singolo individuo: le sue radici affondano fino agli albori della vita, nelle figurazioni e nei vissuti – che subito o ben presto ci formiamo e che di continuo grandiosamente alimentiamo – del sistema delle nostre relazioni significative. Essa poggia sulla percezione, pur confusa che sia, delle polarità diverse e normalmente numerose che in tale sistema si vanno configurando. Infatti, tali polarità non si strutturano e non si declinano – cioè anche non si deno-connotano – come punti isolati a sé stanti, ma come elementi che trovano nella presenza degli altri e nelle articolazioni relazionali con loro la propria identità [1].

È questo, per così dire, il "punto di partenza".

Non pare abbia soverchia importanza, qui ed ora, se il processo indicato sia da ricondursi a meccanismi poietici riportabili ad emersioni archetipali e/o a fenomeni di natura etologica e/o di ordine anche geneticamente specie-specifico-dipendente e/o di impronta sociobiologica, e così via. Ognuno potrà privilegiare questo o quell'orientamento teoretico, in sede di ricerca e di riflessione sul processo che stiamo esaminando.

Va comunque annotato che ho preferito usare il termine "immagine" anziché quello di "rappresentazione", per due motivi principali:

– innanzitutto, il riferimento al formarsi di quelli che vengono indicati come schemi rappresentazionali implica una concezione in buona parte meccanicistico-deterministica di certi rapporti: più precisamente, dei rapporti che passano tra i "dati" presenti *ex-ante* all'apparato mentale e le attività di elaborazione e selezione compiute su di essi dall'apparato stesso.

  Il modo con cui tale passaggio avviene sarà anche cogentemente attivo, come molti tengono ad affermare, ma ha da svolgersi inesorabilmente e concettualmente *ex-post*, rispetto alla comparsa dei dati di fronte all'apparato mentale in questione. Ciò almeno secondo l'impianto strettamente cognitivista, che risulta anche in tal senso largamente inadeguato e insoddisfacente;

1. Solo la psicologia ad orientamento "personologico" – vuoi nella fattispecie delle grandi scuole scientifiche e sperimentali (behaviorismo, Gestalt, reflessologia, ecc.), vuoi nella fattispecie delle grandi scuole cliniche e psicodinamiche (psicoanalisi e sue varie correnti, personologie di diversa tendenza, ecc.) – può centrare tutte le proprie attenzioni sull'individuo inteso come singolo, più o meno avulso dalla relazione col contesto. Per non parlare delle fasi e tendenze "atomistiche" della psicologia – storicamente precedenti ma ancora oggi in definitiva sopravvissute sotto molti... mascheramenti – che sono programmaticamente ed ideologicamente ignare ed immuni da qualsiasi considerazione "gruppale".

È solo con la psicologia scientifica (non scientista) della terza fase, ad orientamento "sociale", sempre più attenta a considerare la complessità della componente "relazionale" nella vita psichica dell'essere umano, che si sono andate ponendo le basi per sviluppare il discorso che stiamo facendo.

– in secondo luogo, l'uso del termine rappresentazione implicherebbe il riconoscimento di un saldo primato delle attività cognitive su quelle emozionali, primato che andrebbe conferito sia dal punto di vista teoretico che da quello pragmatico, sia sul piano reale che su quello simbolico, sia a livello del "software" del pensiero e del linguaggio che perfino, talora, su quello dell'"hardware" anatomo-fisiologico: il che ci trova, serenamente, in disaccordo.

Parlare del gruppo vuol dunque dire riferirsi – in via di connessione chiara e consapevole piuttosto che inespressa e inavvertita – ad un qualsiasi luogo spazio-temporale dove gli uomini convivono in qualche accomunamento **fondante**, in qualche "famiglia" originaria e **originante** (senza dare al termine famiglia alcuna implicazione storicizzata e/o formale), in qualche congregazione sistemica che sia **fonte** di identità e di ruoli reciprocamente alimentantisi. Ciò non significa riferirsi necessariamente o soltanto alla configurazione primigenia, all'accomunamento oggettivamente iniziale o primordiale; significa invece potersi riferire a una qualsiasi di quelle molteplici forme in cui il **luogo spazio-temporale della convivenza**, nel senso detto, si realizza (anche alla configurazione primordiale, pertanto).

L'importante è che la "qualità" dell'accomunamento assuma o comporti qualche valenza di fonte, di sorgente, di genesi – e quindi anche di legittimazione psico-sociale – dell'identità dei singoli. E non viceversa. Che poi alcune congregazioni accomunanti, nel loro farsi fondamento, scaturigine, origine di ruoli e di identità, siano più "forti" ed altre più "deboli" (in base ad una serie di possibili criteri, anch'essi tra l'altro differenziabili in forti e deboli) è questione secondaria – non per importanza – che potremo riprendere più avanti.

Dovrebbe essere sottinteso, ma è pur meglio richiamarlo, che stiamo parlando del gruppo dal punto di vista psicologico o, come per brevità e comodità si dice, del **gruppo psicologico** tout court.

Per converso, **non** stiamo parlando del gruppo dal punto di vista sociologico o, come per brevità e comodità si dice, del **gruppo sociologico** tout court.

1.1. *Prospettiva sociologistica e prospettiva psicologistica*

In effetti, si possono rintracciare nella letteratura numerose e molteplici definizioni e concezioni di gruppo, tutte bene o male riconducibili a due grandi ordini: le definizioni secondo una prospettiva sociologistica e le definizioni secondo una prospettiva psicologistica. Queste due aggettivazioni, un po' cacofoniche, stanno ad indicare che non ci si riferisce meccanicisticamente e necessariamente al gruppo psicologico e, corrispondentemente, al gruppo sociologico, ma piuttosto al gruppo sociologicamente inteso e al gruppo psicologicamente inteso. Si tratta di una questione di tipo di approccio e prospettiva e non di "natura" dell'oggetto-gruppo.

Sono qualificabili come definizioni di ordine sociologistico tutte quelle che danno la prevalenza e il primato al punto di vista "oggettivo" e che più o meno si riconducono al seguente concetto: gruppo è un insieme di due o più persone che hanno tra di loro uno scopo comune da raggiungere (e si badi che comune non vuol dire eguale; comune significa avere un tratto di strada da fare insieme e basta). In questo senso i passeggeri di un tram sono gruppo. Come un plotone che marcia o le persone in coda a uno sportello o quelle che seguono un funerale. Hanno uno scopo comune da raggiungere. La centratura è sullo scopo, sul compito da eseguire, sull'oggettività: se ci sono 12 persone in una sola stanza, esse sono gruppo per definizione. Si tratta di definizioni per lo più rintracciabili nell'ambito delle fonti di sociologia, di statistica, di diritto, di storia.

Sono qualificabili come definizioni di ordine psicologistico tutte quelle che conferiscono il primato e la prevalenza al punto di vista "intersoggettivo" e che più o meno si riconducono al seguente concetto: gruppo è un insieme di tre (quattro, per taluni, come si è visto in precedenza) o più persone che fanno parte di un "campo", cioè che hanno tra di loro delle relazioni reciproche di influenzamento.

Nel primo caso è irrilevante la relazione, nel secondo è irrilevante lo scopo (ovvero lo scopo consiste proprio nella relazione): ci troviamo insieme per andare a cena oppure andiamo a cena per trovarci insieme, per realizzare il gruppo psicologico.

Nessuno psicologo farebbe mai, per esempio, una ricerca sui passeggeri di un tram in quanto tali e nessun sociologo ortodosso farebbe una ricerca, sempre per esempio, sulle relazioni che intercorrono tra i partecipanti ad un gruppo di formazione.

Ma non si tratta, macchinalmente, rigidamente, di schieramenti di disciplina.

Ci sono infatti – e per fortuna – molti sociologi "psicologisti" e molti psicologi "sociologisti". Per dare qualche riferimento concreto, non si può negare che per esempio Alberoni si schieri dal lato di chi reca attenzione ai fenomeni dell'intersoggettività, in gran parte delle sue opere. Sull'altro versante, ci sono molti psicologi che nei propri contributi portano l'enfasi sul comportamento, su ciò che è oggettivamente rilevabile e statisticamente trattabile, in ogni caso da parte di un osservatore "neutrale".

In un certo senso, il fuoco delle osservazioni e delle analisi degli psicologisti è costituito dalla dinamica dell'*irripetibile*, mentre quello dei sociologisti è costituito dalla fenomenica del *ripetibile*. Per questi ultimi, tutti gli umani sono improntati dall'eguaglianza di determinate strutture e funzioni che posseggono e che si ripetono indipendentemente dal tempo e dallo spazio. Per i primi, invece, nessun individuo è uguale ad un altro; tutti abbiamo due occhi, un naso, una bocca, dei capelli, dei denti, una capacità di sorridere, ecc., ma nessuno ha il proprio sosia. E nessuno sopporta l'angoscia del doppio, nessuno tollera l'ipotesi del "replicante", nessuno è copiabile, nessuno è ripetibile.

Orbene, tale osservazione è totalmente trasferibile anche alle fenomeniche del funzionamento socializzato, alla coppia, al gruppo (per restare nell'ambito che stiamo ora considerando) e agli altri livelli del modello che abbiamo esaminato nel cap. IV.

È certamente possibile migliorare la qualità delle nostre conoscenze sia dal punto di vista sociologistico che da quello psicologistico. Entrambi hanno le loro ragioni ben legittime e non è questa la sede per sviluppare i vari aspetti, interessantissimi, della diversità tra gli uni e gli altri e della possibile relativa diatriba che ne consegue. Anche chi scrive si pone dalla parte degli psicologisti, tende a riconoscere l'altra prospettiva come assolutamente lecita, producente, convenevole, non necessariamente contrapposta ma anzi complementare a quella in cui si riconosce.

Si osservi tra l'altro con estrema attenzione il fatto che, ancora una volta, le due prospettive non rappresentano due compartimenti stagni, ma solo due angoli visuali da cui poter considerare lo stesso problema: quello del gruppo. Inoltre, è del tutto possibile – per non dire normale – che una situazione gruppale nata "sociologisticamente" diventi (anche rapidamente) "psicologistica": cioè anche che un gruppo formato (magari dall'esterno) per realizzare un determinato compito si trasformi in gruppo centrato sulla relazione: si pensi, per fare un esempio forte, ai gruppi di militari, alle squadre sportive, agli studenti.

Ogni comandante militare, ogni allenatore di team sportivo, ogni organizzatore di gruppi di studio studenteschi sa o pre-sente che non bastano le "competenze" per ottenere i risultati. Sa che non è solo questione di Tecnocrazia, sa o pre-sente di dover riuscire a creare delle relazioni. È facile insegnare ad usare un mitra, o illustrare quale posizione c'è da tenere sul campo da gioco, o quali sono i capitoli del libro di testo più importanti da studiare. In pochi minuti ti posso dire, in ogni caso, chi è il comandante (head) o l'allenatore o l'organizzatore, ma non il leader. Occorre in realtà un'altra cosa: trasformare il comandante o l'allenatore o l'organizzatore in un leader, rendere reciprocamente interagenti i membri del gruppo. Ma perché? Per poesia? No, perché così funziona meglio il gruppo; perché così si otterranno pure i risultati voluti. Perché così si costruiranno bene i commandos, o si vinceranno i campionati di calcio, o si riuscirà bene all'esame. I problemi veri non sono di ordine oggettivista e quantitativo, non sono tecnocratici, sono di relazionalità, di interdipendenza. I grandi allenatori di calcio sanno che la squadra si fa nello spogliatoio, perché è nello spogliatoio che si fa il gruppo.

Naturalmente, ciò non significa che le "competenze" non servono a nulla, ma solo che – per riequilibrare le cose – bisogna ricomporre ad unità le due prospettive e non preoccuparsi di una sola, unicamente perché appare più semplice e concreta. Ma avremo modo di tornare più analiticamente sull'argomento quando tratteremo più specificatamente delle funzioni della leadership (cap. IX).

Proseguendo nella delineazione per così dire comparata delle due prospettive, veniamo ora più propriamente all'analisi del tema gruppo secondo ciascuna di esse.

La centratura del discorso secondo l'approccio di ordine psicologistico, al di là delle diversificate scuole di pensiero che l'adottano, va dunque costantemente mantenuta:

- sulla **relazione**, sia inter-personale che sociale, e non sul compito da eseguire o sullo scopo da raggiungere da parte del gruppo;

– sulla **comunicazione** tramite codici prevalentemente affettivi, o comunque non soltanto razionali, e non sulla mera trasmissione di contenuti esclusivamente informazionali da un membro del gruppo all'altro o agli altri;
– sulla **dinamica** della soggettività e della **inter-soggettività** e non sulla statica e la meccanica dell'oggettività;
– sul sentimento d'**appartenenza** e sui suoi fondamenti e flussi e non sulle norme o la fenomenica esteriore della compresenza fisica dei singoli: anche senza compresenza fisica dei singoli il gruppo non cessa di esistere, anzi per lo più si rinforza e consolida.

Corrispettivamente, tutto ciò che ha a che fare con un compito da realizzare, con gli scambi di informazioni oggettive, con le meccaniche delle compartecipazioni formali può assumere molta rilevanza, ma non è decisivo.

La centratura del discorso secondo l'approccio di ordine sociologistico – al di là delle diversificate scuole di pensiero che l'adottano, e in questo caso anche al di là della separazione tra alcune discipline diverse ma convergenti su un certo modo oggettivistico di considerare la nostra materia di studio – va costantemente mantenuta sulle polarità per molti aspetti opposte a quelle elencate, e cioè:
– sullo **scopo comune** da raggiungere, sui **compiti** da eseguire da parte del gruppo nella sua globalità;
– sui **contenuti** compresi e governati negli eventuali scambi di informazioni tra ciascun membro del gruppo e gli altri [2];

2. Viene qui nuovamente e puntualmente evocata una distinzione-contrapposizione tra due grandi modalità di intendere lo "scambio di comunicazioni" tra gli esseri umani. Per tale distinzione, *informazione* non è necessariamente sinonimo di *comunicazione*. Vi è infatti una prima modalità di intendere il processo, riconducibile ad uno schema "concettuale" razionale-informativo, centrato sui contenuti, obiettivistico, rappresentabile nel suo nocciolo come segue:

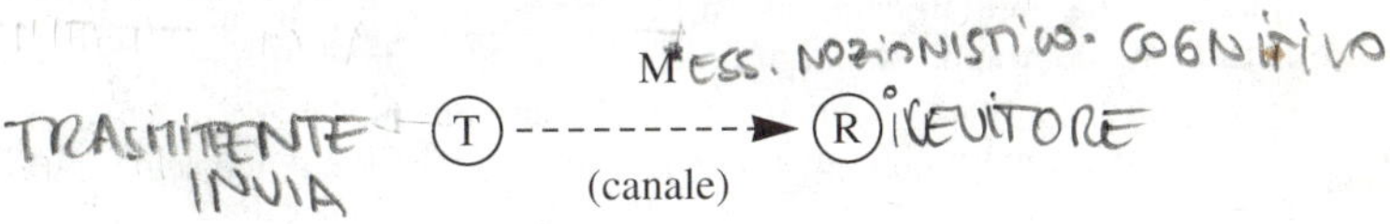

Per esso, comunicazione si ha quando una trasmittente T invia un messaggio nozionistico-cognitivo M ad una ricevente R, tramite un qualche canale.

Ad esso si possono ricondurre tutti i modelli concettualmente "razionalistici" del passaggio delle informazioni. In questo senso, per fare un esempio classico, in fisica "comunicazione" può anche solo significare:
– la trasmissione di un effetto da un posto ad un altro senza trasporto di materia;
– il processo attraverso il quale una energia fisica agisce su un recettore sensoriale.

– sull'emergenza e sulla **meccanica** (anche se eventualmente in movimento) dell'**oggettività**;

Vi è poi una seconda modalità di intendere il processo, riconducibile ad uno schema "concettuale" affettivo-comunicativo, centrato sui processi, inter-soggettivistico, rappresentabile nel suo nocciolo come segue:

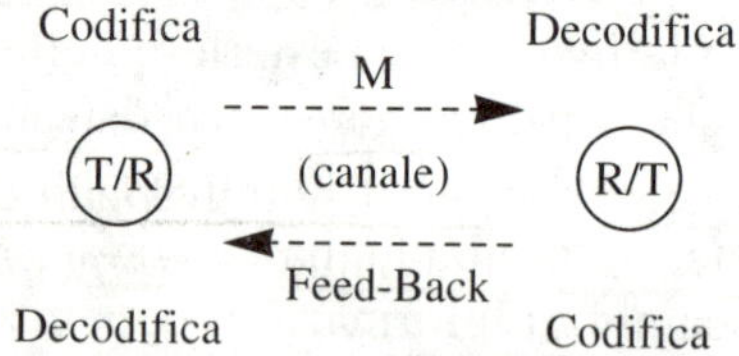

Per esso, comunicazione si ha quando una trasmittente T invia tramite un qualche canale un messaggio M, formulato in base ai *propri* codici valoriali e normativi e al *proprio* sistema di credenze ed atteggiamenti, ad una ricevente R che decodifica il messaggio secondo i *propri* sistemi di valori e norme, di credenze e atteggiamenti. Ma R non si limita a questo: provvede infatti a sua volta, in continua alternanza di fasi, ad elaborare e trasmettere comunicazioni di ritorno (Feed-Back), formulate in base ai *propri* codici e ai *propri* sistemi di credenze e atteggiamenti, alla trasmittente T, che a sua volta le decodifica secondo i *propri* sistemi di valori, norme, credenze e atteggiamenti. In tal modo, R è anche T mentre T è anche R, in una continua circolarità delle funzioni, in un continuo scambio dei ruoli reciproci, in un mutuo influenzamento, al di là dei ruoli formali o apparenti.

A tale schema concettuale si possono ricondurre tutti i modelli "emozionalistici" della trasmissione di comunicazioni, modelli che inquadrano in tal modo anche il passaggio di informazioni, solo apparentemente meccanico. In questo senso, per fornire qualche esempio, nelle scienze umane "comunicazione" può significare:
– "rendere comune", "partecipare", "condividere";
– processo nel corso del quale sono trasmessi dei significati tra persone o gruppi (Maisonneuve);
– scambio di doni all'interno delle mura comuni (Fornari);
– alto grado di dipendenza dinamica tra due regioni personali, tale che i cambiamenti dell'una portano dei cambiamenti proporzionali nell'altra (Lewin).

La distinzione-contrapposizione tra le due grandi modalità di intendere lo scambio o passaggio di comunicazioni tra gli esseri umani può anche evocare la differenza tra denotati e connotati, convenzionalmente delineabile come segue:
– significato connotativo di un messaggio: tutta la parte riguardante l'appello ai bisogni, ai sentimenti, alle opinioni, agli atteggiamenti del ricevente (parte "affettiva");
– significato denotativo di un messaggio: tutta la parte afferente ai richiami che il messaggio fa a qualcosa di preciso, inoppugnabile e oggettivo (parte "razionale").

Quanto detto equivale anche a introdurre o tener comunque presenti in questa sede il tema della comunicazione a una o due vie, il tema del soggetto e dell'oggetto, il tema della passività e dell'attività della ricevente. Anche se non è questa la sede per soffermarvisi.

– sulla fenomenica emergente dalla **compresenza** fisica dei singoli, o dei sottogruppi: senza compresenza fisica, il gruppo cessa di esistere.

Corrispettivamente, i fenomeni relazionali e comunicazionali, le dinamiche dell'affettività e dell'inter-soggettività, le vicissitudini emozionali dell'interdipendenza, i vissuti dell'appartenenza possono avere qui rilevanza ma non sono decisivi.

Se si parla del **gruppo** dal punto di vista **psicologico** – e senza voler stabilire gerarchie di valore ma semplicemente le differenze tra i due punti di vista – la sottolineatura viene insomma portata su tutto lo spessore profondo dei fenomeni gruppali e non sulla loro appariscenza superficiale, sulla globalità interpretabile di tutto ciò che li riguarda e non sulla loro sola evidenza fenomenica. Si potrebbe in proposito parafrasare una semplificazione di U. Eco al riguardo della comunicazione di massa[3], applicando al tema-gruppo un apparato critico opposto-analogo a quello che consente ad Eco di distinguere ed identificare la comunicazione di massa: perché ci sia gruppo psicologico non basta che qualcuno stia fisicamente insieme con diverse altre persone; occorre che un agente trasmettitore-recettore di messaggi usi una situazione *relazionalmente* molto complessa (anche se per lo più oggettivamente molto semplice) per comunicare, a due vie, con una piccola massa di altri agenti recettori-trasmettitori: costoro non solo costituiscono un polo di riferimento imprescindibile per comunanza e/o complementarietà specifica di codici affettivi, ma sono sempre in grado di reagire "faccia a faccia" con lui, sia come singola persona (relazione interpersonale) sia in termini di gruppo globale (relazione sociale). Per questo i compagni di viaggio sul tram di cui si parlava o i membri-inquilini di un condominio o l'insieme degli spettatori al cinema o un team di impiegati in un ufficio – in quanto tali – **non** sono gruppo.

Rinviamo comunque alla letteratura classica sull'argomento, per ogni chiarimento la cui acquisizione venga suggerita dall'opportunità di circoscrivere il discorso – da qui in poi – al "gruppo psicologico".

3. «… Perché ci sia comunicazione di massa non basta che qualcuno comunichi a molta gente. Occorre che un produttore di comunicazione usi un **canale tecnologicamente molto complesso** per comunicare a destinatari che non solo rappresentano una massa molto varia per censo, cultura e collocazione geografica, ma che **non sono in grado di reagire "faccia a faccia" con il produttore**. Per questo il teatro o un comizio non sono fenomeni di comunicazione di massa» (U. Eco, "La parola e la cosa", *L'Espresso*, XXIX, n. 20, 20 maggio 1983, p. 105).

1.2. *Gruppo psicologico e genesi delle individualità*

In certo senso, dicevamo, è dunque il gruppo che crea e fonda le individualità, e non viceversa. O non solo viceversa. Tale affermazione va intesa senza alcuna esaltazione o "feticismo gruppistico", cioè senza nulla togliere alla configurazione delle prerogative individuali del singolo: anzi, se collocata nel quadro d'insieme armonico che si va delineando, contribuisce largamente a rafforzare detta configurazione.

In effetti, ogni concezione gruppo-filica – di quelle cioè che mirano a enfatizzare nel gruppo un'entità in qualche modo gerarchicamente e valorialmente migliore e **superiore** all'individuo – poggia sempre, ineluttabilmente, su un'impostazione per cui il gruppo viene **dopo** il singolo, il sociale **oltre** l'individuale, il collettivo **al di là e più avanti** del personale: il primo degli elementi citati – il gruppo – viene sempre presentato, talora perfino cronologicamente, come il successore e il completamento grandioso del secondo – l'individuo – non come la sua matrice e sorgente, il suo "autore".

Con qualche apparenza paradossale, invece, la concezione qui presentata rovescia letteralmente il rapporto di fondazione istituzionale tra individuo e gruppo, ponendo questo **prima** di quello, come sorgente dell'identità di quello (e non si tratta certo di un discorso cronologico!). Si badi che tale concezione vuol essere valorizzante per entrambi i corni dell'apparente dilemma: per l'individuo **e** per il gruppo. Si tratta semplicemente di riscoprire e rispettare, effettivamente e non a parole, non solo le disomogeneità e diversità individuali che sono interne ad ogni gruppo, ma anche e **prima** la natura complementare delle disomogeneità che sussistono tra gruppo e individuo. Tali disomogeneità sono così reciprocamente funzionali che l'ipotesi della loro eventuale inesistenza – o quella del loro annullamento in qualche forma di gerarchizzazione – coinciderebbe con quella della inesistenza-scomparsa delle identità di entrambe le parti: si avrebbe allora, da un lato, il gruppo inteso solo come marchingegno collettivo meccanico e mostruoso, mentre l'individuo, dall'altro lato, si ridurrebbe ad essere la inferiorizzata rotella di un ingranaggio dai pezzi intercambiabili.

Quanto detto può costituire un ulteriore chiarimento di fondo nella concettualizzazione del gruppo, anche per superare una certa strana e diffusa inclinazione, quella per cui – come abbiamo già avuto occasione di riscontrare – si tende spesso ad affrontare il nostro tema su un piano "fattuale". Ciò mentre, invece, la cosiddetta evidenza fenomenica non sempre significa molto. È opportuno in altri termini conseguire quel sufficiente livello di astrazione che ci liberi in buona misura dalle pastoie "fattuali" che troppo spesso ci avviluppano. La "nozione" di gruppo risulta infatti come una delle più equivoche, oltre che una delle più utilizzate anche empiricamente, nelle scienze umane; essa è quindi anche quella che più richiede precisazioni teoriche, specie in ordine ai problemi della psicologia. Ciò allo scopo di elevare il livello della disamina teorica e, pertanto, anche quello delle empirie che ne discendono.

2. Le quattro trappole

Potremmo a questo punto procedere alla ricerca di una definizione di gruppo che risponda al quadro concettuale delineato.

Tale ricerca esige tuttavia di sgombrare preventivamente il campo da taluni equivoci e pericoli che – a guisa di trappola o trabocchetto – insidiano il cammino.

Possiamo identificarne, fondamentalmente, quattro. Ne abbiamo parlato a lungo, con intenti analitici, in un precedente volume (Il cerchio magico, 1985). Ci limitiamo pertanto, in questa sede, a darne un sintetico cenno rinviando al testo citato per ogni approfondimento.

I quattro trabocchetti sono i seguenti:

2.1. *Il primato del sociale o dello psichico*

La prima diatriba possibile è quella che si collega alla tentazione di stabilire, nel considerare il gruppo, il **primato del sociale** piuttosto che il **primato dello psichico**. Ciò significa andare alla ricerca di un possibile posizionamento del concetto di gruppo all'interno di una sorta di scala ideale fra i due primati ora accennati: il gruppo è più un fatto oggettivo o un vissuto soggettivo?

Uno dei corni del dilemma sarebbe rappresentato dal concetto di gruppo come luogo spazio-temporale oggettivo che è specificatamente deputato o dedicato agli scambi e alle interazioni *esteriori* degli esseri umani; l'altro corno del dilemma sarebbe rappresentato dalla tendenza a considerare il gruppo sempre e solo come una categoria mentale *interiore* dell'individuo, che farebbe sempre e comunque "aggio" sul sociale. Nel primo caso ci si riferisce di solito alle realtà dei sistemi informativi complessi vigenti tra e negli insiemi di individui; nel secondo ci si riferisce in definitiva sempre e solo ad una rappresentazione mentale che è proprietà del singolo.

Va notato che entrambe le concezioni di 'primato' avrebbero, almeno per certi aspetti, pieno diritto di cittadinanza nel nostro discorso. Esse costituiscono anzi delle interessanti ed importanti componenti della ricerca globale e delle riflessioni sul tema. Ma esiste una insidia, una trappola appunto, che è implicita nelle radicalizzazioni che si orientano solo in un senso o nell'altro: esse portano a cadere alla fine – più o meno intenzionalmente ma abbastanza inesorabilmente – in prospettive che fanno capo alla sociologia più chiusa da un lato o alla psicologia personologica di più antica maniera, dall'altro. Il che non va certo criminalizzato, ma comporta l'abbandono di un approccio autonomo e più autentico al problema del gruppo.

2.2 *Il primato tra* Weltanschauung *cognitiviste e* Weltanschauung *psico-dinamiche*

Una seconda trappola che ci si para innanzi è quella che deriva o è comunque collegata con la diatriba tra prospettive di tipo "cognitivista" e prospettive di tipo "psico-dinamico". Per le une il possibile valore e senso del concetto e della definizione di gruppo è da ricondursi, in un modo o nell'altro, ai processi con cui la mente individuale organizza le proprie strutture rappresentazionali, secondo un'accezione prevalentemente logico-razionale; per le altre, è da ricondursi all'accensione ed allo sviluppo degli affetti, con sottolineatura portata sulle vicissitudini emozionali. Chi scrive propende personalmente più dalla parte degli psico-dinamici, ma si sforza di farlo "in serenità", se si vuole secondo quell'approccio "eclettico" che fu di Gemelli e che diffida delle certezze e dei radicalismi: cerca insomma di sfuggire, nei limiti del possibile, alle "emiplegie morali" di cui accennava, a proposito di altre dicotomie di sapore manicheistico, Ortega y Gasset[4].

Su un certo versante, possiamo trovare allora che anche per il gruppo, tutto o quasi tutto può rendersi riconducibile fondamentalmente – nella ricerca e nell'azione – ai quattro processi che il cognitivismo considera basilari: percezione, pensiero, linguaggio e memoria (Amerio).

Analogamente, sull'altro versante può accadere che anche per il gruppo tutto o quasi tutto possa rendersi riconducibile ai processi che la psicologia clinica considera basilari per la dinamica affettiva del singolo (Fornari).

Concludendo invece "eclotticamente" la delineazione della seconda trappola, sembra più produttiva una considerazione adeguata sia della parte razionale che della parte emotiva, entrambe presenti nelle vicissitudini della vita del gruppo: esse sono inquadrabili come separate in longitudinale e non in trasversale, senza quindi implicare gerarchie di sorta tra loro ma con tensione ad analizzare i problemi della loro integrazione reciproca: le conoscenze scientifiche acquisite inducono infatti ad accettare anche nel gruppo la pervasiva presenza della parte emozionale, che tende ad impregnare l'altra più che a farsene direzionare.

2.3. *Il delirio socio-filico*

Una terza trappola, in linea con certe "mode" degli ultimi decenni, è costituita dal fascino discreto della tendenza a considerare sempre e aprioristicamente l'individuo come qualcosa di negativo-cattivo e, per converso, sempre e aprioristicamente il gruppo come qualcosa di positivo-buono. Si tratta di una vera e propria pania, che dovrebbe essere particolarmente chiara a chi si batte a favore del

4. Per certi aspetti, questo punto sembra voglia farci trovare di fronte, beninteso in via mediata, ad un'ennesima manifestazione dell'antico scontro tra fautori e negatori del Principio di Non Contraddizione: emerge infatti una certa corrispondenza tra i sostenitori delle prospettive cognitiviste piuttosto che delle prospettive psico-dinamiche, da un lato, e atteggiamenti di controllo e "chiusura" piuttosto che, rispettivamente, di disponibilità e "apertura" nel trattare i gruppi, dall'altro. È tale corrispondenza, certo da non recepire come rigida, ciò che sembra rievocare in nuove forme la contesa tra negatori e fautori del PDNC.

pluralismo in quanto fenomeno che «implica un salto, una cesura, rispetto alla coppia» (Spaltro): la presa di posizione può essere sottoscrivibile, ma occorre fare attenzione a non considerare il "collettivo", tout court, come sinonimo di plurale e a contrassegnarlo per di più in ogni caso come salvifico, più evoluto e migliore, in certo senso encomiabile, rispetto all'individuo singolo. Si è già visto nel cap. IV, trattando dei diversi livelli di socializzazione, che le cose stanno in modo diverso, ben più complesso.

Diventano qui più concrete, alcune considerazioni avanzate in precedenza, a proposito del gruppo come "autore", come sorgente e luogo fondante dell'identità dei singoli. Si ricorderà che veniva posto come dirimente il tipo di soluzione data al problema del **prima** e del **dopo**: le concezioni fondate sul "prima il singolo-dopo il gruppo" implicano la mitizzazione del gruppo ed il facile slittamento verso posizioni che sono esposte ad eccessi di socio-filia; mentre quella basata sul "prima il gruppo-dopo l'individuo" recupera in modo più armonico una considerazione alta e inter-dipendente di entrambi.

Non esiste dunque una corrispondenza bi-univoca, un passaggio lineare da una situazione di coppia ad una di collettivo, come se quest'ultima fosse sempre **dopo, oltre, al di là**, modernisticamente **più avanti** del personale e dell'individuale. Al contrario, esiste una distribuzione più articolata e non manichea delle possibili situazioni di convivenza accomunante: sia il polo costituito dalla coppia "inter-individuale", da un lato, sia il polo costituito dal "collettivo", dall'altro, possono fornire chiari esempi di funzionamento psicologico eterologo ed opposto rispetto al funzionamento di gruppo.

2.4. *La lusinga colonialista*

Una quarta ed ultima trappola è quella rappresentata dalla tentazione – presente sia in una certa cultura sperimentalistica da un lato, sia in una certa frangia psicoanalitica dall'altro – di affrontare il problema della definizione concettuale del gruppo e della disamina di tutto ciò che con il gruppo ha a che vedere operando semplicemente un **trasferimento** sui problemi del gruppo degli impianti teorici, delle modellistiche e delle metodologie di approccio di propria pertinenza e competenza. In tal modo, si realizza solo l'occupazione del territorio altrui: quegli impianti e quelle modellistiche vengono per così dire adoperati – con destrezza maliziosa piuttosto che con convinta buona fede, talora secondo moduli sofisticati, talaltra per così dire "alla buona" – per interpretare, capire, intervenire su fenomeni e realtà per i quali non erano stati creati e costruiti.

Potremmo indicare tutto ciò con l'epiteto di fenomenologia colonialistica. È attraverso tale fenomenologia che il ricco campo dell'"andar per gruppi" ha attirato tanti neofiti ed è ad essa che corrisponde – almeno in Italia – quello che vorrei indicare come il delirio traduttivistico, tanto diffuso nella nostra cultura: quest'ultima, quando non è esterofoba, sembra facilmente votarsi ad una sudditanza poco equilibrata nei confronti delle culture dominanti e in particolare di quella nord-americana. Così, si procede a far tradurre tutto ciò che capita a tiro, acriticamente, senza distinguere il poco grano dell'abbondante loglio; successivamente ha luogo il facile, vero e proprio, reciclaggio del materiale così importato.

3. Una definizione comprensiva

Dopo aver tentato di esorcizzare, almeno in parte, le quattro trappole accennate, possiamo pervenire a quella proposta di definizione di gruppo che si diceva rivolta a fini euristici, in vista della prosecuzione dell'analisi del tema della leadership. Vediamo in altri termini di rispondere a quella diffusa richiesta di chiarimento che sale normalmente tra gli addetti ai lavori, all'interno dei negozi intellettuali comuni: rappresenti e descriva ciascuno il proprio "concetto di gruppo nel suo valore euristico", quello cui è pervenuto in base alle ricerche ed alle esperienze personali nonché in seguito al processo di scambio e confronto continuo con i colleghi.

La risposta di chi scrive è che il gruppo può essere concepito e definito come *un insieme delimitato di persone inequivalenti, pari o non-pari che siano, che costituiscono tra loro un sistema interfunzionale interno, generatore delle identità (o di parte delle identità) dei singoli partecipanti, i quali assumono e ricevono in tal senso ruoli specifici e differenti e che in ciò si alimentano reciprocamente sia nelle relazioni tra loro sia in quelle col gruppo inteso nella sua globalità: un insieme che è in grado di avere rapporti di scambio metabolico e riproduttivo con altre entità o insiemi esterni, analogamente costituiti*. Si può aggiungere che, per le caratteristiche ora dette, *il gruppo può essere considerato un'entità biologicamente vivente, soggetta ad un arco evolutivo complesso che va puntualmente da una nascita ad una morte ed implica rapporti di incontro-scontro-confronto e metabolismo con altri gruppi con cui venga eventualmente in contatto (anzi, non solo con gli altri gruppi ma con qualsivoglia entità dimensionalmente minore o maggiore con cui abbia eventualmente a che fare).*

Nella definizione così delineata, il tema dei ruoli o delle funzioni differenziate e articolate diviene abbastanza basilare ai fini della miglior comprensione degli altri elementi contenuti nella definizione stessa. Paradigmatico in proposito il problema della "delimitazione" quantitativa di quell'insieme che è denominabile come gruppo, cioè del numero massimale di persone che possono far parte di un gruppo. Tenendo presente che tale numero massimale non è detto coincida con la dimensione "ottimale" di un piccolo gruppo, dimensione indicabile in prima istanza come quella «in cui ogni membro può contribuire con tutte le sue capacità alla soluzione del problema» (Ancona).

Si tratta in realtà dell'eterno problema della determinazione della soglia di passaggio dalla situazione di gruppo a quella di inter-gruppo e, ancor più, a quella di macro-gruppo (cfr. cap. IV): esso riceve luce dal discorso centrale del ruolo-identità.

La soglia di "delimitazione" non è quantitativa bensì qualitativa: il gruppo si conchiude là dove e quando si plafona la possibile saturazione dei bisogni di identità delle persone che ne fanno parte, cioè là dove e quando un eventuale aumento del numero dei membri non risulta più producente ai fini dell'implementazione dei ruoli individuali o è – anzi – ad essa disfunzionale. Si produce allora quell'elevento che, nella cultura comune, viene per lo più indicato come la spaccatura in "sottogruppi". Si realizza in realtà la salvaguardia del gruppo tramite un salto di qualità: quello costituito dalla nascita della situazione di inter-gruppo. La soglia di "delimitazione" dimensionale di cui stiamo parlando può essere certo indicata anche da un numero (tra 10 e 15 persone), ma si tratta di una convenzione media, indicativa e piuttosto banalizzante, pur essendo molto utile nella sua espressività e pragmaticità (cfr. anche pp. 61-62).

Il tema dell'identità diviene ancora una volta il punto centrale e qualificante del discorso, nel senso che – come già istituito nelle concettualizzazioni preliminari – il gruppo risulta come il luogo spazio-temporale ove si fondano, si originano le sfaccettature dell'identità di ciascuno: esso è la **sorgente** dei ruoli e, concomitantemente, la sede ove avviene la loro *ratifica* psico-sociale, tramite le relazioni inter-soggettive. Si tratta di un duplice processo: il gruppo è il sito della "genesi" nonché quello della "omologazione" delle identità, in un continuo interscambio tra le due funzioni, che risultano tanto interconnesse da apparire come reciprocamente inestricabili.

In altre parole il gruppo è l'**autore** delle persone che lo compongono nel mentre stesso in cui esse ne divengono membri.

Anche per tale rispetto, si tratta dunque di un duplice processo, l'uno consustanziale all'altro: è questo che rende il gruppo ben più ricco delle apparenze "fattuali" con cui sembra evidenziarsi.

La disamina effettuata si collega bene con quanto la letteratura scientifica ha già indagato in tema di **membership** e di **leadership**, due parole non molto usate da molti anche autorevoli studiosi del nostro campo, in particolare da quelli di più ortodossa impronta psico-analitica.

Il discorso sui ruoli-identità è infatti una specificazione della generica riflessione e ricerca sulla membership già stratificata nella memoria dei cultori della materia. Si ricordi in proposito che il ruolo può essere definito come un "modello organizzato di condotte, relativo ad una certa posizione dell'individuo in un insieme relazionale" (Anzieu, 1976). All'interno di tale discorso si pone come particolare il problema della *leadership*, intesa come *funzione imprescindibile per l'esistenza di qualsivoglia realtà gruppale*. Con ciò non ci si riferisce, almeno per ora e specificatamente, al problema delle tipolo gie della leadership, né al tema della circolarità o meno né ad altri aspetti ed interrogativi riguardanti la leadership; ci si limita ad affermare l'insopprimibilità – pena la morte del gruppo stesso – della sua funzione. Ciò costituisce una delle basi su cui proseguiremo il nostro discorso.

Un'ultima considerazione: la definizione comprensiva esposta e delucidata in precedenza vale per qualsivoglia tipo di entità gruppale. Vale per i gruppi cosiddetti reali e per quelli cosiddetti naturali, indipendentemente dagli scopi, dalle dimensioni (all'interno della soglia qualitativa delineata), dai contesti spazio-temporali e dalle strutture sociali in cui essi vengono a nascere e a vivere. Vale e vige anche se qualcuna delle "trappole" di cui si parlava in precedenza ci induce talora a non registrarne i pur rilevanti segni.

4. Il contesto teorico meta-disciplinare utilizzato

Risulta utile a questo punto chiarire un po' meglio le connessioni disciplinari che hanno portato chi scrive a quella definizione articolata e comprensiva di gruppo che è stata esposta in precedenza.

Va detto innanzitutto che gli antecedenti sia epistemologici che personali che mi hanno portato ad occuparmi del tema-gruppo e del tema-leadership, dei loro problemi e dei loro metodi hanno a che fare con una serie di curiosità intellettuali e/o di discipline che potrebbero anche apparire in qualche misura eterogenee tra loro. Vorrei citare in proposito la politologia, la storia e la biologia.

Ciò non significa escludere le prospettive più tradizionalmente o convenzionalmente implicate nel discorso sui gruppi e sulla leadership: classicamente, la sociologia, la psicologia, l'antropologia culturale nonché, più sullo sfondo, la statistica, la pedagogia, una certa parte delle scienze economiche e degli studi filosofici. Il tema si trova talmente all'incrocio – al "crocevia" – di interessi diversi da non poter non essere pluri-disciplinare.

Si sarà notato che non è stata menzionata la psicologia sociale tra le materie elencate. Ciò è intenzionale e corrisponde ad intenti valorizzanti e non escludenti: alla ricerca di un **episteme** autonomo adeguato, vorrei infatti giungere a proporre di identificare l'oggetto di tale disciplina con la problematica riguardante il tema-gruppo e, quindi, anche il tema-leadership, secondo una visione olistica delle cose.

Ciò è ancora una volta in linea con l'idea-guida del "sapere" inteso come rete di "modelli".

Per quanto ci riguarda, l'idea-forza è di recuperare gli opportuni contributi di tutte le discipline precedentemente citate – naturalmente secondo modalità quali-quantitativamente differenziate dall'una all'altra – al fine di convogliarli su un tema che sia in grado di costituire un ben definito oggetto di studio: quello del gruppo e della leadership. Non si tratta quindi di trovare un **oggetto** di riferimento, ma piuttosto un **oggetto-metodo-punto di vista**. D'accordo in questo con Amerio, quando rileva che l'oggetto di una scienza non va ricercato negli argomenti di cui si occupa ma nella sintesi tra argomento e punto di vista.

In altre parole – attraverso la strada del gruppo, della membership e della leadership – si dovrebbe procedere a quella rifondazione della psicologia sociale che pare oggi in grado di diventare una disciplina o metadisciplina autonoma (pur interdipendente con le altre scienze dell'uomo).

Il richiamo alla politologia, alla storia, alla biologia deriva da una riflessione di *tutti* i riferimenti teorici che fondano la nozione di gruppo.

Il perché della chiamata in causa della politologia e della storia può essere compreso anche intuitivamente: se esaminiamo quanto sta al di fuori delle competenze disciplinari finora deputate "istituzionalmente" allo studio del gruppo (le Scienze dette Umane), troviamo infatti che politologia e storia costituiscono i due settori-metodo di ricerca che più si occupano – secondo prospettive di tipo prevalentemente popolato da ambizioni oggettivistiche – di temi vicini a quello del gruppo. Argomenti quali la civiltà e le istituzioni, l'aggregazione sociale e l'obbligazione politica, i conflitti e le coalizioni, la guida delle persone e la conduzione delle comunità, l'autorità e il potere, il consenso e la partecipazione, ecc. – volta a volta di pertinenza politologica e/o storica secondo l'angolo prospettico da cui li si affronta – coincidono in larga parte con la "sostanza della domanda" che conduce all'analisi del tema-gruppo e della sua guida.

Emerge pertanto come naturale rivolgere la più attenta considerazione all'ambito degli studi politologici e a quello degli studi storici, per stabilire quel tanto di interdipendenza non confusiva che può essere reciprocamente fecondo: diverse sono infatti le "cecità" che ogni disciplina di per sé coltiva, spesso con ostinazione (non c'è peggior cieco di quello che non vuol vedere), e che possono ricevere luce da "altri", cioè dal contributo di prospettive differenti con cui stabiliscano un rapporto.

Non a caso, per loro parte, la politologia e la storiografia degli ultimi decenni si vanno facendo sempre più sensibili e attente ai contributi che ad esse pervengono da parte delle scienze dell'uomo in generale, e dell'antropologia culturale e della psicoanalisi in particolare: ciò in accordo con quella che è la «tendenza attuale della storiografia più nuova (ma nuova sul serio: dall'etnostoria allo studio dei rapporti tra biologia e società) che tende a liberarsi appunto dalla dimensione politica e/o ideologica, o quanto meno a ridurla al suo vero e particolare significato» (Romano, 1978, p. 11).

Non a caso, rovesciando i termini della collocazione, si comincia fondatamente a parlare di psico-storia e di psico-politica (Fornari, 1980).

Per quanto concerne la biologia, le cose stanno in modo più complesso, specie per la tendenza riduttivistica a considerare questa branca della conoscenza come una questione che riguarda esclusivamente gli "organismi". E già il considerare l'individuo solo come un organismo corrisponde ad una falsa biologia. Occorre dunque dissipare taluni possibili equivoci.

Se concepiamo ed adoperiamo la nozione di "biologia" nel suo senso più approfondito, dobbiamo riferirci a qualsivoglia entità che – nel mondo e probabilmente nell'universo – presenti le principali caratteristiche che si possono attribuire al **bios**: presenza di scambi metabolici con altre entità esterne, capacità di riproduzione, presenza dialettica della vita e della morte nei rapporti interni e in quelli esterni, consequenziale strutturarsi di un arco evolutivo da un alfa a un omega.

Pare proprio che ciò possa valere anche per l'entità gruppo, che può essere pertanto considerata come una delle infinite possibili forme di realtà biologica [5]. L'eterogeneità categoriale rispetto alla realtà biologica chiamata individuo è solo apparente e comunque ben minore di quella che corre per esempio tra un micro-organismo e un felino equatoriale, tra un esemplare di eucaliptus e una cellula epatica, ecc.

5. Può essere qui significativamente rievocata la creativa invenzione della "nuvola nera" da parte di Fred Hoyle. Il grande astro-fisico di Cambridge e di California, nell'omonimo romanzo fantascientifico (1958), ipotizza che una grandiosa nuvola di gas entri nella nostra galassia e vada ad oscurare il sole, con una serie di fenomeni che sono incomprensibili dal punto di vista fisico, perché non corrispondono alle leggi che regolano i "comportamenti" dei gas inerti; ma ad un certo punto il protagonista del libro ha una folgorazione: «... quella nuvola è troppo irregolare nei suoi comportamenti, per cui ne sbagliamo troppo spesso le previsioni... C'è qualcosa di comune in tutti i nostri errori (previsionali). Son tutti del tipo che si presenterebbe normalmente se la nuvola, anziché inanimata, fosse viva". E da qui *comincia* il nucleo centrale della storia» (Fred Hoyle, *La nuvola nera*, tr. it., Garzanti, Milano, 1966, p. 173).

È in questo senso che, come si è già avuto occasione di rilevare, l'ottica di considerazione di un gruppo lascia emergere almeno un paio di interessanti conseguenze:

- da un lato, l'individuo può essere considerato come funzione del gruppo stesso ("può" e non "deve"), così come qualsiasi organo del corpo umano può essere considerato funzione dell'individuo globale di cui fa parte, ma vale esattamente anche il suo reciproco.
- Da un altro lato, tale ottica scavalca o lascia da parte sia «la tradizione sociologica del gruppo come mediatore del sistema sociale», sia la distinzione tra soggettività e socialità, che diviene per essa un falso problema.

In definitiva, potremmo dire che emerge bene il terzo spazio che andiamo ricercando, in molti e da tempo: quello che dovrebbe esistere tra la personologia e le varie psicologie individualistiche, da un lato, e il campo degli studi e degli interventi sull'organizzazione-istituzione, dall'altro.

Un'ultima annotazione, sempre all'interno del discorso riguardante il contesto teorico utilizzato: salvo isolate eccezioni, non si fanno riferimenti espliciti, almeno in questa sede, ad autori e/o a scuole singole o specifiche, ma piuttosto a determinati ambiti disciplinari. Ciò per il motivo che, a mio modo di vedere, le distinzioni tra questo o quell'autore, tra questo o quel contributo, tra questa o quella scuola, debbano venire **dopo** la definizione del contesto teorico meta o multidisciplinare utilizzato. Anche se sarà stato e sarà chiaro il tipo di impostazione generale di questo discorso, che non vuole essere di tipo "scientista".

Esso è teso alla ricerca non tanto di ciò che appare subito, a prima vista, ma soprattutto di ciò che può essere reso trasparente con qualche grado di difficoltà. È volto all'analisi degli ipofenomeni e non degli epifenomeni. Tende alla comprensione dei processi che guidano l'evenienza dell'irripetibile, piuttosto che alla codificazione delle leggi con cui si ripete il ripetibile.

5. Un'iconografia del gruppo, della membership e della leadership

Se ci si ponesse il compito di rappresentare iconicamente, con delle immagini espressive dotate di senso architettonico, il gruppo psicologico e lo scenario situazionale che lo contraddistingue, dovremmo inevitabilmente ricorrere ad una figura di tipo circolare.

Infatti, vi sono certo altre possibili situazioni di aggregazione degli esseri umani, ma la loro stessa rappresentazione iconica richiama, come si può riscontrare con immediatezza dai modelli schematici tracciati nella fig. V.1, realtà ben diverse da quella gruppale. La rappresentazione **a** può evocare delle persone che fanno la fila in Inghilterra; **b** delle persone che fanno la fila in Italia; **c** un gruppo di orfani che segue un funerale oppure un "quartiere" in un'aula scolastica strutturata in modo tradizionale; **d** un manipolo di militari che stanno sfilando in parata oppure una parte degli spettatori seduti al cinema; **e** la riunione formale di un consiglio d'amministrazione; **f** una seduta di tesi di laurea, oppure un pranzo di nozze o di ricorrenza intorno al classico "ferro di cavallo". Potremmo naturalmente continuare e sbizzarrirci. Ma richiameremmo in ogni caso immagini di situazioni più o meno carenti sotto il profilo di quelle variabili fondamentali che abbiamo visto connotare la situazione di gruppo psicologico (appartenenza, intersoggettività, comunicazione, relazionalità).

Le situazioni richiamate, infatti, tendono a privilegiare i rapporti formali, ovvero l'insiemità fisica più che quella psico-sociale.

Rileveremmo comunque che, in ciascuno dei casi corrispondenti a ciascuno dei modelli presentati, la disposizione strutturale è – intenzionalmente o preterintenzionalmente – funzionale a determinati tipi di rapporto e, viceversa, ne è pure il frutto (in altre parole, il legame di causa ed effetto tra struttura e funzione è di tipo circolare, come tra l'uovo e la gallina...). In ciascuno dei detti casi la situazione tende dunque ad orchestrarsi nel senso del gruppo sociologico (enfasi sul compito da realizzare, sull'obiettivo da raggiungere, ecc.).

Troveremmo anche che la situazione cambierebbe in direzione del gruppo psicologico man mano che la rappresentazione schematica si avvicini a quella esposta in fig. V.2: la rotondità iconica risulta infatti molto espressiva in proposito. Essa è propriamente congeniale alla situazione di gruppo, così come è testimoniato anche da molte espressioni elaborate e trasmesseci dalla cultura intellettuale e da quella popolare: il dibattito in tavola rotonda, i cavalieri di Re Artù, le danze folkloristiche in cerchio, l'angolo salotto del soggiorno di una casa, la rotonda del Bernini, il crocchio degli amici al bar, ecc.

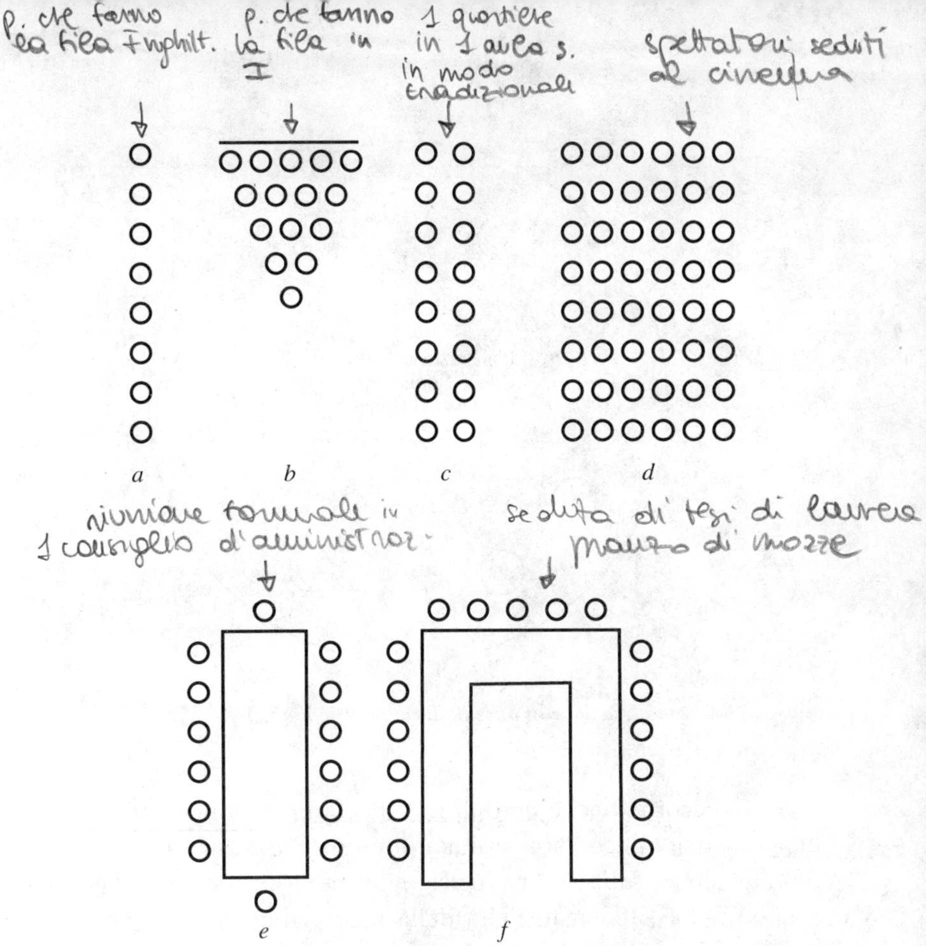

Fig. V.1 - Modelli schematici di possibili diverse aggregazioni psico-sociali tra individui (ogni cerchio rappresenta una singola persona)

Il fatto è che la circolarità dell'immagine tonda ben corrisponde, iconicamente, alla pienezza dell'*interdipendenza* tra gruppo globale e singoli membri, così come tra ciascun membro e ciascun altro, nel ricco gioco di generazione e omologazione delle identità che riguarda tutti.

Essa rappresenta bene anche il massimo ottenibile (relativo da caso a caso, s'intende) di apertura e disponibilità ai fenomeni relazionali che il gruppo psicologico genera e comporta e da cui è, contemporaneamente, generato ed esaltato: il confronto faccia a faccia; l'accensione di affetti; l'influenzamento reciproco; lo scambio fran-

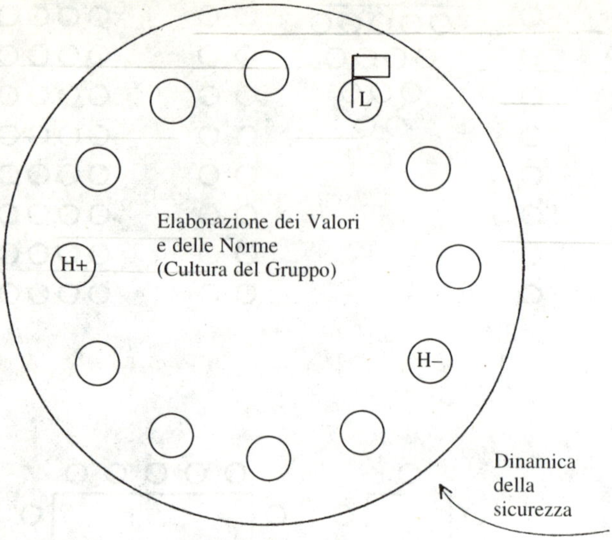

Fig. V.2 - Schematizzazione di base del gruppo psicologico

co e, se occorre, anche duro di feed-back; la dinamica dei conflitti e delle coalizioni ecc. Non si tratta di un discorso aulico sull'auspicio moralistico o sulla norma pedagogicamente intesa del "lavoro di gruppo", ma sulla realisticità della natura fondante dell'istituzione gruppo.

La circolarità consente di rappresentare bene anche le due componenti psico-dinamiche fondamentali del gruppo psicologico, secondo ciò che hanno indicato Spaltro nel 1962, a proposito del gruppo nei rapporti educativi, e Trentini nel 1963, a proposito del gruppo nella ricerca motivazionale[6].

Ci si riferisce al fatto che:

– da un lato, il gruppo rappresenta per l'individuo una importante fonte di fiducia e di certezza, una vera e propria ancora di salvataggio di cui normalmente egli dispone, un ombrello irrinunciabile di protezione in grado di soddisfare almeno in parte ogni disav-

6. Ciò accadeva prima dei successivi sviluppi e delle successive "mode" (non prive talora di qualche infatuazione) affermatesi in un contesto accademico-culturale più favorevole.

ventura del sentimento di sicurezza e ogni ansia relativa. Possiamo dire che si realizza e si articola nel gruppo la **dinamica della sicurezza**;

– da un altro lato, fin dall'alba della sua formazione, il gruppo provvede ad elaborare e rielaborare i propri valori, le proprie norme di convivenza e di comportamento tra i membri, i propri codici di significanza di sé e del mondo e degli oggetti. In particolare, quando riceva tutto questo dall'esterno, mette subito in moto un'opera di metabolizzazione che sarà continua, tesa appunto a far "propri" e irreplicabili i valori e le norme ricevute. Possiamo dire che si realizza e si articola nel gruppo l'**elaborazione della sua cultura**.

Tutti i membri del gruppo recano il loro differenziato contributo al livello e alla qualità della "sicurezza" fornita dal gruppo, così come alla formazione e alla continua elaborazione della sua "cultura". È anzi in questo che si sviluppa principalmente il gioco dei ruoli, con il continuo scambio comunicazionale tra i membri, con l'emersione e il continuo arricchimento dell'identità di tutti. Ma proprio per questo, appunto, il contributo di ciascuno è differenziato e irripetibile.

Ogni membro, in altre parole, svolge la sua funzione, agisce il suo ruolo, declina la sua modalità di partecipare. Orbene, all'interno di siffatta dinamica emerge ben presto una funzione di guida, di orientamento, di trascinamento (o di incanalamento) delle risorse e dei contributi di tutti e di ciascuno: la funzione della leadership.

La funzione della leadership è quella di colui o di coloro che contribuiscono come gli altri alla produzione del capitale di Sicurezza e alla costruzione dei Valori e delle Norme comuni, ma più e/o meglio di loro: si tratta dei porta-bandiera, degli alfieri, degli animatori e organizzatori della vita del gruppo, dei propositori ed anche controllori interni delle attività. Non ha alcuna importanza – mentre se ne parla, qui, in termini di funzione – se la leadership risulta poi stabile o labile, fissa o circolare, gestita secondo uno stile autoritario o partecipativo, ecc. I problemi connessi al tema del declinarsi della leadership sono numerosi e complessi. Ma qui ci riferiamo al suo essere funzionale al gruppo, in quanto espressione e garanzia dello sviluppo della sua cultura.

La leadership è in ogni caso ben riscontrabile in qualche persona (una o più) che finisce per rappresentare il gruppo, spesso anche realisticamente e formalmente, specie nei rapporti con l'esterno.

Infine, va annotato che la leadership rappresenta anche, per il gruppo ed i suoi membri, una valenza super-egoica: per tale valenza, viene da essa sostanzialmente gestita la dinamica dell'ottemperanza o meno di fronte ai Valori e alle Norme del gruppo, da parte di ciascun membro. Ci si riferisce con questo alla dinamica della colpa e dell'innocenza, dell'errore e dell'irreprensibilità, dei premi e delle punizioni, di cui la leadership costituisce il principale punto di riferimento **per** il mondo interno gruppale.

Tutto questo trova pure una sua espressione nella rappresentazione iconografica della fig. V.2. Infatti, viene in essa rappresentata la prima componente psico-dinamica (quella inerente al discorso della sicurezza) tramite una linea circolare continua, una sorta di pellicola di separazione che distingue il gruppo e i suoi membri dal "resto del mondo". Quanto alla seconda componente (quella inerente all'elaborazione della cultura del gruppo), essa si trova all'interno, al centro del cerchio, come il patrimonio più proprio e più prezioso del gruppo. La leadership, infine, è rappresentata dal membro (L) che funziona da gonfaloniere, innalzando e sorreggendo più o meno metaforicamente la bandiera del gruppo.

VI. I codici affettivi

> Per quanto tu possa camminare, e neppure percorrendo intera ogni strada, mai riuscirai a raggiungere i confini dell'anima, tanto profondo è il suo *logos*.
>
> *Eraclito*, 45 (71), Diog. Laert., IX, 7

> Il cuore ha le sue ragioni, che la ragione non conosce.
>
> *Blaise Pascal*, Pensieri, 2, 146

Le due componenti psico-dinamiche fondamentali del gruppo si rivelano come reciprocamente complementari: esse si coniugano l'una con l'altra, ognuna conferendo all'altra maggior pienezza e pregnanza di funzionamento.

Un gruppo molto protettivo e rassicurante, infatti, consente e garantisce le condizioni di base per una maggiore e più libera produzione dei valori e delle norme che gli sono propri. Vicendevolmente, in una sorta di "spirale" positiva, un gruppo che sia andato riccamente elaborando propri valori e norme autonome e autentiche produce almeno delle pre-condizioni che agevolano l'erogazione di molta sicurezza ai suoi membri. Nei casi opposti tendono evidentemente a realizzarsi delle "spirali" di tipo negativo. Infatti, un gruppo che non sia confortevolmente in grado di liberare i propri membri da paure, timori e dubbi, conduce a deprimere anche la stimolazione alla crescita della propria cultura. Vicendevolmente, un gruppo che non produce le condizioni per il fiorire di valori originali e peculiari suoi propri, finisce per avvilire e afflosciare anche i sentimenti di sicurezza.

Potremmo anche dire che – nella coniugazione reciproca delle due componenti – si realizza nei casi di primo tipo un circolo virtuoso di vicendevole rinforzo costruttivo e, in quelli di secondo tipo, un circolo vizioso di reciproca distruttività.

Tutto questo riguarda ancora una volta il livello e la dinamica delle emozioni individuali e collettive. Traducendo il discorso in termini di codici affettivi, possiamo anche dire che la prima delle componenti esaminate, quella inerente alla dinamica della sicurezza e della protezione, pertiene ad un codice qualificabile come materno; la seconda, inerente alla crescita di una cultura originale e autentica del gruppo, attiene ad un codice definibile come paterno [1]. In ogni caso, ci si riferisce al mondo delle *cathexis* e delle loro avventure dinamiche, cioè al "valore affettivo di un oggetto, un'idea, un'azione" (English & English), alla sua valenza energizzante, al processo con cui determinate emozioni, determinate energie psichiche vengono investite e canalizzate su qualcosa.

Con la locuzione "codice affettivo" ci si riferisce qui, seguendo Fornari, a «potenze decisionali inconsce (legate sia alla realizzazione del desiderio sia alla difesa da ansie), che si strutturano come un codice, in quanto collegano unità presenti con unità assenti secondo regole, dando origine a ruoli attanziali». Questi ruoli attanziali dimostrano come l'uomo sia parlato ed agito dai propri affetti, «dando al soggetto la funzione di "mettere in atto" e di "mettere in scena" la sua vita servendosi sempre e solo di personaggi prescritti nella "locandina" della vita, quali espressioni dell'essenza dell'esistenza» [2].

1. Gruppo e fondamenti istituzionali del codice materno

Il codice materno persegue e premia la protettività del gruppo, globalmente inteso, nei riguardi di tutti i suoi membri; conferisce il primato di ogni attenzione all'alimentazione della fiducia di base; insiste sul conferimento a ciascuno di ogni garanzia di appoggio e assistenza, difesa e sostegno, preservazione e salvaguardia, tutela e aiuto.

A ciascuno secondo i suoi bisogni.

1. Le aggettivazioni "paterno" e "materno" – così come quelle di altri codici affettivi (dei fratelli, ecc.), in questa sede non considerati – derivano dall'utilizzazione di certe categorie delle modalità di convivenza civile genericamente indicabili come occidentali.

2. «La teoria dei codici affettivi postula l'esistenza di una pluralità di codici affettivi inconsci, che costituiscono una competenza affettiva originaria comune ad ogni uomo e hanno la funzione di significazione e di programmazione degli affetti. I codici affettivi sono improntati dai personaggi delle relazioni di parentela (codice materno, paterno, fraterno, infantile), nonché di quelle sessuali (codice maschile, codice femminile, commensali ed in parte opposti al codice paterno e al codice materno)». F. Fornari, L. Frontori, C. Riva-Crugnola, *Psicoanalisi in ospedale*, Cortina, Milano, 1985, p. 144.

Il codice materno discrimina quindi il proprio intervento secondo delle misure che sono direttamente proporzionali a tali bisogni: sono infatti ovviamente i punti "più deboli" della catena – qualunque sia il criterio o parametro arbitrario su cui si basa tale diagnosi di "debolezza" (anagrafico, fisico, mentale, estetico, sociale, culturale, economico, ecc.) – quelli che abbisognano di maggior protezione, aiuto, assistenza.

Si annoti che l'arbitrarietà del criterio non significa che esso sia illegittimo, iniquo, ingiustificato, indebito, ma semplicemente che la sua invenzione e gestione è interna al gruppo. Tale gestione, nel proteggere, non può fare a meno di essere "di parte"; essa è dunque – e fondatamente! – distorta ma autentica in base ai canoni materni che sono anche idealmente inscritti sul vessillo... paterno della leadership del gruppo stesso. Se prevalesse completamente e unicamente il codice materno (ma vedremo che ciò è un assurdo logico), la funzione della leadership sarebbe fondata solo sulla "cultura della sicurezza".

In altre parole, il codice materno prescrive di privilegiare con ogni cura e ogni difesa chi si trovi, per qualunque motivo, in condizioni di **handicap negativo** (H–, nello schema di fig. V.2).

Il più banale e ubiquitario esempio di **handicap negativo** è quello legato all'età, per cui in ogni famiglia il figlio minore, il "cucciolo", "il cocco di mamma" è quello che – quando viene al mondo – chiama su di sé tutte le attenzioni, le risorse, i tempi, le preoccupazioni, le ansie, le disponibilità economiche del gruppo-famiglia. Egli è, effettivamente, quello più bisognoso di cure e attenzioni ed è quello che normalmente ne ottiene una migliore e maggiore quota. Fa parte del codice materno occuparsi del più debole, proteggerlo, rassicurarlo, assisterlo. Si vorrebbe dire giustamente e legittimamente.

Per fare un altro esempio, un insegnante può decidere, consapevolmente oppure no, di adeguare i ritmi di applicazione dei programmi di insegnamento alle possibilità dei più deboli. Se fa questa operazione, adotta il codice materno (io insegno a tutti il latino o la matematica o che altro, però c'è qualcuno che fa fatica, quindi vado adagio).

Per fare un altro esempio ancora, in sede lavorativa, si può adottare una politica retributiva eguale per tutti (come fa lo Stato con i suoi dipendenti) aiutando e proteggendo in tal modo, automaticamente, i meno attivi e meno dotati e meno impegnati [3].

3. Facciamo una chiosa di sapore empirico: la politica del personale del Ministero della università e della ricerca scientifica e tecnologica è biecamente materna: i

Con tali operazioni, in ogni caso, c'è sempre qualcuno che ne soffre gli svantaggi: ci sarà ad esempio il fratello più grande che in qualche modo comunicherà disagio e insoddisfazione, per dover andare a scuola mentre la mamma si occupa di "quello là" o per dover dare aiuto in casa o per altri motivi ancora. Oppure, per l'insegnante, ci saranno degli allievi più dotati (latinisti o matematici in erba) che si sentiranno defraudati delle loro capacità potenziali, trascurate dal docente. Oppure ancora, in ambito lavorativo, ci saranno i dipendenti più capaci e potenzialmente disponibili che si troveranno disadattati, disincentivati, alienati, disgustati e quant'altro.

In ogni caso, dunque, proteggere, assistere, rassicurare gli anelli più deboli di un sistema gruppale comporta delle forme di giustizia riparativa – rispetto all'**handicap negativo** – che sono, consustanzialmente, delle forme di frustrante ingiustizia per chi è "meno debole": occuparsi della pecora nera coincide infatti col trascurare quella bianca. Va peraltro anche rilevato che – in ogni caso e non certo solo nelle famiglie e per il parametro età! – si produce nel gruppo una emergente differenziazione dei ruoli di ciascun membro, con il sorgere di tutta una prima serie di configurazioni di identità, in funzione di un certo versante dei rapporti interpersonali e sociali, quello che fa perno sulla dinamica della sicurezza.

2. Gruppo e fondamenti istituzionali del codice paterno

Il codice paterno sollecita e premia le iniziative e la crescita dei singoli in rapporto allo sviluppo della cultura del gruppo; conferisce il primato di ogni attenzione all'accettazione dell'incertezza, della

professori universitari sono trattati e pagati tutti allo stesso modo e con lo stesso stipendio, indipendentemente dalla sede in cui operano, dal numero degli esami e delle tesi che seguono, dalla presenza, dal rendimento, dalle loro capacità didattiche e scientifiche, ecc. Così c'è solo disincentivazione, stimolo all'appiattimento, all'accidia, all'inerzia del sistema. Viene implicitamente premiato chi lavora di meno, mentre chi lavora di più è punito, per lo stesso fatto che lavora di più. Le conseguenze sociali, culturali, scientifiche, lavorative sono rilevanti: una vera corsa al ribasso. Non vi è alcuna valutazione dei meriti, delle potenzialità, delle capacità, come si fa normalmente anche nelle più piccole organizzazioni sociali: se qualcuno andasse a lavorare in un posto senza essere minimamente riconosciuto per il suo effettivo contributo, soffrirebbe di grande alienazione. Però il codice materno è certamente comodo da gestire.

sfida, del cambiamento, all'emergenza dell'autonomia di valori e norme per tutti e per ciascuno; insiste sul conferimento a ciascuno di ogni garanzia di progresso e incremento delle proprie capacità attuali e potenziali, di riconoscimento delle intra-prendenze, di spazio per coltivare e far crescere le abilità e per mettere alla prova le doti, i talenti e le virtù.

A ciascuno secondo le sue capacità.

Il codice paterno discrimina quindi il proprio intervento secondo misure che sono direttamente proporzionali ai meriti attuali o potenziali dei membri: sono dunque ovviamente i punti "più forti" della catena – anche qui qualunque sia il criterio o parametro arbitrario atto a valutare tale "forza" (anagrafico, fisico, mentale, estetico, sociale, culturale, economico, ecc.) – quelli che abbisognano di maggior rinforzo, incentivazione, sostegno, propulsione e cure.

Anche qui vale la nota sull'arbitrarietà del criterio, che non significa che esso sia illegittimo, iniquo, infondato, infame, ma semplicemente che il suo governo è funzione interna al gruppo. Anche tale gestione, nel far crescere i membri, non può fare a meno di essere "di parte"; anch'essa è dunque – fondatamente! – in linea con i suoi valori distorti ma autentici, anche in base ai canoni paterni che sono ascrivibili al codice... materno del gruppo stesso. Se prevalesse completamente e unicamente il codice paterno (ma vedremo che anche questo rappresenta un assurdo logico), la funzione della leadership esigerebbe anche la rassicurazione dell'eguaglianza di tutti di fronte alla... parzialità della propria unica legge: quella della "cultura della capacità".

In altre parole il codice paterno prescrive di privilegiare con ogni cura e ogni sostegno chi si trovi, per qualunque motivo, in condizioni o situazioni di **handicap positivo** (H+, nello schema di fig. V.2)

Tra i più comprensibili e diffusi esempi di **handicap positivo** possiamo ricordare quello dei cosiddetti "superdotati" a scuola o nelle comunità, per cui in queste (e altre consimili) situazioni gli allievi considerati a torto o a ragione eccellenti, più provveduti e promettenti, più maturi o produttivi e creativi, i "ragazzi prodigio" o i "campioni in erba" o talora più semplicemente gli "arrampicatori" abili e valenti, emergono correttamente (per il codice paterno) come quelli che, per la scuola o per la comunità o per che altro si voglia, è più conveniente sostenere e coltivare, "pro-muovere", premiare e far avanzare.

Il che comporta delle forme di giustizia ricompensativa e gratificante – rispetto all'**handicap positivo** – che sono, consustanzialmente, delle forme di frustrante sfavoritismo e talora di umiliante torto e sopruso per chi è "meno forte". Per la parabola dei talenti, occuparsi favorevolmente di chi li ha messi a frutto coincide con l'abbandono di chi questa intraprendenza non ha avuto. Peraltro anche qui, in ogni caso – e non certo soltanto nelle scuole e per il parametro costituito dalla "dotazione" di base – si ha nel gruppo un'altra emergente differenziazione dei ruoli di ciascuno, con lo sventagliarsi di tutta una seconda gamma di configurazioni di identità, in funzione di un altro versante delle relazioni interpersonali e sociali, quello che fa perno sulla dinamica dei meriti e delle capacità.

3. L'integrazione tra i codici

È agevole riscontrare che il discorso sembra **quasi** strutturarsi come se esistessero due codici necessariamente alternativi e in particolare, come vedremo meglio nel paragrafo successivo, due e due sole forme possibili di "giustizia" o "equità" – e, rispettivamente, di "ingiustizia" o "iniquità" – tra loro **quasi** incompatibili: l'una sembra escludere l'altra [4].

Il termine **quasi** sta a significare che l'incompatibilità non è certo tassativa. È infatti solo la forzata modalità della loro esposizione – quella operata nei punti precedenti, che non poteva non essere parallela e in parte radicalmente dicotomizzata – che può indurre a pensare ad una contrapposizione fatale tra i due codici e alla conseguente ineluttabilità di un processo di scelta tra l'una forma e l'altra di giustizia. L'ineluttabilità di tale scelta può essere sostenuta dai difensori di una certa cultura psico-storica e psico-politica, per alcuni aspetti resa conformisticamente "dominante" a causa di un meccanismo del tipo "previsione che si auto-avvera".

4. L'alternatività delle "due giustizie" trova moltissimi esempi nella vita concreta. Un campo illustrativo interessante è rintracciabile nello sport: si pensi alle corse automobilistiche, ove il più bravo conquista in partenza la *pole position* (codice paterno) oppure a quelle dei cavalli ad handicap, ove il più bravo viene fatto partire con un maggiore peso di piombo nella sella, al fine di tararne la condizione privilegiata basale (codice materno).

Ci si può riferire con ciò, per esempio, alla cultura che antagonizza il maschile e il femminile e che può essere tentata di equiparare tale antagonismo con la dicotomia dei due codici di cui si parla, magari con l'aggiunta della "necessità" di un'antitesi tra loro. Tale equiparazione sarebbe manifestamente falsa, in quanto paterno non significa maschile e materno non equivale a femminile. Anzi.

Ci si può pure riferire, per fare un altro esempio, alla cultura che contrappone necessariamente come antipodi la società detta capitalistica e la società detta socialista, cultura che può essere portata a improntare come netta separazione tra i due codici un'antinomia corrispondente a quella rintracciabile tra le due forme di società. Tale equiparabilità non sarebbe neanche del tutto falsa, anzi si renderebbe possibile sulla base di un'attenta considerazione logica dei due codici di cui stiamo parlando. Tuttavia la reciproca radicale interdizione tra di loro, se presentata all'insegna della "necessità", emerge come un corollario oppugnabile e non conseguente. Tale corollario è ispirato solo da una determinata configurazione "ideologica".

In realtà le cose non stanno affatto a comprovare l'incompatibilità – e l'ineluttabilità della scelta – tra un codice e l'altro, così come tra l'una e l'altra forma di "giustizia" o "equità": i due codici si integrano **sempre** e il vero problema, nella realtà non appariscente dei fenomeni di gruppo, è se mai quello della forma e della misura della loro composizione o integrazione. Non esistono gruppi totalmente privi del codice materno o di quello paterno, quasi fossero "orfani" (o, forse meglio, "vedovi") dell'uno o dell'altro. Per i fondamenti istituzionali dell'esistenza del gruppo, già considerati in precedenza, l'ipotesi della possibile "vedovanza" coincide in realtà con l'evento della morte del gruppo.

Ragioniamo infatti per assurdo:

- l'eventuale estremizzazione radicale del sentimento di sicurezza – cioè della componente materna, in un gruppo – significherebbe **anche** la trasposizione e quasi l'invasione di tale componente in un sistema ad essa coerente di Valori e di Norme, per lo stesso gruppo. Ne emergerebbe necessariamente una leadership congruente e adeguata a tale sistema: una leadership che rappresenterebbe il trionfo esclusivo del codice materno e nel solo nome di esso governasse il gruppo sotto quest'ultima insegna. Essa sarebbe talmente garante della sicurezza di ciascun membro, da essere obbligata a farla crescere smisuratamente e pro-muoverla sempre più a cultura totalitaria del gruppo (la soffocante cultura della protezione affiliativa totale);

- per converso, l'eventuale estremizzazione radicale delle capacità di crescita e sviluppo – cioè della componente paterna, in un gruppo – significherebbe **anche** il passaggio e la saturazione di valenze di rassicurazione nella cultura del gruppo stesso. Ne emergerebbe necessariamente una leadership congruente e adeguata al sistema: una leadership che rappresenterebbe il trionfo esclusivo del codice paterno, governando il gruppo sotto quest'ultima insegna. Essa sarebbe talmente pro-mozionale dello sviluppo delle capacità di ciascun membro, da risultare per forza totalizzantemente spietata, esigentissima stimolatrice ed arbitra dello sviluppo di ciascuno (la terrificante cultura del successo totale e senza fine).

Si tratta di due estremi che non possono lasciar sopravvivere a lungo il gruppo. In altre parole, le due situazioni limite, cui certo alcuni casi reali possono risultare vicini, si muovono chiaramente sempre all'interno delle diverse forme possibili di integrazione tra i due codici, cioè sempre al di qui della soglia della "vedovanza" vera. Al di là di tale soglia, ci troveremmo letteralmente nel campo dell'utopia – luogo che non c'è – con le immagini bizzarre e schizoidi di:

- gruppi costantemente racchiusi in se stessi, in grado di essere totalmente rassicuranti ma non in crescita (una sorta di Nirvana omni-alimentantesi, come un eterno cordone ombelicale, senza valori e norme). Sembra il quadro di un'implosione;
- gruppi costantemente proiettati all'esterno, in grado di essere totalmente autonomi e intraprendenti ma con nulle capacità di protezione (una sorta di attivismo ed eccitamento permanente, senza sicurezza). Sembra il quadro di un'esplosione.

È chiaro, come si diceva, che siamo solo di fronte a due possibili modalità di disintegrazione mortale del gruppo.

4. Le forme della giustizia

Da quanto fin qui delineato, l'equanimità, staticamente e asetticamente intesa, è impossibile. Esattamente come la neutralità.

Due sembrano infatti, come si annunciava, le possibili forme basilari di "giustizia" o "equità" – e, rispettivamente, di "ingiustizia" o "iniquità" – che appaiono **quasi** alternative e incompatibili tra loro: quella che riconosce e premia le capacità e i meriti, cioè la "giustizia paterna"; quella che riconosce o addirittura precorre i bisogni e le occorrenze, cioè la "giustizia materna".

Anche per il tema della giustizia, infatti, si può battere la strada dell'integrazione anziché quella della fatale contrapposizione tra i due codici, contrapposizione che porta alla distruttività reciproca delle forze messe in azione dai codici stessi.

Anzi, che si tratti **sempre** di integrazione – e quindi di misure e modalità con cui tale integrazione avviene – emerge proprio da una considerazione un po' più analitica delle due forme di giustizia-equità, in linea con quanto si è già tentato di dimostrare nel sottolineare la reciprocità degli adempimenti delle funzioni e dei contenuti di pertinenza dell'**altro** codice, da parte di ciascuno di essi. In altre parole, ognuna delle due forme di giustizia-equità è certo in linea col **proprio** codice di pertinenza, ma è anche funzionale al codice **complementare**, che tende ad alimentare e far sviluppare. Se accade che non lo alimenti e lo faccia deperire e avvizzire, allora si realizza l'ipotesi o l'evento della morte del gruppo.

Da un certo punto di vista, il problema delle due forme di giustizia-equità si compone secondo modalità corrispondenti alle diverse soluzioni date – in sede di creazione artistica, nel corso della storia dell'Arte – al desiderio di rappresentare il Giudizio Universale. Si pensi ad esempio alle realizzazioni pittoriche, ai grandi affreschi o mosaici, ma si pensi anche, magari in via mediata, alla letteratura (la *Commedia* di Dante), all'architettura (certi Palazzi di Giustizia), alla musica (il "Dies Irae" del *Requiem* di Verdi), ecc.

Orbene le soluzioni date da ogni singolo "artista" sono evidentemente diverse, ma comprendono sempre entrambi i codici: si tratta solo di vedere qual è quello che impronta maggiormente di sé la cultura del gruppo rappresentato, secondo la peculiare "visione" dell'artista stesso. Nel caso del Giudizio Universale emergono delle rappresentazioni spesso splendide del codice vissuto come prioritario da parte dell'artista: si vedano le interpretazioni date nei mosaici di S. Apollinare nuovo o nelle opere di Giotto, dai pittori del Monte Athos o dal Beato Angelico, in Michelangelo, in Tintoretto, in Dürer.

Ognuno potrà "sentire" meglio la cultura materna della protezione o quella paterna della meritocrazia: nell'iconografia cristiana, la Madonna dolce dell'Angelico o il Cristo giudicante e punitivo di Michelangelo.

Entrambe le immagini sono ben suggestive. Scendendo a cose più terrene, esse possono corrispondere, da un lato, a quanto sentiamo visceralmente nei casi in cui, per esempio, ad un concorso non vince il più capace. Anziché prevalere il criterio di chi è più meritevole, prevale il fatto che qualcuno appartiene, in senso protettivo e deteriore, a qualche "cosca". Da un altro lato, ci sentiamo altrettanto scombussolare visceralmente quando qualcuno viene "maltrattato" solo perché è debole, povero, gracile, cedevole e remissivo, handicappato. Anziché prevalere la considerazione del bisogno di aiuto di chi è meno dotato, prevale il fatto che qualcun altro abusa della propria superiorità.

Così, la meritocrazia suona ben **rassicurantemente** giusta: paradigmaticamente, non tolleriamo infatti i "raccomandati" sul lavoro o a scuola od ovunque. Parimenti, la calda protettività a favore dei deboli suona ben **meritoriamente** equa: paradigmaticamente, non tolleriamo infatti che gli "handicappati" siano trattati peggio degli altri, anzi.

L'aspetto più importante da osservare diviene quindi la struttura e il funzionamento della leadership. Essa sarà sempre – anche sul tema della giustizia-equità – assolutamente funzionale alle Norme e ai Valori del gruppo, in costante elaborazione metabolica. Essa potrà in tal senso cambiare anche personificazione, sede, modalità empiriche di estrinsecazione, gli emblemi sul vessillo reale o simbolico del gruppo stesso, i contenuti valoriali e normativi manifesti, ecc. Ma costituirà sempre un indice valido, un termometro molto fedele, delle situazioni reali e del loro evolversi.

VII. Genesi delle ricerche sugli stili di conduzione della leadership

Senza padre, senza madre, senza nome,
Noi viviam come gli uccelli in libertà.

Figli di nessuno, per i boschi noi viviam,
Ci disprezza ognuno perché laceri noi siam.

Ma se c'è qualcuno,
Che ci *sappia ben guidar e comandar*,
Figli di nessuno,
Anche a digiuno sappiam marciar.

(da una antica canzone popolare)

1. Contesto di riferimento

Si suol situare tra gli anni '30 e '40 dopo la rivoluzione anti-tayloristica aperta dal movimento delle Relazioni Umane negli Stati Uniti d'America – ma in realtà all'interno di un complesso di avvenimenti riguardanti l'evoluzione socio-politico-culturale dell'intero mondo industriale (e non solo di questo) – una emersione fascinosa di studi e scoperte relative alle culture organizzative ed istituzionali di quelle che si chiameranno poi le democrazie occidentali. Ci si riferisce in primo luogo al tema delle differenti *modalità* con cui gli uomini possono essere condotti e gestiti da chi li governa e li guida verso il raggiungimento di determinati obiettivi.

Si era negli anni del confronto e del conflitto – prima implicito e poi esplicito – tra le democrazie occidentali e gli "ultracorpi" fascistici e nazistici progressivamente dilaganti in Europa. Ciò da un lato. Si era tuttavia pure, da un altro lato, negli anni del primo confronto – quantomeno dialettico, alternativamente collusivo e collisivo – tra le stesse democrazie occidentali e le democrazie autodefinitesi popolari. Si era negli anni di Roosevelt e del suo New Deal, di Hitler e del suo Ordine Nuovo, di Stalin e della sua Società Socialista: tre tipi di organizzazione, di istituzione, di convivenza e di società civile diruttivamente emergenti sulla scena della storia del mondo e destinate ad un confronto inesorabile tra loro.

2. Lewin e la sua scuola

Un uomo chiamato Kurt Lewin – uno spirito nobile, ricercatore, dotato di grande intelligenza e cultura, forse non casualmente tedesco ed ebreo, gestaltista sfuggito alle persecuzioni del suo paese per approdare nella cultura anglosassone – fu tra coloro che diedero voce a questo confronto, secondo un'ottica particolare, per l'argomento che ci riguarda: il campo psico-sociale, il gruppo, la leadership. Pose pertanto ricercatori, intellettuali, uomini politici ed operatori sociali di fronte al problema *funzionale* del "come" una leadership emerga, si esprima e metta in movimento le risorse di un gruppo. Ciò prima e più che al problema *strutturale* del "chi", più che ai problemi strutturali e insieme funzionali del "perché", del "in vista di cosa", dell'"in nome di quale istanza".

Si ponga forte attenzione al fatto che – anche se si continua a parlare normalmente di *leadership* – siamo in realtà ritornati (o arrivati) a discettare di *headship*, il che equivale a dire in italiano, con brutti neologismi, di capità, di... ducità.

Ma tant'è. L'osservazione di partenza era che, in ogni caso, chiunque si trovi a dover gestire un ruolo di "capo" – si trovi cioè ad occupare una posizione centrale in un gruppo – dovrebbe manifestare capacità di influenzare i comportamenti di alcune persone e svolgere con ciò una delle funzioni della leadership.

A tal fine, egli avrà diversi particolari modi possibili di "giocare" quel ruolo, quella posizione, quella capacità, quella funzione. Si trattava e si tratta certo di un tema stimolante, che da sempre attira l'attenzione di molti. È per tale motivo che ricerche di parecchi autori – anche a voler prescindere, al limite, dai loro orientamenti teoretici – si sono andate occupando di analizzare il modo di comportarsi del leader, attraverso lo studio di quelli che sono stati definiti gli "stili della leadership". Invece di occuparsi della personalità del leader o della situazione in cui si esercita la leadership, questi contributi hanno cercato di analizzare i correlati comportamentali e di atteggiamento di una leadership efficace ed efficiente in una data situazione.

All'origine di questo filone di ricerche si pongono dunque gli studi ormai considerati classici della scuola di Kurt Lewin. In particolare due suoi allievi, R. Lippitt e R. White (1939-40), si occuparono dei comportamenti e delle atmosfere insorgenti nei gruppi, a seconda che i loro leader adottassero uno di tre diversi stili di conduzione identificati e messi a fuoco nel corso delle ricerche. A caratterizzare le diverse "atmosfere di gruppo", furono impiegate tre aggettivazioni destinate a grande fortuna, non solo nel mondo della ricerca: le tre atmosfere – e i relativi stili – furono infatti epiteticamente indicate come autoritaria, democratica, lassista (o permissiva).

Tale terminologia avrebbe potuto essere usata anche per identificare determinate concezioni politiche, ma gli autori affermavano che «il significato reale degli aggettivi usati per definire i climi sociali... è di necessità alquanto differente dal significato che si attribuisce loro in occasione di discussioni politiche ed economiche» (White e Lippitt, 1960, p. 197). Gli autori avevano lavorato – nel gruppo di ricerche più note – con adolescenti che, riuniti in gruppi (clubs) di cinque membri, si ritrovavano per svolgere attività creative durante il tempo libero. Ogni gruppo aveva un "leader" (sostanzialmente un insegnante-tutor-animatore-curatore) che si comportava rigorosamente secondo quanto era stato accuratamente e preventivamente progettato dai ricercatori, in modo da impersonare il più correttamente possibile un certo "stile" di conduzione del gruppo, detto anche di leadership. I connotati principali dei tre stili (se ci riferiamo ai leader), cioè anche dei tre climi corrispondenti (se ci riferiamo ai gruppi), sono presentati nella tabella VII.1.

Le ricerche proseguite sul tema, da parte di Lewin e dei suoi allievi, sono state illuminanti e sistematizzanti. I loro risultati, in rapporto alle diverse atmosfere di gruppo legate alle differenti modalità di gestione della leadership, sono stati ben sintetizzati da Kelley e Thibaut (1954), nel seguente inquadramento:

a. la *leadership autoritaria* determinava le seguenti reazioni caratteristiche da parte dei vari gruppi:
   - forte dipendenza dal leader,
   - considerevole irritabilità e aggressività fra i membri,
   - scarsi suggerimenti di attività e di orientamenti di gruppo,
   - insoddisfazione per le attività del gruppo,
   - elevato rendimento dal punto di vista quantitativo e minore dal punto di vista qualitativo;
b. sotto la *leadership lassista* (o *laissez-faire*) i gruppi mostravano:
   - scarsa dipendenza dal leader,
   - forte irritabilità e aggressività fra i membri,
   - molti suggerimenti di attività e orientamenti di gruppo accompagnati da forte scontento circa i progressi e le realizzazioni,

Tab. VII.1 - Il comportamento del leader e la reazione dei membri del gruppo in tre diversi "climi sociali"

Autoritario	Democratico	Lassista
Ogni decisione sul da farsi viene presa dal leader.	Tutte le cose da farsi sono materia di discussione e di decisione di gruppo, con l'incoraggiamento e l'assistenza del leader.	Completa libertà di decisione individuale o di gruppo, con un minimo di partecipazione del leader.
Le tecniche e i temi dell'attività vengono dettati dall'autorità uno per volta, in modo che le cose da fare in futuro siano sempre in larga misura incerte.	La prospettiva di lavoro viene desunta nel corso della discussione: si delineano le tappe generali per raggiungere gli obiettivi del gruppo; quando è necessario un suggerimento tecnico, il leader propone due o più procedimenti alternativi fra cui scegliere.	Vengono forniti dal leader materiali diversi; egli spiega che fornirà informazioni quando gli verranno richieste, e non partecipa in altro modo alla discussione sul lavoro.
Il leader abitualmente distribuisce gli incarichi di lavoro particolari e designa il compagno di lavoro di ciascun membro.	I membri sono liberi di lavorare con chiunque essi scelgano, e la divisione dei compiti viene lasciata al gruppo.	Completa assenza del leader.
Il leader cerca di essere "personale" nelle lodi e nelle critiche del lavoro di ciascun membro, si astiene dal partecipare attivamente al gruppo, tranne quando dà qualche dimostrazione.	Il leader è "obiettivo" o "pragmatico" nel lodare e nel criticare, e cerca di comportarsi come un membro normale del gruppo, senza fare troppo lavoro.	Pochi commenti spontanei sulla attività dei membri, a meno che non vengano richiesti; nessun tentativo di dare una valutazione o di regolare il corso degli eventi.

Fonte: R. Lippitt e R. White (1939-40).

- considerevole insoddisfazione per le attività del gruppo,
- un moderato livello di rendimento;

c. la *leadership democratica* determinava infine:
- scarsa dipendenza dal leader,
- scarsa irritabilità e aggressività fra i membri,
- frequenti suggerimenti di attività e orientamenti di gruppo,
- grande soddisfazione per le attività del gruppo,
- rendimento quantitativamente moderato, ma qualitativamente superiore.

Una serie ben numerosa di ricerche ha confermato – con successivi ampliamenti, correzioni e specificazioni – i portati basilari di Lewin, Lippitt e White (1939), che avevano il pregio pionieristico di basarsi su due principi fondamentali del pensiero e del metodo lewiniano: «In primo luogo utilizzare un gruppo veramente esistente, in secondo luogo controllare sperimentalmente gli elementi che esercitavano un'influenza sulle attività di gruppo» (Gaskell e Sealy, 1979, p. 51). I numerosi successivi studi sugli stili della leadership hanno tenuto conto di queste premesse fondamentali e hanno avuto quasi sempre come obiettivo una lettura della realtà sociale che non fosse artificiale, da laboratorio e che quindi contenesse anche risvolti pragmatici: in altre parole, che tenesse conto dei "climi" in cui e su cui l'azione dei leader si sviluppava e da cui veniva anche espressa.

Va in proposito subito rilevato e sottolineato che – a differenza di quanto normalmente si tende a credere, e di quanto la stessa scuola di Lewin sembrava orientata a ritenere, almeno all'inizio – la questione non è riducibile solo al comportamento o al complesso di atteggiamenti assunti dal singolo leader, più o meno "addestrato" a farlo. Essa è altrettanto e fondamentalmente legata ai "climi sociali", nel senso delle "atmosfere di gruppo" di cui lo stile di azione del leader è contemporaneamente causa ed effetto, ragione e conseguenza. Il tema delle "atmosfere" e quello degli "stili" rientrano pertanto in un unico discorso. È abbastanza singolare e in fondo divertente – oltre che chiaramente dotato di senso – il fatto che l'argomento sia stato e venga sottoposto ad una sorta di *personalizzazione*, tramite la proiezione sul "capo" di tutti i meriti o, soprattutto, di tutte le colpe legate alla creazione e allo sviluppo del tipo di atmosfera – autoritaria ovvero permissiva ovvero democratica – che caratterizza il funzionamento del gruppo.

3. Gli epigoni

Dicevamo che il filone aperto da Lewin e dalla sua scuola si è andato progressivamente ampliando e approfondendo.

Molti sono stati gli epigoni. Tra essi possiamo citare M. Sherif, R. Bales, R. Schachter, L. Coser, ma ve ne sono molti altri ancora.

Tra i protagonisti degli sviluppi del filone viene normalmente posto R. Likert. Il suo contributo si è andato evolvendo e arricchendo fino a inquadrare i possibili stili di gestione della leadership (ma sa-

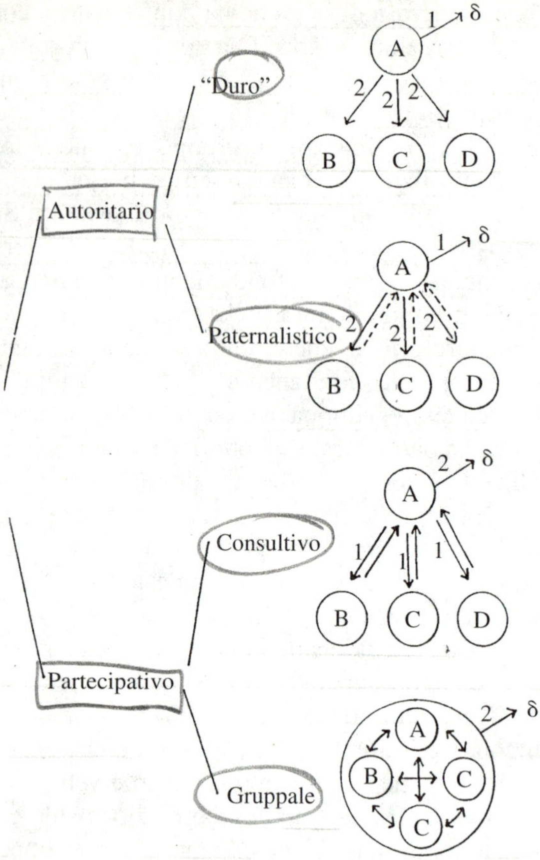

Fig. VII.1 - Schematizzazione del modello di Likert sugli "stili" di leadership

rebbe forse meglio parlare di stili di management) in quattro fondamentali tipi, secondo quanto anche sintetizzato nella fig. VII.1.

Vi sarebbe infatti una prima e fondamentale distinzione tra gli stili di tipo *autoritario* e quelli di tipo *partecipativo*. All'interno della categoria autoritaria si potrebbero poi distinguere una modalità *dura* ed una *paternalistica*. All'interno della categoria partecipativa si potrebbero infine distinguere una modalità *consultiva* ed una di *gruppo*.

I due stili autoritari sono fondamentalmente basati sulla priorità logico-temporale delle scelte decisionali da parte del leader che provvede *poi* – secondo modalità secche e dure piuttosto che gradualisticamente paternalistiche – a comunicarle ai "seguaci" o sottoposti.

I due stili partecipativi sono fondamentalmente basati sulla priorità logico-temporale dell'"ascolto" dei "seguaci" o sottoposti da parte del leader: quest'ultimo può limitarsi ad una serie di consultazioni *prima* di procedere alle scelte decisionali (modalità consultiva) ovvero gestire delle vere e proprie scelte di gruppo, emergenti dalla globalità superindividuale dell'insieme dei membri (modalità gruppali).

Si rendono opportune alcune importanti annotazioni:

1. il modello di Likert si fonda in realtà su un'unica dimensione: quella che va da un estremo di autoritarismo duro e per così dire militarizzato ad un estremo di partecipatività aperta e gruppale. I quattro stili delineati dall'autore, da questo punto di vista, costituiscono solo quattro punti di riferimento, pur importantissimi ed interessanti. La scala in realtà è una sola ed ogni "stile" o "clima" tende ad assumere una data posizione sulla scala stessa, ovviamente in termini flessibili: non c'è nulla di granitico nella strutturazione di uno stile-clima;
2. le responsabilità delle scelte decisionali e gestionali riguardanti sia la vita del gruppo che i compiti da realizzare dovrebbero in ogni caso restare attribuite – almeno secondo il modello – al ruolo del leader. In altre parole, nemmeno la soluzione gruppale "scarica" il ruolo e le responsabilità del leader.
   In altre parole ancora, anche secondo il modello di Likert nessun leader può illudersi di rinunciare e "dimissionarsi" dal proprio ruolo, se non attraverso dimissioni reali;
3. i codici affettivi prevalentemente in gioco appaiono essere, in longitudinale, quelli genitoriali, in certo senso intergenerazionali; essi si intersecano, si intrigano e si coniugano con complessi giochi di conflitto-coalizione agenti, in trasversale, con il codice dei fratelli. L'articolazione e il posizionamento su uno dei quattro gradini della scala (ma evidentemente il numero di quattro è convenzionale, così come la qualificazione data a ciascuno di essi) dipende dalle alterne vicende della dinamica dei rapporti tra i codici, che è intuibilmente molto fluida e contemporaneamente molto esposta agli irrigidimenti.
   Non sembri, questo, un paradosso o un contrasto insanabile: la dialettica del discorso consente questo ed altro.

4. Un criticismo evidente

Dopo l'esposizione sintetica del tema degli stili, dovrebbe essere molto chiaro che l'argomento stesso – ritenuto tanto frequentemente come l'*unica* o *fondamentale* via di accesso per l'esame del problema della leadership – assume un'importanza certo incontestabile ma secondaria, nell'analisi della questione. Lo stile di azione del leader non risponde a tagli di tipo psico-pedagogico. Non si riesce ad educare, o si educa solo in parte, e solo se il gruppo è a ciò autenticamente disponibile.

Ciò vale anche a voler prescindere da qualsiasi riferimento all'impossibilità, assoluta o relativa, di una certa comunicazione paradossa: non si può prescrivere la non prescrittività, cioè il lassismo, almeno entro una certa misura.

Inoltre, a proposito dell'aspetto psico-pedagogico, non è possibile non rievocare la nota triplice impossibilità che secondo Freud caratterizza l'essere umano: educare (o formare), comandare, curare.

Il "modo" di porsi del leader non è il fattore basilare che determina l'evoluzione della vita di un gruppo e nemmeno della sostanza vera della sua leadership. Questo può forse e solo in parte valere per gli approcci teoretici interattivi.

Inoltre tutto ciò può valere, piuttosto, limitatamente alla situazione di leadership formale (problematica della headship).

Il "modo" di porsi del leader tende invece ad essere espressione dello stadio di evoluzione della vita di un gruppo, in un complesso gioco dei ruoli che riguarda e coinvolge tutti i membri del gruppo stesso.

Il "modo" di comportarsi del leader, in altre parole, è funzione (spesso contingente) della cultura del gruppo.

Questo spiegano e sostengono gli approcci teoretici funzionalisti.

Si registra comunque, a proposito degli stili di conduzione e delle corrispondenti atmosfere (o climi o culture) di gruppo, un limite invalicabile: quello insito nell'impossibilità degli esclusivismi. Non è possibile per i cultori di alcuna teoria e modello arrogarsi la pretesa di essere gli unici depositari del vero o quanto meno i testimoni dei fattori fondamentali. Ma se ciò vale in linea generale, vale ancor più per la linea "debole" degli stili di comportamento e dei relativi climi.

Ancora una volta si afferma la forza del "sapere come rete di modelli".

VIII. I modelli della leadership[1]

Qualis dominus talis est servus.
Petronio, 58, 4

1. Nascita ed espansione di una modellistica

A partire dallo sviluppo degli studi sugli stili, delineato in precedenza, il sapere sulla leadership è andato evolvendosi. Molti fattori sono infatti intervenuti a produrre uno sviluppo interessante della cultura e delle conoscenze riguardanti il nostro tema: il graduale passaggio dal prevalere degli orientamenti personologici alla sottolineatura degli orientamenti situazionali e funzionalisti, in primo luogo; la ricchezza di dati e di suggestioni emergente dagli studi sui gruppi, in secondo luogo; i contributi pervenuti dalle indagini sul management (tema considerato, erroneamente, sovrapponibile a quello della leadership) e da quello sugli stili di conduzione, in terzo luogo. In particolare, è andata via via emergendo tutta una serie di modelli interpretativi della vasta fenomenica riguardante il processo di emersione e di gestione della leadership/headship.

Il tema della modellistica è anzi forse divenuto, dopo quello degli orientamenti di fondo (che ne regge le fila), il punto abbastanza centrale della ricerca e del dibattito culturale che ci riguarda, anche se la cosa non può suscitare unanime consenso. Tra l'altro, si ripete anche qui l'articolazione stimolante tra teorie e modelli che tanto impegna i filosofi della scienza e di cui si è parlato nel cap. I.

La vera e propria proliferazione di modelli si è andata in tal modo arricchendo sempre più. A questo punto della nostra trattazione,

1. Il presente capitolo è largamente ripreso, con gli opportuni aggiornamenti, da un contributo già pubblicato, nel 1982, insieme con W. Binda.

e premettendo che si tratta di concettualizzazioni non necessariamente alternative fra loro, vale la pena di presentare i frutti delle indagini e delle riflessioni, cioè i vari tipi di modelli rintracciabili nella letteratura scientifica. Per dare ordine al discorso, adotteremo una modalità di categorizzazione suggerita da Lombardi (1972a): essa raggruppa i modelli secondo il numero delle *dimensioni parametrali* a cui ciascun autore fa esplicito o implicito riferimento. Tutto ciò senza scalfire quella possibile imputazione di fondo che è stata avanzata in Italia da Quaglino e che abbiamo avuto occasione di incontrare in precedenza (cfr. cap. II): così operando, ci si può in ogni caso ridurre o riferire ad un uomo "ad una dimensione", un uomo senza qualità.

Vediamo quindi una possibile rassegna sintetica dei modelli.

1. Modelli adimensionali

Alcuni autori hanno caratterizzato il loro approccio al problema tipologizzando la fenomenologia della leadership secondo parametri che non sono riconducibili al variare "quantitativo" di una o più dimensioni "qualitative", siano esse prefissate oppure emergenti dalle osservazioni sul campo. Piuttosto, essi forniscono un'analisi dei diversi modi con cui una persona gestisce la sua "centralità" nel gruppo.

Si può parlare in questi casi di modelli adimensionali, in quanto si tratta per lo più di "marchingegni" utili per inquadrare certi fenomeni, ma poco o nulla "cartesiani": essi sono tesi a fornire analisi descrittivo-interpretative delle situazioni riscontrate in ambiti diversi.

Paradigmatico di tali modelli appare lo schema di Fritz Redl (1942) sul ruolo della persona centrale nel processo di formazione di un gruppo. Si tratta di uno schema molto interessante, di matrice psicoanalitica, che verrà presentato piuttosto diffusamente nel cap. IX del presente volume. Ad esso pertanto rinviamo.

2. Modelli a una dimensione

Alcuni altri autori hanno interpretato la fenomenologia della leadership sulla base del variare di un solo suo aspetto fondamentale.

La modalità di gestione della leadership – che non è certo solo lo "stile" – viene allora vista come situabile tra due poli contrapposti di un'unica dimensione, su un qualche punto di una linea che costituisce il **continuum** di collegamento tra i poli medesimi e lungo la quale si può muovere l'agire del leader.

L'esempio tipico di tale genere di rappresentazioni è ben raffigurato nel modello di Tannenbaum e Schmidt (1958), riportato alla fig. VIII.1. Il titolo stesso del lavoro in cui i due autori presentano i loro risultati – Come scegliere un modello di leadership – evidenzia che il loro interesse è quello di sottolineare come non esista una cifra personale per così dire ideale di gestione della leadership, valida per ogni situazione, ma piuttosto che l'attenzione va spostata al rapporto tra il leader e i suoi seguaci. È questa la variabile che permetterà al leader stesso di avere consapevolezza degli effetti del suo comportamento e quindi di effettuare una scelta motivata. La concezione di Tannenbaum e Schmidt, sintetizzata dallo schema della fig. VIII.1, che mostra la gamma delle possibili diverse modalità di azione tra cui il "capo" può scegliere. Ciascun tipo di comportamento è correlato al grado di "autorità" esercitato dal capo e dal grado di "discrezionalità" nella formulazione delle decisioni concesso ai subordinati. I due estremi non hanno evidentemente valore assoluto; sia l'autorità che la discrezionalità sarebbero infatti soggette a limitazioni intrinseche. Il discorso di Tannenbaum e Schmidt non è centrato sulla dinamica di gruppo ma sul rapporto tra un "capo" designato ed i suoi "sottoposti". Non si dovrebbe parlare di leader, ma di capo (head). È chiaro che il riferimento è a situazioni formali (cfr. cap. III), già articolate precedentemente per lo più dall'esterno, cioè a organizzazioni semplici o complesse, ma pur sempre strutturate (imprese, pubbliche o private; organizzazioni civili, militari, scolastiche, religiose, ospedaliere, ecc.).

Può valer la pena di esaminare con maggiore dettaglio la gamma dei tipi di comportamento compresa tra gli estremi della dimensione isolata da Tannenbaum e Schmidt, riprendendoli dal lavoro puntualizzatore di Lombardi (1972a):

a. il "capo" prende la decisione e la rende poi nota. In questo caso, il capo identifica il problema, valuta le alternative possibili, ne sceglie una e rende quindi nota la propria decisione ai subordinati, perché provvedano a tradurla in atto. Egli può tener conto o

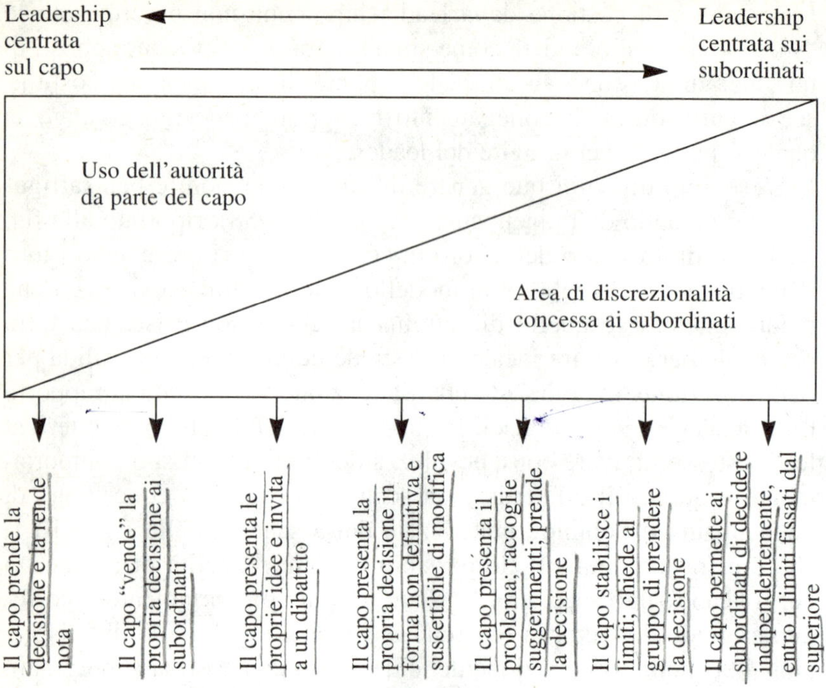

Fig. VIII.1 - Gamma delle possibili modalità di comportamento tra cui il capo può scegliere (Tannenbaum e Schmidt, 1958, p. 97)

meno di ciò che i "dipendenti" pensano o sentono riguardo alla sua decisione. In ogni caso, egli non dà loro la possibilità d'inserirsi direttamente nel processo di formulazione delle decisioni. Aperta o sottintesa, esiste sempre coercizione;

b. il capo "vende" la propria decisione. Anche in questo caso, è il capo che si assume la responsabilità d'identificare il problema e di prendere una decisione. Tuttavia, egli non si limita a enunciare la decisione stessa, ma fa opera di persuasione presso i "subordinati" affinché l'accettino. Così facendo, egli riconosce la possibilità che esista qualche resistenza da parte di coloro che dovranno attuare la decisione, ma cerca di ridurla, mettendo per esempio in rilievo ciò che tornerà a loro vantaggio;

c. il capo presenta le proprie idee e invita a un dibattito. In questo caso, il capo che ha formulato la decisione e che desidera che le sue idee vengano accettate, fornisce ai subordinati l'occasione di ottenere spiegazioni più dettagliate e profonde del suo pensiero e delle sue intenzioni. Dopo aver enunciato le proprie idee, egli sollecita un dibattito, in modo che i suoi collaboratori possano meglio comprendere gli obiettivi che egli si propone. Questo scambio di idee permette inoltre al capo e ai suoi subordinati di esplorare più a fondo le possibili implicazioni della decisione;

d. il capo presenta le proprie decisioni in forma esplorativa e suscettibile di modifica. Questo tipo di comportamento permette ai subordinati di esercitare qualche influenza sulle decisioni del capo. A lui spetta sempre l'iniziativa d'identificare e analizzare il problema. Prima d'incontrarsi con il suo "staff", egli dovrebbe aver esaminato a fondo il problema ed essere pervenuto ad un orientamento decisionale, che tuttavia è solo preliminare. Prima di dargli una forma definitiva, egli presenta la propria soluzione come proposta, sollecitando le reazioni da parte degli interessati;
e. il capo presenta il problema, raccoglie i suggerimenti e solo successivamente formula la propria decisione. Fino al punto "d" precedente, il capo si è presentato al gruppo con una propria soluzione. In questo caso, invece, i subordinati hanno la loro prima occasione di avanzare suggerimenti. Il compito iniziale del capo consiste nell'identificare il problema. Il gruppo assume la funzione di contribuire alle varie soluzioni che sono a disposizione del capo. L'obiettivo è quello di trarre profitto dalle conoscenze ed esperienze di quelli che sono "in prima linea". Il capo potrà scegliere la soluzione che riterrà più promettente, traendola però da una vasta gamma di alternative elaborate, insieme, da lui stesso e dai suoi subordinati;
f. il capo definisce i limiti di discrezionalità e chiede al gruppo di formulare una decisione. In questo caso è il capo che delega al gruppo (di cui può egli stesso essere membro) il compito di formulare le decisioni. Prima di far ciò, tuttavia, definisce il problema da risolvere e specifica i limiti entro cui la decisione deve essere contenuta;
g. il capo dà facoltà al gruppo di formulare le decisioni, entro limiti stabiliti. Quest'ultimo caso, che rappresenta il limite estremo cui può spingersi la discrezionalità conferita al gruppo, si riscontra solo occasionalmente nelle organizzazioni formali, per esempio nei

gruppi di ricerca. In questo caso il gruppo procede all'identificazione e alla diagnosi del problema, elabora una gamma di procedure alternative per risolverlo e stabilisce poi quale o quali di esse siano convenienti. Gli unici limiti direttamente imposti al gruppo dall'organizzazione sono quelli specificati dal superiore immediato del capo. Se il capo partecipa al processo di formulazione delle decisioni, egli lo fa con autorità pari a quella degli altri membri del gruppo. Egli s'impegna in anticipo a collaborare all'attuazione della decisione presa dal gruppo, qualunque essa sia.

In sede di commento, si può rilevare innanzitutto che si tratta di un modello datato, anzi chiaramente situato sia nel tempo che nello spazio; in secondo luogo, è solo e sempre riferito a realtà "formali"; in terzo luogo si fa un uso unilaterale e un po' selvaggio di termini e concetti quali "autorità", subordinati, capo, prima linea ecc.

Un altro modello ad una dimensione, più recente (Bass, 1990), può essere considerato quello basato sulla distinzione tra leadership transazionale e leadership trasformazionale. Sembra infatti trattarsi di due poli di un'unica dimensione.

La definizione di *leadership transazionale* trae origine dalla situazione nella quale il leader è portato a considerare le performance lavorative come il risultato di una somma di transazioni tra sé e i suoi subordinati. All'interno dell'impronta transazionale, viene valorizzata la gestione dei premi e delle punizioni; tutti gli individui vengono gratificati con premi per gli obiettivi raggiunti o, al contrario, vengono loro comminate delle punizioni in caso di ineguatezza delle prestazioni.

In antitesi alla leadership transazionale, Bass (1990) prende in esame un altro tipo di *leadership*, che definisce *trasformazionale* perché emerge come strettamente legata e interconnessa, in un rapporto circolare di causa ed effetto, con i periodi di grandi mutamenti e trasformazioni: carente controllo e stabilità delle situazioni, cicli brevissimi dei compiti da realizzare, forte presenza di competizione nel campo psico-sociale, rapidi e continui mutamenti delle tecnologie, conseguente obsolescenza e dismissione di quelle preesistenti. Sullo sfondo si anima uno scenario di turbolenze psico-socio-economico-culturali.

Una situazione quale quella descritta richiede un leader pronto e disponibile ad adeguarsi all'instabilità continua dei momenti operativi, con particolari capacità di coinvolgere in breve tempo i membri del suo gruppo in decisioni rapide e non sempre definitive. Tale tipo di leader è in genere dotato di potere carismatico, agisce da stimolo intellettuale e da supporto, è attento alle esigenze e anche ai bisogni emozionali di coloro coi quali agisce per raggiungere gli obiettivi.

Come si sarà notato, anche in questo caso ci si riferisce per lo più a situazione ed eventi di natura produttiva: non importa se si tratti di organizzazioni pubbliche o private, profit o non profit, grandi o piccole, tese a produrre beni o servizi, improntate ai consumi o alla socialità, alla pace o alla guerra, ai bisogni primari o secondari o valoriali, ecc.

Si tratta quindi, prevalentemente, di logiche e di dinamiche di headship.

4. Modelli a due dimensioni

L'interpretazione della leadership/headship, in questi modelli, viene riferita alle connessioni tra due tipi diversi di comportamento e atteggiamento, come frutto della correlazione tra due componenti delle azioni del "capo". Questi modelli trovano tutti un fondamento teorico negli studi di Bales e Slater (1955), in cui sono state enucleate due tra le funzioni fondamentali del comportamento del leader: l'orientamento al compito (*task specialist*) e l'orientamento alle relazioni (*socio-emotional specialist*).

Il più noto dei modelli a due dimensioni è quello che corrisponde alla teoria del reticolo di Blake e Mouton (1964b); esso è stato anche denominato, dai due autori, *managerial grid* (griglia manageriale) e con questo nome è assai conosciuto. In questa sede non possiamo soffermarci a presentare i principi organizzativi che vengono posti a fondamento e giustificazione del modello; è più pertinente considerare le diverse modalità con cui le due variabili che esprimono gli interessi del leader vengono utilizzate e sottolineate nei diversi stili manageriali.

Come mostra lo schema tracciato alla fig. VIII. 2, è possibile rappresentare le due funzioni fondamentali su coordinate di tipo cartesiano, come segue:

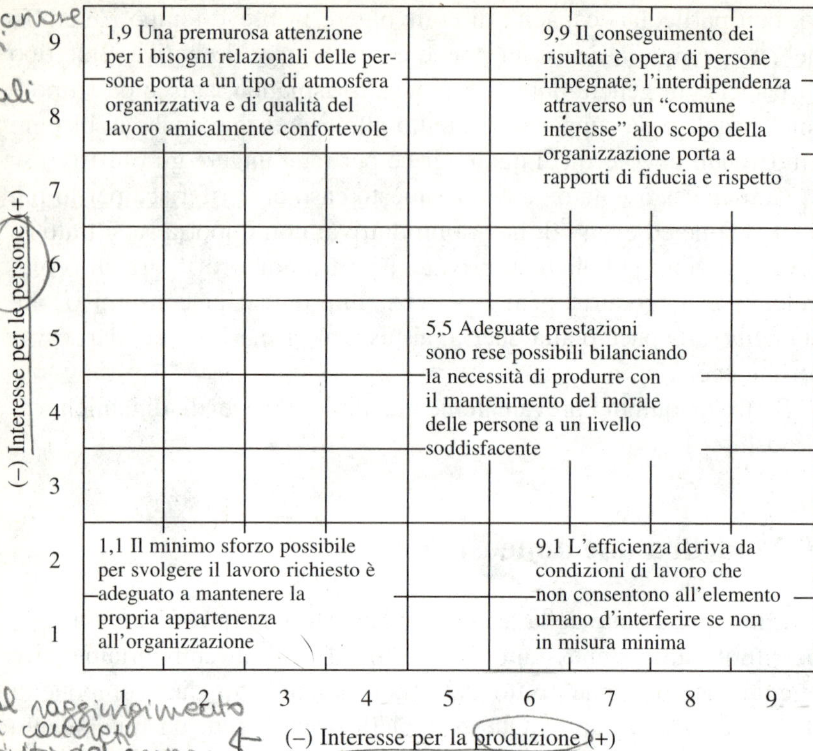

Fig. VIII.2 - Il "managerial grid": cinque stili di direzione (Blake e Mouton, 1964b, p. 26)

– sull'asse delle ascisse, l'interesse per la "produzione", cioè la preoccupazione e la tensione volte al raggiungimento dei fini concreti delle attività del gruppo;
– sull'asse delle ordinate, l'interesse per le "persone", cioè la preoccupazione e la tensione volte a curare i rapporti interpersonali.

Attribuendo convenzionalmente a ciascuna delle due dimensioni un'intensità variabile da un minimo di 1 a un massimo di 9, si ottengono molte (ipoteticamente 81) combinazioni possibili delle modalità con cui un capo può gestire i due interessi fondamentali detti per esercitare il proprio ruolo. I cinque stili che si trovano ai quattro vertici e nel centro della griglia vengono ritenuti più indicativi della gamma di tutte le possibili situazioni, anche se non delineano, a causa della radicalità con cui vengono espressi, comportamenti realmente riscontrabili con frequenza. Commentano gli stessi Blake e Mouton (1964b): nell'angolo sinistro in basso del grafico c'è lo stile di direzione che registra il minimo per entrambi gli interessi. Salendo, all'angolo sinistro in alto si trova lo stile indicabile con la sigla 1,9: qui c'è il minimo d'interesse per la produzione, ma il massimo interesse per le persone. Nell'angolo destro in basso c'è lo stile indicabile con la sigla 9,1, che ha il massimo d'interesse per la produzione e il minimo per gli aspetti umani. Nell'angolo destro in alto c'è lo stile indicabile con la sigla 9,9, dove sia l'interesse per la produzione che quello per le persone raggiungono il loro massimo. Infine, al centro, c'è lo stile indicabile con la sigla 5,5, che indica un valore medio di entrambi i tipi d'interesse.

Il modello bidimensionale presentato ha fornito molto materiale di riflessione sulle conseguenze provocate dall'adozione di un particolare modo di gestire la leadership/headship e la conseguente capacità e responsabilità di guidare risorse umane. Esso si è pertanto rivelato utile strumento anche nelle attività di formazione.

5. Modelli a tre dimensioni

Il tipo di modelli precedentemente esposto ha fatto scaturire un'ormai fiorente modellistica tridimensionale. Ciò attraverso la semplice introduzione di una terza dimensione, tratta dall'osservazione dell'agire di coloro che si trovano a dover gestire un ruolo di "capo" in organizzazioni complesse. Gli stessi Blake e Mouton ne avevano intravisto la possibilità provvedendo subito a criticarla, quasi per esorcismo: «... queste ulteriori dimensioni (...) sembrano aggiungere un'inutile complessità alla ricerca di uno schema significativo e sistematico per le teorie manageriali, certamente applicabili alla realtà operativa» (Blake e Mouton, 1964b, p. 136).

È evidente che ogni parametro aggiuntivo rende meno agevole la costruzione e l'uso di un modello; per converso, è spesso riduttivo procedere ad una lettura dei fenomeni della leadership/headship utilizzando strumenti troppo semplificati, specie quando ci si riferisce alle organizzazioni complesse del mondo moderno.

Ma passiamo a qualche esempio.

Il primo da citare è il modello di Reddin (1969), che introduce negli schemi bidimensionali la variabile "efficienza manageriale" o "tendenza a dare rilievo alle relazioni concrete". Con tale artificio, egli costruisce un suo reticolo peculiare, che vuol rappresentare diagrammaticamente le modalità di gestione della leadership a partire dalla dicotomia di Blake e Mouton, ma senza ridurre solo ad essa l'interpretazione della realtà (vedi fig. VIII.3).

Come ossessivamente annota R.E. Tweeddal (1970), citato da Lombardi, gli otto stili possibili di leadership/headship che ne emergono possono essere identificati come segue:

L'efficiente: è un "capo" che usa un alto senso della funzione e un alto senso delle relazioni umane in una situazione in cui questo mo-

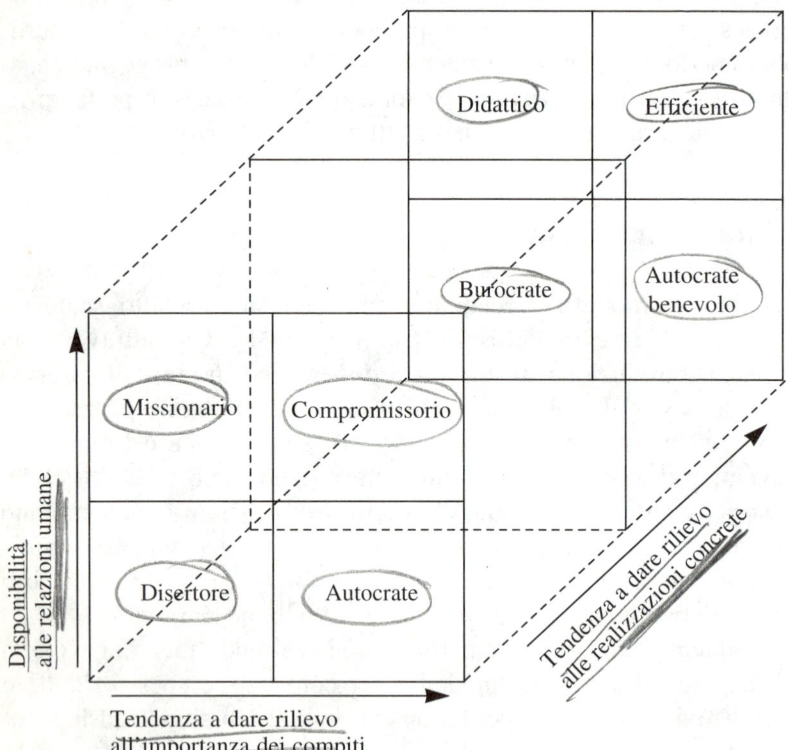

Fig. VIII.3 - Il modello tridimensionale di Reddin secondo la rappresentazione di Tweeddal (1970)

do di comportarsi è appropriato (dal punto di vista delle realizzazioni concrete, beninteso) e risulta anche efficace. Si tratta di una persona capace di dare ai collaboratori e ai dipendenti le corrette motivazioni, che preferisce metodi e obiettivi elevati, che sa sfumare il proprio atteggiamento a seconda delle persone con cui deve trattare e che preferisce la direzione collegiale.

L'*autocrate benevolo*: è un "capo" che usa un alto senso della funzione e un basso senso delle relazioni umane, in una situazione in cui questo modo di comportarsi è corretto (dal punto di vista delle realizzazioni concrete) e riesce quindi efficace. Viene giudicato un dirigente che sa quello che vuole e sa raggiungerlo senza creare risentimenti.

Il *didattico*: è un "capo" che usa un alto senso delle relazioni umane e un basso senso della funzione, in una situazione in cui questo modo di comportarsi è appropriato e risulta quindi efficace. Viene giudicato una persona che ha fiducia nel prossimo e si preoccupa soprattutto di sviluppare la personalità di coloro che dipendono da lui.

Il *burocrate*: è un "capo" che usa un basso senso della funzione e un basso senso delle relazioni umane, in una situazione in cui questo modo di comportarsi appare corretto (sempre dal punto di vista realizzativo) e risulta quindi a suo modo efficiente. Pur non lasciandosi coinvolgere personalmente, dà spesso l'impressione di essere una persona coscienziosa. Viene giudicato una persona che s'interessa di regolamenti e procedure fine a se stessi, e con questo vuole restare padrone della situazione.

Il *compromissorio*: è un "capo" che usa un alto senso della funzione e un alto senso delle relazioni umane, in una situazione che non richiede alcuna di queste risorse e che perciò non riesce efficace. Viene giudicato incapace di prendere decisioni e troppo influenzabile dalle pressioni momentanee delle situazioni. La sua qualità è piuttosto quella di minimizzare le pressioni e i problemi immediati per coloro che dipendono da lui, piuttosto che dare il massimo valore alle pianificazioni a lunga scadenza.

L'*autocrate*: è un "capo" che usa un alto senso della funzione e un basso senso delle relazioni umane, in una situazione in cui questo rapporto non è adatto e perciò non riesce efficace. Viene giudicato un uomo che non ha fiducia negli altri, che non è simpatico e che s'interessa soltanto dello svolgimento del lavoro immediato.

Il *missionario*: è un "capo" con un basso senso della funzione e con un alto senso delle relazioni umane, in una situazione in cui questo rapporto è sbagliato (sempre dal punto di vista realizzativo) e perciò non riesce efficace.

Viene giudicato una persona che si preoccupa soprattutto del fatto che nell'organizzazione regni l'accordo e anche per questo è considerato una "brava persona".

Il *disertore*: è un "capo" che usa un basso senso della funzione e un basso senso delle relazioni umane, in una situazione in cui questo rapporto è sbagliato e perciò riesce inefficiente. Viene giudicato privo d'interessi e passivo.

Anche il modello presentato da Reddin e da Tweeddal sembra non voler essere prescrittivo: esso infatti non propone una soluzione di sicura efficacia per ogni situazione particolare. Ciascun tipo di leadership – continuano a chiamarla così, anche se è chiaro che si tratta di head-ship – ha sue caratteristiche, che sono positive e negative a secondo delle situazioni; viceversa, ciascun tipo di situazione può trovare determinate leadership/headship più o meno confacenti ad esse. Del resto, la flessibilità nella conduzione del ruolo di "capo", insieme con la capacità di valutare di volta in volta il contesto e di adeguarvisi – non conformisticamente ma appropriatamente – è una caratteristica che, secondo gli autori, va sempre più affermandosi come necessaria per una leadership/headship efficace ed efficiente.

Un altro modello a tre dimensioni, certo più importante e meno esoterico del precedente, è il "modello di contingenza" di Fred Fiedler, che abbiamo già citato in precedenza (cfr. cap. II). L'autore lo ha così denominato al fine di mettere in evidenza ancora una volta il concetto di modificabilità dei comportamenti e degli atteggiamenti del leader in funzione dell'evolversi delle circostanze che caratterizzano il lavoro del suo gruppo. Le tre dimensioni del "cubo" che rappresenta il modello di Fiedler (vedi fig. VIII.4) sono:

a. le relazioni tra leader e membri del gruppo;
b. la struttura del compito;
c. la posizione di potere del leader.

Il *tipo di relazione* che corre tra il leader e i membri del suo gruppo dipende dal grado con cui il leader è accettato, amato e stimato personalmente dai membri. Questa situazione personale del leader si può misurare in diversi modi, per esempio con il metodo dell'analisi delle scelte sociometriche da parte dei membri – cioè studiando chi

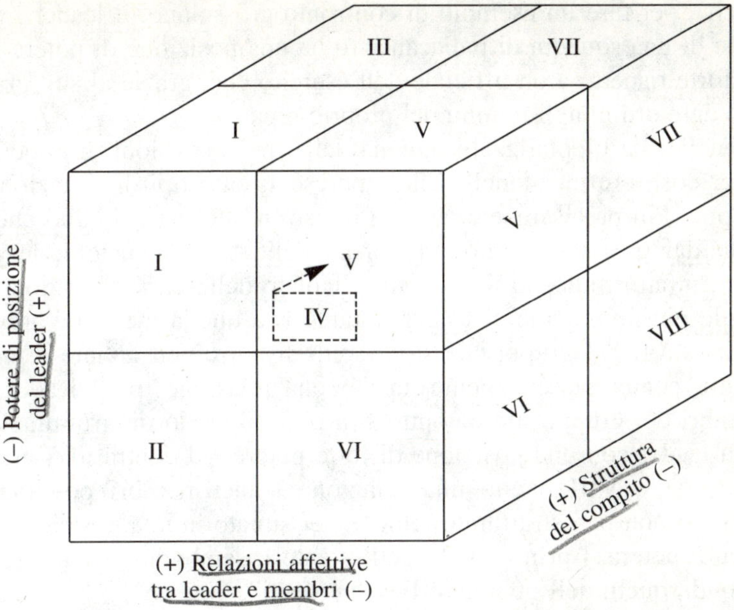

Fig. VIII.4 - Il modello per la classificazione delle situazioni di Fiedler (1967)

essi preferiscono come leader del gruppo, chi ha le idee migliori, chi contribuisce maggiormente ai risultati del lavoro del gruppo, ecc. – oppure con lo studio della percezione dell'atmosfera di gruppo da parte del leader, attraverso metodi acuti di rilevazione e misura delle percezioni reciproche tra e con i membri del gruppo.

La *struttura del compito* è il secondo elemento importante, in quanto il leader può controllare agevolmente, nel caso di compiti molto strutturati, le diverse fasi dell'esecuzione del lavoro affidato ai membri del gruppo, mentre ciò può divenire difficoltoso nel caso di un compito non strutturato e vago.

Quanto al *potere di posizione*, infine, tale variabile riguarda la possibilità o meno, da parte del leader, di aver potere e influenza sul gruppo in virtù della posizione o del rango più elevato che in qualche modo è da lui detenuto rispetto ai membri. Ciò può verificarsi in termini di gerarchia, piuttosto che di anzianità di ruolo, di competenza acquisita e riconosciuta, di posizione burocratica, ecc. È chiaro che, per fare un esempio di confronto grossolano, il leader informale di una squadra di pallacanestro ha una posizione di potere meno forte rispetto a un ufficiale dell'esercito che, grazie al suo grado, può dare ordini agli uomini del proprio reparto.

Fiedler ha bipolarizzato ognuna delle tre dimensioni, in modo da poter costruire un modello che rappresenta otto tipi di situazioni di gruppo. Più precisamente, egli ha diviso in otto parti il cubo che risulta dal posizionamento ortogonale delle tre dimensioni: le otto parti, infatti, indicano il disporsi articolato delle varie situazioni, da quella più favorevole al leader (ottante I) a quella meno favorevole (ottante VIII). I gruppi che si possono disporre nell'ottante I hanno infatti, contemporaneamente, una buona relazione tra il leader e i membri del gruppo, un compito con elevato grado di strutturazione e un leader con una posizione di forte potere. Al contrario, i gruppi dell'ottante VIII hanno una relazione leader/membri povera, un compito non ben strutturato e un leader situato in una posizione povera di potere. I primi, quelli dell'ottante I, sembrano i "vincenti"; i secondi, quelli dell'ottante VIII, i "perdenti".

Si realizza così, secondo Fiedler (1964) «un **continuum** che va dalle situazioni di gruppo che sono presumibilmente molto favorevoli al leader (che sono cioè molto facili da gestire) a quelle che sono molto difficili per il leader. È ovviamente più facile essere leader ben accettato e dotato di potere, nonché con un compito che può essere svolto tappa per tappa, piuttosto che essere un leader poco gradito con un compito vago e non strutturato».

Una prima importante implicazione del modello di Fiedler si riferisce al processo di selezione e assegnazione del ruolo di leader/head. Dice testualmente Fiedler (1967):

> Il reclutamento e la selezione dei leader può essere efficace solo quando si può specificare la situazione per cui è stato reclutato il leader. Non c'è ragione di credere che questo non si possa fare e che non si dovrebbe fare in casi specifici. Le difficoltà sorgono perché le situazioni di leadership cambiano nel tempo. Qualsiasi organizzazione deve avere coscienza del tipo di situazioni di leadership in cui si dovrà imbattere un individuo nei successivi momenti e ciò non può essere molto diverso dall'ottenere che per esempio un ingegnere elettronico non venga assegnato al reparto contabilità (p. 250).

Una seconda possibile implicazione del modello può essere giocata su un versante in buona parte complementare a quello ora accennato. Essa corrisponde a quella che Fiedler stesso ha chiamato l'ingegneria organizzativa (*organizational engineering*). Con tale locuzione ci si riferisce alla possibilità di modificare opportunamente la situazione di lavoro, in funzione delle caratteristiche di personalità del leader. Nei lavori più recenti, il nostro autore ha riconosciuto che un programma di formazione può essere efficace non tanto nel modificare lo "stile" del leader inteso nel senso personale, quanto nel cambiare il grado di positività favorevole della situazione in cui egli opera, dandogli più possibilità di controllo e d'influenza ovvero di rapporto coi membri del gruppo. È infatti molto produttivo far apprendere dagli individui la capacità di «identificare le condizioni in cui essi possono lavorare al meglio e di modificare le situazioni in modo da esaltare il proprio stile di leadership» (Fiedler, 1967, p. 255). Come è già stato fatto notare, Fiedler è in tal modo qualificabile come "situazionalista". Ma si è già inquadrato tale tipo di posizione all'interno degli approcci funzionalisti (cfr. cap. II).

In sostanza, il modello di Fiedler resta una delle più interessanti soluzioni tridimensionali date al nostro problema. Esso è tra l'altro frutto intelligente di un ricercatore che si è impegnato per oltre 30 anni negli studi e nelle riflessioni riguardanti la percezione interpersonale e l'efficienza di gruppo. In tal senso si tratta, come è stato notato da Vroom (1976), di uno sforzo ambizioso e lodevole per andare oltre l'affermazione corretta, ma un po' ovvia e vaga, che «la leadership dipende dalla situazione». Tenta cioè di andare un po' più in profondità e di mettere in luce quali sono le reali proprietà della situazione e delle persone da cui dipende il fenomeno della leadership/headship. Vroom concludeva che la teoria (è chiaro ancora una volta lo stucchevole abuso di questo termine da parte della cultura americana) era acerba e che le sue implicazioni pragmatiche erano ancora considerevolmente incerte.

I successivi consolidamenti e la mole dei risultati accumulati negli ultimi anni consentono di considerare il modello di Fiedler non certo come l'unico a disposizione (la cosa non è possibile) ma come uno dei più validi per leggere una serie di fenomeni riguardanti la leadership/headship [2].

2. Il riconoscimento complessivo a Fiedler della validità del suo contributo al progredire delle conoscenze sul nostro argomento è testimoniato dall'affidamento del compito di *key-speaker*, che gli è stato assegnato al XX Congresso internazionale di psicologia applicata, tenutosi a Edinburgo nel 1982.

6. Considerazioni conclusive

Dopo aver estrinsecato alcune delle principali soluzioni date alla questione dei modelli, si rendono necessarie alcune chiarificazioni.

6.1. *La questione manageriale o della leadership e della headship nel comportamento dirigenziale*

In primo luogo, si conferma alla fine che il discorso sui modelli della leadership va inesorabilmente a parare sulla problematica del management nelle organizzazioni e con essa, almeno secondo certe prospettive e certa letteratura, a confondersi.

A nostro modo di vedere, è preferibile inquadrare la cosa come parziale sovrapposizione di un tema all'altro. Anche come preminenza e precedenza del tema leadership sul tema headship e management. Infatti, il problema del manager – cioè di colui che, per un motivo o per l'altro, si trova a dover guidare e gestire un insieme di esseri umani volti al raggiungimento di uno scopo assegnato – è *sempre* quello, al di là delle competenze "tecniche" di volta in volta in gioco, di riuscire a manifestare e mettere in atto vere capacità di leadership, sapienza di conduzione delle risorse umane, incanto di interpretazione dei diversi bisogni e delle attese del gruppo dei cosiddetti sottoposti. Il problema è dunque di riuscire a trasformarsi – almeno in parte, anzi nella maggiore misura e nel migliore modo che siano possibili – da "capo" a "leader": sapendo e sentendo che la seconda prerogativa ingloba la prima, mentre non vale il viceversa.

Se inquadrato in tal modo, il termine manager può anche esprimere, per certi aspetti, una realtà più complessa del termine leader.

Abbiamo già avuto diverse occasioni di considerare il fatto che taluno distingue, in lingua inglese, la *leadership* (che viene intesa come capacità di influenzare) dalla *headship* ("capità", saper essere a capo di, funzionare da "duce" di qualcosa). Ora, da un lato l'attitudine all'influenzamento, se presa nella sua letteralità oggettiva, deriva da una banalizzazione: la capacità di influenzare va di pari passo con quella di essere influenzati, in nome se non altro del Principio di Relazionalità. Da un altro lato, la distinzione può reggere a livello di una empiria di linguaggio talora utile nonché sul piano della chiarificazione concettuale; essa cade tuttavia nel momento in cui ci si rende conto che le possibilità concrete per un capo di gestire e influenzare il proprio gruppo di lavoro si collocano e debbono riferirsi all'interno di un quadro istituzionale che rende possibili certi obiettivi o azioni e impossibili altri, salvo riconsiderare anche le variabili organizzative e istituzionali e il rapporto che si ha con esse (Stella e Kaneklin, 1974, p. 74)[3].

3. Per certe correnti di pensiero (non per chi scrive), tutto è riconducibile agli atteggiamenti assunti dal leader-capo-manager-supervisore-dirigente (a questo punto tali vocaboli potrebbero essere considerati sinonimi, almeno per questa parte della nostra trattazione).

Si tratterebbe sempre, infatti, di mostrare atteggiamenti notevolmente favorevoli verso i sottoposti, considerandoli più come essere umani anziché solo come individui da far lavorare e produrre. I dati delle ricerche di Likert (1961, 1967) comproverebbero che i dirigenti che conducono a un più efficiente raggiungimento degli obiettivi produttivi sono proprio quelli che danno spazio alla gratificazione delle motivazioni dei loro dipendenti e, attraverso modalità relazionali di sostegno nei gruppi di lavoro, permettono loro di svolgere un ruolo impegnativo e significativo. Ciò si collega alle conclusioni di Maslow (1954) e di Herzberg (1966) secondo cui l'uomo è motivato al lavoro da bisogni di livello superiore intrinseci al lavoro stesso, quali partecipazione, responsabilità, progresso, competenza. Di tali motivazioni il "capo" non potrebbe non tener conto. Più in particolare, i "capi-leader" nei cui gruppi di lavoro si riscontrano gli atteggiamenti più favorevoli e cooperativi, presentano le seguenti caratteristiche:

a. L'atteggiamento e il comportamento nei confronti del "subordinato" inteso come persona sono, secondo il modo in cui vengono visti dallo stesso subordinato, i seguenti:
- il "capo" non si dimostra ostile, ma cordiale e disposto a sostenere e ad aiutare; è gentile ma fermo, non minaccia mai, s'interessa sinceramente al benessere dei "subordinati", e si sforza di trattare le persone con sensibilità e considerazione; è imparziale, se non generoso; si sforza di curare nel migliore dei modi gli interessi dei suoi dipendenti al pari di quelli dell'azienda;
- fa affidamento sull'integrità, sull'abilità e sulle motivazioni dei subordinati, anziché sul sospetto e sulla diffidenza;
- la sua fiducia nei subordinati lo porta a innalzare le proprie aspettative nei confronti del loro livello di rendimento: fidando nel fatto che non verrà deluso, si aspetta molto da loro (questo, ancora una volta, costituisce un comportamento fondamentale di sostegno);
- si accerta che ciascuno dei suoi subordinati sia ben informato della sua particolare mansione; si sforza anche di aiutarli a venire promossi, addestrandoli al lavoro che dovranno compiere al livello successivo; ciò significa fornire loro l'esperienza e l'addestramento relativi, ogni qualvolta se ne presenti l'occasione;

6.2. *La questione della leadership formale e informale*

In secondo luogo, quanto detto richiama ancora una volta il tema della distinzione e dell'articolazione tra leadership formale e leadership informale.

Mentre si rinvia pertanto, per gli opportuni accostamenti e confronti, al capitolo III del volume, è qui conveniente avanzare una chiarificazione: il discorso sui modelli dovrebbe riguardare sia le situazioni di leadership formale che quelle di leadership informale. O, meglio, esso dovrebbe essere posto in connessione con una sintesi tra i due tipi di situazione. Sappiamo infatti che, nella realtà, la polarità formale e quella informale della leadership – allo stato puro, per così dire di laboratorio – non sono riscontrabili: si tratta di due punti estremi, che funzionano solo da ancoraggi teorici della dimensione in oggetto. La questione dei modelli è pertanto integrabile e applicabile in ogni caso.

6.3. *La questione dei rapporti tra membership e leadership*

In terzo luogo va richiamata con forza la connessione tra leadership e membership: ogni capo ha il gruppo che si merita e pure ogni gruppo ha il capo che si merita.

Ciò accade in funzione del gioco dei ruoli di tutti i membri. Tale gioco è influenzato da una serie di fattori esterni di medio, grande o grandissimo spessore. Infatti ogni gruppo, formale o informale che

- istruisce e assiste coloro che hanno un rendimento al di sotto del livello standard e, qualora un subordinato si dimostri chiaramente inadatto e incapace di eseguire in modo soddisfacente il suo lavoro, cerca di individuare una posizione idonea alle sue capacità e di farlo trasferire;

b. il comportamento direttivo del capo, in termini di attività, dovrebbe essere caratterizzato come segue:
- pianificare e programmare il lavoro da eseguire, addestrare i subordinati, fornirli di materiale e attrezzi, dare l'impulso alle attività lavorative,
- conferire ai subordinati un'adeguata competenza tecnica, particolarmente nelle situazioni in cui il lavoro non è stato altamente standardizzato;

c. mediante la partecipazione e gli altri metodi di leadership di gruppo, il capo fa dei suoi subordinati una squadra di lavoro in possesso di un alto grado di lealtà di gruppo (Likert, 1961, pp. 143 e seg.).

sia, svolge la propria vita in un "sistema" di condizioni interagenti e generatrici di fiducia o sfiducia, che sono riconducibili, almeno secondo Jaques (1976, pp. 401 e seg.), ai due grandi ordini di fattori elencati di seguito:

a. condizioni intergruppali e macrogruppali:
   - adeguata strutturazione delle eventuali gerarchie burocratiche, in modo da garantire una responsabilità individuale e relazioni tra i ruoli di capo e subordinato corrispondenti alla distanza di uno strato;
   - occupazione ed espletamento dei ruoli, tali che i capi, in particolare, abbiano il necessario livello di capacità; sistemi di selezione, addestramento e avanzamento che offrano ai singoli la possibilità di progredire;
   - conservazione di dimensioni tali da permettere la conoscenza reciproca anche tramite sistemi rappresentativi;
   - possibilità di partecipazione dei lavoratori attraverso loro rappresentanti eletti;
   - rafforzamento della partecipazione ai sistemi rappresentativi in ciascuna unità geograficamente separata;
   - riconoscimento dell'indipendenza professionale;

b. condizioni comunitarie e istituzionali:
   - esistenza di un sistema politico democratico pluralistico;
   - ampia possibilità di occupazione su tutto il territorio, con opportunità per ciascuno di avere un lavoro coerente con la propria capacità lavorativa e i propri interessi;
   - equa distribuzione delle retribuzioni;
   - mantenimento della fluidità nella stratificazione sociale;
   - conseguente libertà della persona e dell'associazione nell'ambito dei limiti posti dalla legge.

6.4. *La questione del determinismo*

In quarto ed ultimo luogo, il discorso sui modelli può facilmente evocare il tema del carisma, cioè anche – almeno per certi aspetti – il fantasma deterministico.

Torniamo al dilemma se leader si nasce o si diventa e, nell'un caso come nell'altro, all'interrogativo su quali sono i possibili o probabili o falsificabili fattori agenti – deterministicamente – sulla formazione della leadership, sulla sua evoluzione, le sue vicissitudini, il suo declino.

Il che vale sia che si tratti di determinismo genetico-costituzionale, che di determinismo sociale, che di determinismo psichico. In tutti e tre i casi ci troviamo di fronte a un discorso riconducibile, alla vicina o alla lontana, alle prospettive di tipo personologico: ancora una volta non nel senso stretto del termine, ma in quello ampio e fondamentale, profondo e complesso, legato al fatto che il gruppo è un'entità vivente e le sue dinamiche – quindi anzitutto la fenomenologia della "membership" e della "leadership" – sono pertinenti alla sfera del **bios**.

IX. Le funzioni della leadership

Aliud alios decere.
Quintiliano, 11,3,177

Onus est honos qui sustinet rem publicam.
Varrone, 5,73

Abbiamo già avuto occasione di considerare, nel corso del cap. II, la possibile categorizzazione degli orientamenti teoretici esistenti in tema di leadership. Abbiamo riscontrato che questi ultimi sono fondamentalmente di tre tipi: l'orientamento personologico, quello interattivo, quello funzionalista. Si è visto anche, nel prosieguo dell'analisi di questo "tassello teoretico" del discorso, che sarebbe forse possibile un ulteriore sforzo semplificatorio, teso a ridurre a due le posizioni di fondo: quella designabile come "personologica" e quella indicabile come "situazionalista".

Orbene, nell'avviarci a considerare con attenzione particolare l'argomento delle funzioni della leadership, le possibili strade che ne conseguono sono due:

- se adottiamo la logica delle due e due sole grandi scuole di pensiero, dobbiamo operare una sorta di radicalizzazione dello schieramento "situazionalista", inglobando in esso sia gli approcci propriamente funzionalisti che buona parte di quelli interattivi;
- se adottiamo invece la logica dei tre grandi orientamenti, dobbiamo riscontrare che il tema delle funzioni, che stiamo per affrontare, coincide con la pienezza centrale degli orientamenti detti, appunto, funzionalisti.

In altre parole, la strada del riconoscimento delle tre scuole di pensiero consente una migliore "purificazione" di ogni scuola, attribuendo a ciascuna il suo e niente altro, senza ibridismi.

Adottare un approccio che valorizzi le funzioni significa in ogni caso centrare il discorso sulla *fisiologia* (come in altre parti del volume si è auspicato) e non sull'*anatomia* dei gruppi, dei macrogruppi e delle istituzioni, sul fatto che essi esprimono dal proprio seno – o trovano talora sul proprio cammino – delle "guide" in grado di saturare determinati loro bisogni di nascita, di sviluppo e di sopravvivenza. Le "guide" stesse, a loro volta, provvedono a far nascere, sviluppare e sopravvivere determinati bisogni dei gruppi, delle organizzazioni e delle istituzioni che si trovano a governare.

Per tale approccio, i leader sono dunque funzionali ai gruppi e alle istituzioni così come, reciprocamente, i gruppi e le istituzioni diventano funzionali ai leader.

Radicalizzando, si può notare che le strutture (l'anatomia) derivano dalle funzioni (la fisiologia), prima e più che valga il contrario. In certo senso, ciò corrisponde a quanto si rileva nelle scienze biologiche, ove la funzione sviluppa l'organo.

La lettura e l'evidenziazione delle valenze e delle dinamiche funzionali è particolarmente possibile in alcune circostanze situazionali, in alcuni momenti evolutivi della vita dei gruppi, in alcuni versanti delle vicissitudini che tutti ci riguardano.

Si possono così costituire, secondo determinati assi spazio-temporali, alcune grandi modellistiche che danno risalto alle valenze e alle dinamiche dette.

Ci limiteremo a presentarne due, di particolare rilevanza, con qualche commento di sutura.

1. Persona centrale e gruppo

L'uso della locuzione "persona centrale" – anziché quello, qui sinonimico e probabilmente più puntuale, di leader – fa riferimento ai risultati di analisi compiute da Fritz Redl, un autore che abbiamo già incontrato in precedenza, sul ruolo giocato da determinate persone nella saturazione di alcuni importanti bisogni o valenze presenti nei gruppi, specialmente durante il processo di formazione dei gruppi stessi.

Le figurazioni di Redl, allievo di Lewin, integrano i concetti della teoria del campo con il contributo psico-analitico e sono ricavate principalmente da esperienze cliniche con gruppi di bambini e adolescenti.

Secondo Redl (1942), si possono identificare dieci "modalità" di formazione della leadership in un gruppo, raggruppabili in tre "categorie" principali. La classificazione viene sintetizzata nella tav. IX.1.

È da sottolineare che ci si riferisce in ogni caso al ruolo della persona centrale in un processo di formazione del gruppo, ruolo che si svolge in modo utile e funzionale per tutti i membri (compresa ovviamente la persona centrale) e per il gruppo inteso nella sua globalità sopra-individuale.

In altre parole, vengono sottolineate qui – e potrebbe anche trattarsi propriamente di un modello (cfr. il precedente cap. VIII) – le funzionalità reciproche: del leader rispetto ai membri e dei membri rispetto al leader.

Più in dettaglio, la delineazione di Redl si sviluppa come segue.

Prima categoria principale:
La persona centrale (leader) come oggetto d'identificazione.
L'autore si riferisce ad un processo psicosociale che può fondarsi su pulsioni di "amore" piuttosto che di "timore".

A. *Identificazione basata sull'amore.*
La pulsione identificatoria fondata sull'amore può svilupparsi a sua volta secondo due modalità:
α. un processo che è riconducibile all' *incorporazione nella coscienza.* La persona centrale svolge allora un ruolo che Redl qualifica come del SOVRANO PATRIARCA (tipo 1).
Come caso tipico viene portato quello del professore abbastanza anziano: i suoi allievi possono amarlo, d'un tipo d'amore che porta all'identificazione. Essi vorrebbero almeno in parte essere come lui, vorrebbero comportarsi in modo che il Sovrano Patriarca li approvi. I ragazzi tendono allora ad aggregarsi come gruppo perché incorporano nella propria coscienza delle valenze superegoiche della persona centrale.
È su tale base che si accendono tra di loro delle emozioni di gruppo;
β. un processo che è riconducibile *all'incorporazione nell'ideale dell'Io.* La persona centrale svolge allora un ruolo che può essere qualificato come del LEADER ATTIVO (tipo 2).
Come caso tipico in tal senso viene esemplificato quello del professore giovanile e dinamico: una persona centrale di questo tipo fa appello tanto ai sentimenti d'amore quanto alle tendenze

Tav. IX.1 - Ruolo della persona centrale nel processo di formazione del gruppo, secondo Redl

La persona centrale come oggetto di identificazione		
a) Basata sull'amore		
– Incorporazione nella coscienza	Tipo 1	Patriarca
– Incorporazione nell'ideale dell'Io	Tipo 2	Attivista
b) Basata sul timore-odio		
– Identificazione con l'aggressore	Tipo 3	Tiranno
La persona centrale come oggetto di pulsioni		
a) Oggetto di pulsioni libidiche	Tipo 4	Divo
b) Oggetto di pulsioni aggressive	Tipo 5	Odiato
La persona centrale come sostegno dell'Io		
a) Sostegno al soddisfacimento delle pulsioni	Tipo 6	Organizzatore
b) Sostegno allo scioglimento di situazioni conflittuali, secondo varie modalità:		
– attraverso un atto "iniziatore", promotore della gratificazione di pulsioni;	Tipo 7	Trascinatore
– attraverso un atto "iniziatore", promotore delle difese contro pulsioni;	Tipo 8	Eroe
– attraverso un appoggio alla praticabilità di conflitti;	Tipo 9	Cattivo esempio
– attraverso appoggi alle motivazioni valoriali	Tipo 10	Buon esempio

narcisistiche degli allievi. Sarebbe pertanto difficile dire che essi mettono valenze superegoiche del professore all'interno della propria coscienza. Essi incorporano piuttosto alcune caratteristiche della personalità del docente, in quello che si indica generalmente come l'Ideale dell'Io. Il che vuol dire anche che essi cominciano ad augurarsi, per questa strada, di diventare come lui.

È sulla base di ciò che appaiono tra di loro delle emozioni di gruppo. Può essere annotato che tale formulazione richiama abbastanza strettamente un processo descritto da Freud in "La psicologia collettiva e l'analisi dell'Io".

B. *Identificazione basata sul timore.*

Anche in questo caso è in gioco un processo psicosociale di tipo identificatorio, ma la fenomenologia di emersione della leadership si basa su un meccanismo di *identificazione con l'aggressore*. La persona centrale viene allora a svolgere – anche se ovviamente con gradazioni di intensità differenziate – un vero e proprio ruolo di TIRANNO (tipo 3).

Per restare nel campo delle esemplificazioni "scolastiche", in parte riduttive e stereotipali ma espressive, possiamo pensare a certi casi di peculiare rapporto tra gli allievi e il professore burbero e "carogna". Senza dubbio può mettersi in moto una autentica identificazione degli allievi con il loro "tiranno": il docente perviene allora a rappresentare per il gruppo la persona centrale, con movimenti emozionali identificatori che si producono per tutt'altro motivo che negli esempi precedenti. Non è l'amore che spinge a identificarsi, ma il timore: i membri del gruppo incorporano entro il proprio super-Io almeno una parte degli atteggiamenti normativi del loro aggressore, che diviene persona centrale attraverso un processo ispirato dal timore prodotto da lui.

Seconda categoria principale:
La persona centrale come oggetto di pulsioni

Ci si riferisce all'eventuale e dinamico mettersi in moto di processi psichici fondati sull'agire di Eros e Thanatos all'interno dei membri del gruppo potenziale.

A. *Oggetto di pulsioni libidiche*

Siamo di fronte alla dinamica del rapporto con un DIVO (tipo 4 di Redl). Il sistema delle emozioni di gruppo è anche in questo caso autentico e il divo (nelle situazioni scolastiche il docente giovane e "fascinoso") viene ad agire il ruolo della persona centrale, senza la quale il processo di formazione del gruppo non si produrrebbe.

In questi casi, peraltro, occorre porre attenzione a non generalizzare, a non concludere che si tratta in ogni caso di persone centrali qualificabili come leader; i membri del gruppo, infatti, sono esposti a tutti i movimenti instabili delle pulsioni di Eros.

B. *Oggetto di pulsioni aggressive.*

Siamo di fronte alla dinamica del rapporto con una persona di riferimento detestata, cioè con l'ODIATO (tipo 5). Sempre per restare nelle tipologie esemplificative di natura scolastica – e sempre, quindi, con tutti i limiti che ciò comporta – si può pensare al caso non infrequente dell'allievo isolato, che tiene tendenzialmente le distanze, spesso con elevato rendimento negli studi, spesso intellettualmente superiore alla norma. Questo tipo di allievo non potrebbe essere indicato propriamente come un leader, poiché non esprime la cultura del gruppo e gli altri non lo amano né s'identificano con lui. Tuttavia, secondo Redl, il suo ruolo può divenire punto focale nei processi di formazione del gruppo, funzionando come un punto di riferimento, come una sorta di fulcro su cui far agire determinate forze distruttive. In altre parole, i compagni di studi scelgono questa persona come oggetto delle loro pulsioni aggressive e in funzione di tale processo fanno nascere e crescere tra loro delle emozioni di gruppo.

Terza categoria principale:
La persona centrale come sostegno dell'IO.

Ci si riferisce a processi relazionali psicosociali fondati sulle potenzialità che in determinate situazioni vengono offerte da determinate persone con cui si è in rapporto. Più precisamente, si tratta di quelle persone che possono rivelare potenzialità di assumere un ruolo di appoggio, più o meno accentuato, per l'apparato egoico dei membri di un gruppo. Si possono avere diverse e articolate possibilità di realizzazione di tale funzione di sostegno.

A. *Sostegno al soddisfacimento delle pulsioni*

Siamo di fronte alla dinamica del rapporto con un ORGANIZZATORE (tipo 6 di Redl). Si pensi a colui che dà inizio o procura o concerta occasioni di studio o di svago o di festa o di impegno per i suoi compagni. Si tratta di un ruolo che non può essere isolato: esso è in generale intersecato con altri ruoli, essi pure assunti di fronte ai membri potenziali del gruppo.

In questi casi né l'amore, né l'odio, né l'identificazione sono in gioco.

Più semplicemente, la persona che diviene centrale offre un importante servizio all'Io dei membri potenziali del gruppo, procurando loro i mezzi per soddisfare pulsioni comuni ardue anche se desiderabili, ovvero addirittura pulsioni comuni ma indesiderabili. La persona libera così, in tutto o in parte, i membri del gruppo dai macro o microsentimenti di inadeguatezza, piuttosto che di colpa, di ansia e di conflitto, che sono facilmente connessi con tali situazioni nella vita dei gruppi sociali. Grazie a questo "servizio" che la persona centrale rende loro, le pulsioni latenti dei membri del gruppo possono manifestarsi e organizzarsi apertamente ed essere quindi produttivamente incanalate.

È chiaro che ciò si lega all'accensione di emozioni di gruppo.

B. *Sostegno allo scioglimento di situazioni conflittuali*

Siamo di fronte, secondo Redl, ad una fenomenologia di "risoluzione", o almeno di ammorbidimento, di certe situazioni.

Tale fenomenologia può realizzarsi secondo diverse modalità:

α. *Attraverso un "atto iniziatore"*

Tale modalità di funzionamento di una persona all'interno di un gruppo indica il fenomeno per cui qualcuno può porsi al servizio della soddisfazione di determinate pulsioni piuttosto che al servizio della difesa contro altre pulsioni.

Nel primo caso, con l'atto iniziatore siamo di fronte al SEDUTTORE, al TRASCINATORE del gruppo (tipo 7 di Redl), che propone e "lancia" la gratificazione di determinate pulsioni.

Nel secondo caso, con l'atto iniziatore siamo di fronte all'EROE (tipo 8) che – spesso ribellandosi a un tiranno – difende e libera i compagni dalle pulsioni indesiderabili dell'identificazione con il Tiranno stesso; li difende e libera cioè da quelle pulsioni che li porterebbero a realizzare la dinamica dell'emersione del Tipo 3 considerata in precedenza.

β. *Attraverso un "appoggio" alla praticabilità dei conflitti*

La persona centrale, in tale caso, rende il servigio di consentire o agevolare il "contagio di una costellazione personale conflittuale da parte di una costellazione non conflittuale". Si tratta in fondo di una concertazione dell'accettabilità di varie tendenze presenti, anche quelle che sono eventualmente "negative", conflittuali, disturbanti e conturbanti.

Siamo di fronte al CATTIVO ESEMPIO (tipo 9), che può funzionare da liberatore di energie represse: infatti, in questo paradigma, la persona centrale può risparmiare ai membri del gruppo una serie di sentimenti di colpa, di angoscia, di conflittualità disturbante, permettendo che almeno alcune loro pulsioni latenti indesiderabili possano manifestarsi apertamente.

γ. *Attraverso un "appoggio" alle motivazioni valoriali*

Tale modalità di funzionamento è centrata sull'armonizzazione delle pulsioni indesiderabili con determinati sistemi di valori. Si tratta cioè di mettere meglio le difese in condizione di agire, connotandole valorialmente, così da renderle meno cariche di valenze in qualche modo disturbanti e ansiogene.

Siamo di fronte al BUON ESEMPIO (tipo 10) che può funzionare da sostegno e implementatore dell'attrazione valoriale: secondo questo paradigma, dunque, la persona centrale (per esempio il ragazzo modello) risparmia agli altri, con la sua influenza, il problema di affrontare le proprie pulsioni ansiogene, nonché i conflitti che ne risulterebbero.

La situazione è del tutto analoga a quella delineata per il precedente tipo 9. La differenza consiste nel fatto che – nel caso del tipo 10 – la soluzione va verso un'enfatizzazione dei valori (sociali, ideali, morali ecc.) mentre – nel caso del tipo 9 – va verso un'enfatizzazione delle pulsioni indesiderabili.

In particolare, nel caso del tipo 10, i membri del gruppo possono sublimare le proprie pulsioni indesiderabili, conformemente a quanto atteso dal Super-io. È per questo che l'ultimo tipo di Redl è stato da lui denominato il Buon Esempio.

Come sempre, anche con questi tipi di detensione o risoluzione comune del conflitto, si accendono e si sviluppano tra i singoli delle emozioni di gruppo.

È interessante annotare come gran parte della tipologia delle "persone centrali" è rintracciabile nei personaggi di tutte le principali "opere per l'infanzia": da Cuore ad Alice, da Pinocchio alle Favole dei Grimm, al Piccolo Principe, ecc. Forse è anche per questo che tali opere parlano a tutti, al di fuori del tempo, dello spazio e dell'età dei lettori.

2. Una metafora fisico-chimica

Se ritorniamo al tema generale delle "funzioni" della leadership – in chiave di un possibile più esatto posizionamento delle analisi portate da Redl sulla "persona centrale" in un gruppo – potremmo proporre una metafora forse un po' ardita ma efficace: la visione di Redl sembra voler transitare da una prospettiva culturale di tipo *fisico* ad una di tipo *chimico*. Si passa infatti da una considerazione prospettica secondo cui vi è una vera e propria FUNZIONE DI LEADERSHIP NEL GRUPPO – con riferimento appunto alla "fisica del campo" – ad una considerazione prospettica secondo cui vi è più semplicemente un CATALIZZATORE che – con riferimento alla chimica – si ritrova a giocare un ruolo che "favorisce ma non fa parte" di determinati complessi relazionali.

In entrambe le prospettive, si ha sempre comunque a che fare con il realizzarsi variopinto di equilibri dinamici dei vari ruoli-fenomeni, in qualunque sistema gruppale, intergruppale, macrogruppale venga preso in considerazione.

Il ruolo del CATALIZZATORE, nel senso detto, può rifarsi ad un'interpretazione semplice della tematica della PERSONA CENTRALE NEL GRUPPO. Il che può comportare poco, in termini di importanza dell'un ruolo o dell'altro, ma sottolinea le ampie possibilità di analisi e di comprensione dei fenomeni della leadership che sono offerte dagli approcci di tipo funzionalista.

Non si tratta infatti di ottimalità esclusivizzante dell'una prospettiva o dell'altra: tutto, anche su tale piano, appare contingente.

3. La triplice leadership

3.1. *I gruppi "provvisori"*

Si può disegnare un secondo grande affresco raffigurativo delle funzioni della leadership. Esso riguarda alcuni fenomeni che sono stati primariamente messi in luce osservando la vita di gruppi peculiari: quelli che muoiono col raggiungimento degli obiettivi per cui sono stati formalmente costituiti.

Per questa parte del discorso, il primo riferimento di base è costituito da alcune ricerche svolte tra gli anni '60 e '70 da Bales e Slater su gruppi di studenti e gruppi di militari. Successivamente, gli studi che hanno battuto questo filone si sono ampliati, sia qualitativamente che quantitativamente, data anche la produttività dei risultati offerti dal filone stesso.

Il massimo comune denominatore dei gruppi di cui stiamo parlando è rappresentato dalla loro "provvisorietà", dalla durata predefinita, almeno programmaticamente, della loro esistenza: si pensi ai gruppi che si possono costituire tra gli studenti (per preparare un esame o per organizzare una qualche manifestazione), i militari (per compiti di "task force" o per ritrovarsi durante le libere uscite), gli sportivi (per conseguire la vittoria in un campionato o che altro). Si pensi, più in generale, a tutte quelle situazioni di aggregazione sociale in cui possono o debbono "germinare" dei piccoli gruppi; può essere paradigmatico in tal senso il riferimento al mondo delle associazioni volontarie o anche, molto fluidamente, al mondo del lavoro (i "comitati", certe "commissioni", ecc.).

Il fondamento costituito dalla *provvisorietà* vale e vige almeno all'interno del patto *iniziale* in forza del quale un determinato insieme di individui decide attivamente (o "viene deciso" passivamente) di aggregarsi, al fine di un miglior conseguimento di qualche scopo particolare da raggiungere. Per rifarsi agli accenni di cui sopra, può trattarsi dello studio di una data disciplina e della preparazione del relativo esame, nel mondo studentesco; ovvero dell'addestramento di particolari capacità utili alla formazione delle ben note e discusse "task force", nei corpi militari, siano essi di terra, di cielo o di mare; ovvero ancora dell'allenamento e alla messa a punto collegiale di prestazioni e di schemi di gioco, nelle squadre sportive. L'esemplificazione potrebbe naturalmente continuare, ma l'importante è che si realizzi in ogni caso il massimo comune denominatore di cui si diceva. Ciò anche se possono variare grandemente, e secondo uno spettro ampio, i contenuti della performance di gruppo che è di caso in caso da conseguire.

Quanto andiamo dicendo vale sia che si tratti di gruppi "spontanei" e autodiretti sia che si tratti di gruppi generati e "comandati" dall'esterno. Il deno-connotato di fondo resta sempre quello della *provvisorietà* di cui si parlava, cioè del fatto che tali gruppi, sostanzialmente, non sono destinati a sopravvivere dopo il raggiungimento dell'obbiettivo per cui si sono o sono stati costituiti. Anzi, talora, sono formalmente inibiti dal sopravvivere.

Tale fondamento istituzionale può essere esplicito o implicito, vale a dire inscritto in qualche regola manifesta (talora perfino giuridico-contrattuale) ovvero dato per sottinteso e tenuto in qualche modo per così dire nascosto.

La declinazione esplicita e manifesta di tale condizione del patto psicosociale che lega i membri tra loro – probabilisticamente parlando – è più facile a verificarsi nei gruppi che abbiamo indicato come "comandati", cioè che sono inizialmente costituiti dall'esterno o spesso, anzi, dall'alto (si pensi a certe situazioni militari o a certe situazioni lavorative). La declinazione implicita, sottintesa e nascosta – sempre probabilisticamente parlando – è più facile a verificarsi nei gruppi indicabili come "spontanei" (si pensi a certe situazioni studentesche o sportive).

La distinzione tra prevalenza dello scenario esplicito-manifesto e prevalenza dello scenario implicito-nascosto, tuttavia, è molto meno netta di quanto possa esteriormente apparire. Inoltre, nell'un caso come nell'altro, bisogna intendersi chiaramente su cosa abbia da considerarsi "sopravvivenza". Non si scambi, anche su questo piano, la realtà formale con quella informale, l'aggregazione legale con l'aggregazione reale: può accadere benissimo che un gruppo di studenti o di militari o di sportivi si disaggreghi dopo il raggiungimento del suo obiettivo prefissato (rispettivamente: un esame superato, un compito eseguito, una meta raggiunta) e successivamente si riaggreghi secondo una composizione modificata, tramite la fuoriuscita di taluni "vecchi" membri e l'acquisizione di taluni altri nuovi.

Può sembrare, esteriormente, che si tratti ancora del medesimo gruppo, cioè che la sopravvivenza dell'identità del "vecchio" gruppo sia assicurata da quello "nuovo" subentrante. Ma così non è: certo, specie nella migliore delle ipotesi, si può garantire la continuità di istituzioni sovra-gruppali attraverso la rinascita di un gruppo dalle ceneri di uno precedente, un po' come l'Araba Fenice o come il Coltello di Zia Luisa*. Sullo scenario della realtà, tuttavia, il gruppo subentrato è un neo-nato, è un altro, è diverso, è nuovo.

Si tratta di una questione di vita o di morte, in questo caso della vita e della morte di un gruppo e non di un individuo. Questa è la sostanza profonda del problema, anche se possiamo fare fatica, avere delle resistenze ad accettarla. Sembra trattarsi di un uso eccessivo e iperbolico di parole così "grosse", come la vita e la morte. Eppure, proprio di questo si tratta, in quanto le fenomeniche e le problematiche psicosociali della vita e della morte dei gruppi sono del tutto analoghe (non certo eguali) a quelle della vita e della morte degli individui.

3.2. *La conflittualità permanente*

Nella situazione di "provvisorietà" delineata, è stato sperimentalmente e interpretativamente assodato che emergono e vengono agite nel gruppo – anche molto rapidamente – due valenze differenziate,

* Ci si riferisce a un "apologo" di matrice napoletana: zia Luisa una volta cambia la lama e una volta cambia il manico, sempre dello "stesso" coltello. Ma evidentemente, il coltello non è più lo stesso: risorge semplicemente dai propri "resti".

due funzioni distinte, dissonanti, discordi fino a divenire spesso opposte. Corrispondentemente, nel gruppo si vanno delineando due *funzioni* di leadership, rappresentate ed esponenziate normalmente da due persone diverse, che entrano ben presto e un po' fatalmente in rotta di collisione tra loro.

In altre parole, prende vigore una duplice leadership, che implica, provoca e supporta una conflittualità permanente; mentre, viceversa, una strisciante o emergente conflittualità permanente esprime una duplice leadership che ne rappresenta i poli contrapposti. Più precisamente da un lato, si va strutturando una leadership che tende alla prosecuzione della vita del gruppo e ciò, straordinariamente, anche a costo del mancato raggiungimento degli obiettivi per cui il gruppo si è costituito. Da un altro lato, si delinea una leadership contrapposta, che tende invece all'accelerazione e all'accentuazione di tutto quanto serve alla realizzazione degli obiettivi stessi, e ciò anche a costo della fine della vita del gruppo. Convenzionalmente, la prima funzione può essere designata o indicata come leadership burocratico-gerarchica (o più semplicemente gerarchica) e la seconda come leadership tecnico-funzionale (o più semplicemente funzionale).

L'uso di tali locuzioni, molto espressive, può essere spiegato come segue:

- la *leadership burocratico-gerarchica* tende a manifestarsi e ad esprimersi in nome di qualche "Principio d'Autorità" burocraticamente istituito, di qualche elemento di gerarchia, di reale o supposta o immaginaria superiorità di ruolo (di grado, di età, di anzianità o "decanato", di esperienza acquisita, ecc.);
- la *leadership tecnico-funzionale* tende ad esprimersi ed imporsi in nome di qualche "Principio di Competenza" riconosciuta, di qualche elemento di sapere tecnologico, di reale o supposta o fantasticata superiorità di capacità (di intelligenza, di cultura, di freschezza negli studi, di abilità potenziale o attuale, ecc.).

La valenza burocratico-gerarchica e quella tecnico-funzionale sono fatalmente in opposizione tra loro, nel senso dialettico e secondo modalità flessibili nel tempo e nello spazio. L'una rappresenta anche l'istanza conservatrice, l'altra testimonia quella innovativa. Tale aggettivazione non va intesa in termini moralistici, valutativi e men che meno manichei: si ponga attenzione al fatto che *entrambe* le valenze sono presenti in *tutti* i membri del gruppo, così che l'emersione della duplice leadership non va intesa staticamente ma, appunto, dialogicamente. La conflittualità del gruppo corrisponde ad una conflittualità agente nei membri.

La connotazione epitetica di tendenza conservatrice e tendenza innovativa si riferisce dunque, più semplicemente o più drammaticamente, a due modalità diverse di risolvere il conflitto tra vita e morte del gruppo, poco sopra accennato.

La valenza burocratico-gerarchica tende a risolvere alla lettera il problema della sopravvivenza del gruppo, mantenendolo in vita e cristallizzandolo anche perpetuamente e vegetativamente, con buona pace del raggiungimento dell'obiettivo, che viene emarginato e confinato sullo sfondo come pretesto originario. La valenza tecnico-funzionale tende a risolvere il problema della sopravvivenza del gruppo attraverso una continua e vulcanica rigenerazione di task force subentranti dalle ceneri delle precedenti, mano a mano che si conseguono i loro obiettivi, con buona pace (è il caso di dirlo) della reale e autentica sopravvivenza del gruppo.

L'articolarsi dinamico della conflittualità permanente di cui stiamo trattando va alla ricerca dei possibili equilibri stabilizzanti o destabilizzanti della conflittualità stessa ovvero del possibile prevalere di una delle due forze in campo. La soluzione di volta in volta adottata dipende dalle varie condizioni psicosociali che sono in azione, spazio-temporalmente, nei diversi casi in cui la fenomenica della conflittualità si realizza.

Può così accadere che la leadership burocratico-gerarchica – se e quando il sistema e la situazione glielo consentono – si imponga e finisca per reprimere fino ad annullare le istanze rappresentate dalla leadership tecnico-funzionale. Può tuttavia accadere il caso opposto, cioè che sia l'istanza tecnico-funzionale – sempre se e quando il sistema e la situazione glielo consentono – ad imporsi fino a pervenire ad un annullamento delle istanze burocratico-gerarchiche presenti nel gruppo e in tutti i suoi membri. L'oscillazione tra queste due possibili polarità costituisce un buon riferimento di base a quella sorta di braccio di ferro che è così spesso possibile riscontrare nella vita dei gruppi. E non solo di quelli provvisori.

La situazione è traducibile nel modello schematico rappresentato nella fig. IX.1. Esso intende sintetizzare e rappresentare l'esistenza di una possibile oscillazione (diagonale Nord Ovest/Sud Est) tra i due vertici espressi dall'incrocio delle due polarità: i due vertici – totalitari e totalizzanti – della netta prevalenza di una valenza sull'altra. Tale oscillazione possibile è implicita nel discorso fin qui fatto.

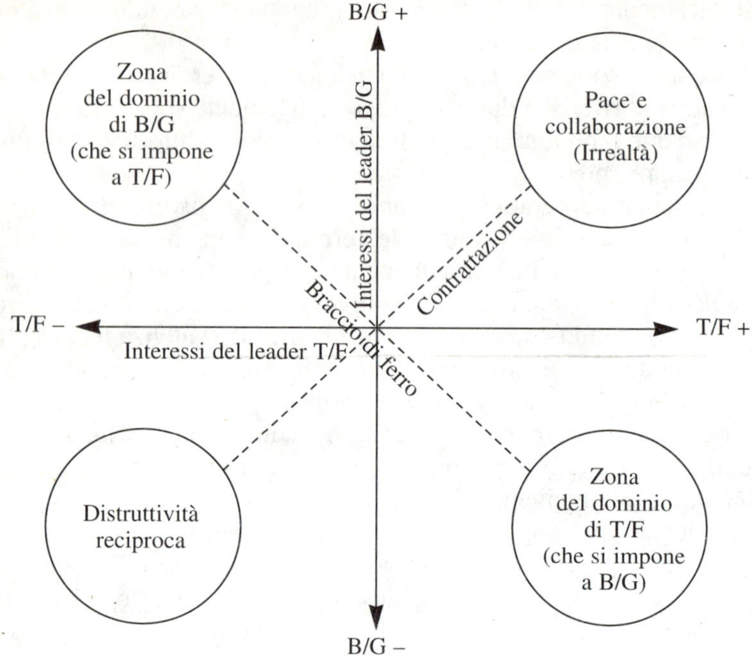

Fig. IX.1 - Articolazione delle possibili soluzioni di fronte alla conflittualità permanente tra B/G e T/F

Il modello rappresenta tuttavia (diagonale Sud Ovest/Nord Est) anche l'esistenza di un'altra possibile modalità di rapporto tra le istanze burocratico-gerarchiche (asse verticale) e quelle tecnico-funzionali (asse orizzontale): la modalità della contrattazione e negoziazione tra i due poli, che oscilla tra il "vertice dell'irrealtà" – costituito dalla possibile "idillica" confluenza di entrambe le valenze in un loro utopico rinforzo reciproco – e il "vertice della distruttività" reciproca, costituito dalla logica del "muoia Sansone con tutti i Filistei", eventualmente messa in atto da entrambe le parti.

Da un lato dunque, la Cultura dell'Utopia, dall'altro quella della Distruttività. Nel mezzo l'area che da tempo ho pensato di denominare Cultura della Paralisi: ciascuna valenza è sufficientemente forte per "bloccare" l'altra, ma non abbastanza per imporre all'altra le proprie valorialità. La istanza burocratica "paralizza" allora quella tecnica, ma contemporaneamente accade il contrario.

Chiaramente, l'asse della contrattazione appare per certi aspetti – non psicologici – più apprezzabile dell'altro a lui ortogonale, cioè di quello del braccio di ferro tra le due forze in campo. Ciò nella speranza che la situazione non finisca per attestarsi staticamente nella zona centrale di intersezione dei due assi, che rappresenta la grande palude della cultura della paralisi. Va annotato comunque che la situazione dinamica del conflitto tra le due funzioni non è mai molto riducibile a semplicismi.

3.3. *L'emergenza della funzione mediatoria*

Non vi è dunque scampo alla facile e sostanziale drammaticità della situazione così ben rappresentata nel modello? La duplice leadership, che viene espressa e a sua volta esprime una conflittualità permanente – volta a volta dichiarata e palese, piuttosto che strisciante e sotterranea – esita fatalmente in situazioni di blocco? Esiste solo la via d'uscita rappresentata dal prevalere greve e totalizzante della cultura gerarchica, ovvero dal prevalere altrettanto totalizzante e greve di quella tecnica? Come si può sfuggire alla distruttività reciproca, che costituisce la terza possibilità di soluzione (si fa per dire) del conflitto? È possibile avviarsi almeno in parte nella direzione costruttiva rappresentata, alla fine, dalla pur irragiungibile utopia?

La risposta a questi interrogativi può essere francamente non negativa solo nella misura e secondo le modalità con cui viene dato spazio all'emergenza di una terza valenza, di una terza istanza presente nel gruppo e nei suoi membri, cioè anche di una terza *leadership*, quella che è stata qualificata come *socio-emotiva*. L'appellazione deriva dal fatto che tale forma di leadership tende a manifestarsi e ad agire in nome di qualche "Principio di Affettività", di qualche elemento di rapporto emozionale reale o simbolizzato o evocato con e tra tutti i membri del gruppo. Tale valenza, tale leadership *non* interviene in nome di alcuna superiorità personale – di grado burocratico o di capacità tecnica) – ma in nome della superiorità dell'agire delle emozioni e degli affetti. Anche questa istanza, come le altre due prima considerate, è sempre presente in tutti i gruppi e in tutti i membri di ciascun gruppo: si tratta solo di riscontrare se vi è un adeguato sistema situazionale di spazio-tempo per la sua emersione e la sua affermazione.

La leadership socio-emotiva ha il compito – per lo più preterintenzionale – della "mediazione" all'interno della conflittualità permanente descritta in precedenza. Il compito di contrastare, ammorbidire, far superare la radicale contrapposizione di tendenze tra la leadership burocratico-gerarchica e quella tecnico-funzionale. Il compito di stabilire un equilibrio tripolare che – pur rischiando ad ogni piè sospinto di essere destabilizzato – rappresenta la miglior situazione di vivezza, vivacità e maturità psicosociale del gruppo.

Essa poggia sul primato conferito dal gruppo – e, ad altri livelli, dalle istituzioni – ad una modalità peculiare di realizzare l'appartenenza: quella basata sull'accensione e la dinamica degli affetti. Consequenzialmente, questa strada può essere anche indicata – specie a livello delle istituzioni (nel secondo senso attribuito a suo tempo a tale termine) – come quella della "democrazia affettiva". Ciò non significa che si tratti di una forza non agente nel piccolo gruppo o negli intergruppi ecc., anzi! Significa solo una adattabilità della locuzione anche alle situazioni istituzionali.

Il terzo leader emergente, il gestore-testimone-alfiere della leadership socio-emotiva è stato volta a volta indicato con taluni termini: mediatore, integratore, lubrificatore, conciliatore, negoziatore, politico. Egli cerca, infatti, di stabilire e mantenere dei ponti di comunicazione tra il leader gerarchico – che ha la *responsabilità* più elevata in grado, nell'ambito e di fronte al sistema in cui il gruppo si trova ad agire – e il leader tecnico, che si è assunto la responsabilità della maggiore competenza nel realizzare il determinato *task* o *progetto*. Il leader socio-emotivo di cui stiamo trattando può essere di età, competenza, livello gerarchico inferiore rispetto agli altri due, anzi normalmente lo è. Il suo ruolo viene tuttavia evocato e accettato perché fa risparmiare risorse (intellettuali, di personalità, di conoscenze, temporali, sociali, economiche, ecc.) e perché consegue in tal modo un importante obiettivo: quello di far sopravvivere il gruppo di lavoro (come è voluto dalla valenza burocratica) realizzando il progetto nel minor tempo possibile (come è voluto dalle valenze tecniche)[1].

1. Con queste tre polarità di leadership, come comporre le "task forces" eventualmente necessarie in una organizzazione?

Bisognerebbe fare una "nubecola" equilibrata quanto più ottimalmente sia possibile tra le tre dimensioni emergenti. È in tal modo, tra l'altro, che si può realizzare un *intervento* (psico-sociale) *nelle organizzazioni*. Questa fase consente di eliminare la unicità di comando e quindi di rompere la struttura organizzativa basata sulla gerarchia, per passare alla struttura basata sui gruppi. Per arrivare al gruppo occorre

3.4. *Alcuni chiarimenti*

Lo scenario interazionale e interfunzionale della dinamica della triplice leadership può essere modellisticamente rappresentato dallo schema della fig. IX.2, sufficientemente espressivo in proposito.

Alla fine dell'analisi generale del discorso sulla leadership, si rendono comunque necessari alcuni chiarimenti di non secondaria importanza.

1) Ogni membro del gruppo – sia all'interno dei propri dinamismi psichici che dei rapporti psicosociali con altri membri – è portatore di tutte e tre le valenze-istanze di cui si è parlato. Ognuno le agisce in misura maggiore o minore e nel modo a lui soggettivamente più confacente, secondo le circostanze, i passaggi evolutivi della vita del gruppo, le propensioni e le ansie personali, le interferenze metaboliche (sia individuali che gruppali) col mondo esterno ed altri fattori complessi. Il fatto che qualcuno possa divenire – di volta in volta e sempre in modo flessibile, aperto ad ogni eventuale avvicendamento – il depositario e l'alfiere della valenza burocratica, ovvero di quella tecnica, ovvero di quella affettiva, dipende dalle vicissitudini del "gioco dei ruoli" tra *tutti* i membri del gruppo.

Questo chiarimento – così come altri avanzati in precedenza nel corso del volume – può contribuire a far giustizia di ogni tentazione di considerare l'articolazione delle varie "funzioni" in modo statico, fisso, strutturale e strutturato, stabilizzato una volta per tutte. NON

2) Si potrebbe essere portati a pensare che sia possibile la concentrazione di due o, meglio ancora, di tutte e tre le valenze in una sola persona, cioè in un solo leader. Si tratta di un'altra tentazione del pensiero corrente, corrispondente ad un antico, radicato e spesso suggestivo aspetto dell'immaginario collettivo: quello che ipotizza o razionalizza o sogna il leader unico e onnipotente tuttofare, il "piccolo padre" uno e trino, di tutti e per tutte le stagioni. Il Tiranno Onnisciente ed Onniveggente che pensa, decide ed opera per tutto e per tutti, riverito, stimato e amato da tutti. Viene proprio in mente la figura del Grande Fratello di Orwell, per non parlare dell'Insonne di mussoliniana memoria.

cioè necessariamente passare prima alla struttura a tre leader, che è quella che consente di iniziare a lavorare come gruppo.

Le tesi qui così sintetizzate hanno il difetto di essere troppo normative.

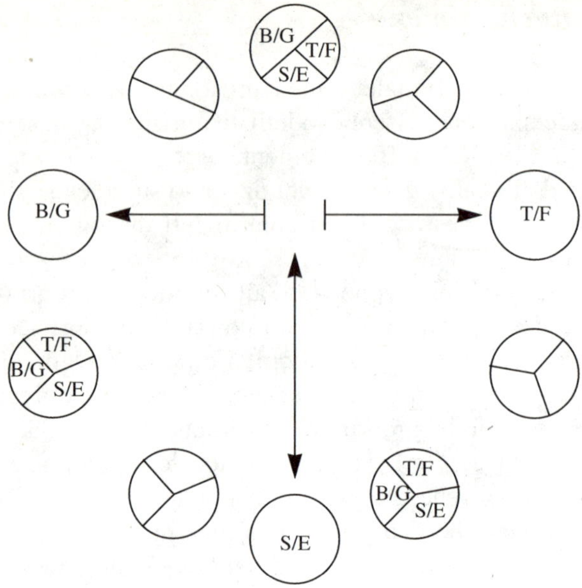

Fig. IX.2 - Rappresentazione iconografica della triplice leadership, in un gruppo

In realtà, un leader che sia contemporaneamente e onnipotentemente burocratico-gerarchico, tecnico-competentistico e socio-emotivo è solo del tutto ipotetico. Risulta infatti quanto meno problematico che una stessa persona possa saturare con la propria presenza e il proprio agire tutte le istanze di cui andiamo parlando. Anche concretamente, appare inattuabile una antica radicata e magica concezione, quella di un leader che sia in grado di programmare, organizzare, guidare, governare, controllare tutto. La legge e l'ordine, la tecnica e le competenze, gli amori e gli odii.

3. Con riferimento a quanto or ora detto, in termini di psicologia del profondo si potrebbero rintracciare:
- nella leadership burocratico-gerarchica, l'attinenza ad una certa rappresentazione sociale del noto binomio "legge ed ordine", cioè anche una valenza superegoica;
- nella leadership tecnico-funzionale, una attinenza di tipo anche solo genericamente egoico, lasciando per ora impregiudicato se con ciò si fa riferimento all'Io idealizzato piuttosto che all'Ideale dell'Io;

– nella leadership socio-emotiva, una attinenza che rimanda al mondo delle pulsioni, all'Eros, pur indirizzando questo tesoro emozionale lungo canali socializzati, evoluti, apprezzabili dal contesto.

Non casualmente, in chiave più descrittiva, accade molto frequentemente che il leader burocratico-gerarchico corrisponda al membro del gruppo che è più *temuto* e giudicante, quello tecnico-funzionale al membro più *stimato* e, infine, quello socio-emotivo al membro più *amato* (o comunque caricato di valenze affettive).

4. Ultimo, ma non per importanza, va posto un chiarimento riguardante la trasferibilità del modello, cioè la limitatezza o meno dell'ambito in cui si sviluppa la triplice leadership. In proposito, i rilievi e i dati che la ricerca e la riflessione sulle funzioni della leadership hanno posto a nostra disposizione, *non* valgono certamente solo per i gruppi che abbiamo all'inizio definito come provvisori.

I gruppi provvisori, semplicemente, esaltano la fenomenologia descritta, aumentano la velocità del processo, si prestano meglio di altri ad uno studio più attento e compiuto dell'articolarsi delle tre funzioni: dalla emersione della conflittualità permanente alla caratterizzazione delle diverse valenze, al gioco dei ruoli reciproci e complementari, alle possibilità di stabilizzazione e destabilizzazione del sistema. Altrove i fenomeni sono del tutto analoghi, ma si pongono a disposizione di tutti – protagonisti ed osservatori – molti alibi stereotipali atti a spiegare e giustificare gli accadimenti. L'esemplificazione di tutto questo è ricchissima ed è sotto gli occhi di tutti, quotidianamente. Si pensi alle famiglie, alle organizzazioni semplici o complesse, alle realtà associative, ai club politici, ai circoli ricreativi e sportivi, alle imprese, alle facoltà universitarie, alle chiese, ecc.

In sostanza, conclusivamente, la trasferibilità sulle situazioni "normali" della dinamica funzionale tra le tre valenze, rilevata e analizzata nei gruppi "provvisori", è pressoché assoluta.

X. Leadership e Potere

> Intendesi come e Viniziani, in tutti questi luoghi de' quali si rinsignoriscono, fanno dipignere un San Marco, che in scambio di libro ha una spada in mano, d'onde pare che si siano avveduti ad loro spese che ad tenere li stati non bastano gli studi e e libri.
>
> *Niccolò Machiavelli*, Opere, Legazioni, Lettera da Venezia, 7 dicembre 1509

> Noi non siamo nati per supplicare, ma per comandare.
>
> *Shakespeare*, Riccardo II, Atto I

1. Introduzione

Qualche anno fa, con W. Binda, avevo avuto occasione di osservare che il tema della Leadership era distinto e diverso, anche se viciniore e connesso, rispetto a quello del Potere e dell'Autorità, "specie a livello scientifico". I due temi, veniva annotato, si muovono lungo linee che costituiscono discorsi paralleli ma (forse proprio per questo) separati, considerabili come reciprocamente escludentisi, almeno sul piano di una certa intenzionalità di analisi, purgata da ogni ibridismo e ambiguità.

L'osservazione che si tratta di due discorsi diversi vale certamente ancora. Ma concludere per una loro netta separazione mi suona oggi quanto meno forzato, per non dire falso.

In realtà, infatti, esiste tutta una serie di dinamiche e di fenomeni che possono essere letti secondo entrambe le prospettive, quella del discorso sulla leadership e quella del discorso sul potere. Interrogandoci sulla leadership, infatti, andiamo spesso inesorabilmente a toccare e ad interferire col problema del potere, con tutte le implicazioni e complicazioni del caso, visto anche che si tratta di un termine-concetto usato ed abusato da tante discipline ed in tanti ambiti.

Così come può valere anche il reciproco, sia pur in forme non improntate da una reciprocanza meccanica: interrogandoci infatti sul tema del potere, andiamo spesso ad incagliarci nelle secche e sugli scogli del discorso concernente la leadership: l'uno e l'altro si snodano in un rapporto di tipo circolare, così che la dinamica della leadership appare come la matrice e alternativamente la conseguenza della dinamica del potere.

Va subito ribadito – nell'approcciarsi al tema del potere e delle sue connessioni con la leadership – che stiamo ancora una volta adottando un'ottica di tipo non formale, un approccio non giuridico, una prospettiva non burocratica. Stiamo arando un terreno che si presta ad essere scavato *ab imis*. Certo, quel terreno e quel territorio restano paludosi ed infidi. Ma almeno alcune nebbie sono state a questo punto diradate e una certa bonifica è stata resa possibile.

A questo punto, prima di proseguire sull'analisi delle connessioni, si rende necessario chiarire meglio le cose, anche per evitare equivoci sull'uso che faremo di termini (da Autocrazia a Democrazia) mutuati da altre branche del sapere.

A tal fine, è preliminare richiamare e approfondire i significati attribuibili al termine "istituzione", che possono essere fondamentalmente di due tipi. Vi sono infatti – e ad esse ci si può riferire – istituzioni di tipo formale, esplicito, manifesto, codificato anche all'esterno in leggi e regolamenti più o meno articolati ma in ogni caso dichiarati e definiti, non sottintesi. Così come vi sono istituzioni di tipo non formale, implicito, per così dire sottintese e nascoste, agenti all'interno, ai livelli più reconditi e approfonditi delle attività intrapsichiche nonché delle relazioni interpersonali e sociali dell'uomo.

L'essere membri formali di un gruppo sociale, cioè anche *socii* di una qualsivoglia *societas* comporta – prima e più che l'osservanza delle regole che oggettivamente disciplinano le varie forme di associazione – la messa in gioco della dinamica soggettiva del sentimento di appartenenza. Si tratta dell'animarsi della *membership*, cioè delle molte e flessibili peripezie attraverso cui si declinano le propensioni e le resistenze a partecipare alla forma associativa che è di volta in volta in questione. Per esempio, il fatto di essere e sentirsi italiani – per gli individui come per i gruppi – partecipa e/o pertiene, contemporaneamente, sia al livello formale che al livello informale dell'agire della "italianità" in quanto istituzione.

Quanto fin qui detto si collega bene con l'osservazione che l'approccio di tipo costituzionalistico-giuridico – o, se così si può dire, pertinente a un certo sociologismo oggettivistico – trova il suo limite al proprio stesso interno, nell'identificazione tra istituzione da un lato e società dall'altro. Tale identificazione, se presa alla lettera e in modo radicale, non porta tra l'altro che a una "storia del palazzo", banalizzata o sofisticata che sia, caratteristicamente dimentica delle scienze dell'uomo, sia in generale sia con particolare riferimento all'antropologia e alla psicologia sociale. Da un altro lato, significativamente, ci si trova in linea di corrispondenza o di correlazione logica con le puntualizzazioni di tipo gramsciano circa la diversità fra società politica e società civile, fra paese legale e paese reale; senza che ciò necessariamente comporti processi d'identità o di sovrapposizione fra le due distinzioni. Infatti, la dicotomia "istituzione formale/istituzione informale" può riguardare sia la società politica che la società civile, sia pure in misura diversa. In altre parole, tanto la società politica quanto la società civile si regolano e funzionano (o si sregolano e disfunzionano) sia a livello dei processi espliciti e formalizzati di interrelazione tra gli umani, sia a livello dei processi impliciti, comunicazionali e non formalizzati, ma non per questo meno reali, anzi!, che intercorrono fra gli umani medesimi.

La fenomenologia può essere rappresentata dalla tab. X.1.

Emerge infatti con chiarezza che, contrariamente a quanto si tende per lo più a ritenere, non esiste solo il problema della saldatura o meno tra società politica (paese legale) e società civile (paese reale). Esistono in realtà due (per non dire quattro) problemi di congruenza: quello ora detto ma anche quello corrispondentemente ponibile tra livello formale e livello informale di *entrambi* i versanti citati. Ciò anche senza voler considerare il problema della congruenza generale del sistema. Ne risulta che le varie situazioni sono in buona misura riconducibili alle modalità di gestione del Potere e quindi, in un continuo rapporto causale reciproco, alle fonti di legittimazione del Potere stesso o meglio – con linguaggio più adatto a comprendere in sé anche il livello istituzionale informale – alle modalità con cui il Potere si è generato e formato.

Per quanto riguarda il nostro tema, dunque, si potrebbe certo dire che non vi è Istituzione senza Potere, ma aggiungere subito che ciò vale sia a livello formale sia, e forse ancor più, a livello informale. Tenendo sempre presente il fatto che, nelle prospettive che qui vengono considerate, le dimensioni o rappresentazioni "mentali" vengono *prima* delle dimensioni sociali o comunque costituzionalistico-giuridiche del problema.

Tab. X.1 - Rapporti fra società e istituzioni come processi di interrelazione

	Società politica	**Società civile**
Istituzioni formali (scena manifesta)	*Contenuti* dei Valori e delle Norme codificati dal Potere **Patto giuridico**	*Contenuti* dei Valori e delle Norme razionalmente condivisi, sottoscritti ed agiti dagli individui e dai gruppi **Patto sociale**
Istituzioni informali (scena nascosta)	Tipi di *processo* di comunicazione consentiti e compartecipati tra cittadini (o sudditi) e Potere **Patto comunicazionale**	Tipi di *processo* di comunicazione consentiti e compartecipati tra individuo e individuo, tra individuo e gruppi di appartenenza, tra gruppo e gruppo, ecc. **Patto psicologico**

Abbiamo così effettuato il chiarimento sulla dicotomia tra istituzioni formali e informali, sul suo possibile "incrocio" con la dicotomia tra società politica e società civile, sui quattro tipi di "patto" che così ne emergono e che possono essere presi in considerazione.

Possiamo così meglio pervenire all'esame delle connessioni tra leadership e potere, lasciando innanzitutto da parte – per evitare invasioni di campo, cioè per rispetto dei vari ambiti di competenza – i contributi di pensiero e di ricerca recati dalle discipline prevalentemente oggettivistiche (la sociologia, il diritto, la politologia tradizionale, in primis).

Esaminiamo piuttosto alcuni interessanti contributi che, pur in connessione inevitabile con qualcuna delle discipline citate, possono essere recati dall'indagine psicologica.

2. Le fonti di legittimazione

Un aspetto tra i più complessi del nostro tema si riferisce alla possibilità di dare una risposta ad un interrogativo suggestivo, di caratterizzazione contemporaneamente strutturale e funzionale: a livello di forma, ma soprattutto di sostanza, quali sono le "sorgenti" prime del potere, che si interconnettono con le varie possibili situazioni di *leadership*? Quali sono i fondamenti istituzionali – nel senso detto in precedenza – che legittimano il ruolo dei detentori del *potere*? Quali sono le radici profonde che spiegano, producono, ratificano ed omologano l'emersione di determinate "figure in *autorità*"? Quali sono, categorialmente, le possibili risposte all'ipotetica e ideale domanda: da chi e/o da dove e/o da cosa ti deriva istituzionalmente – come leader – il *potere* che eserciti su di noi?

Si annoti che si sono usati i tre termini basilari – potere, autorità, leadership – in modo un po' sovrapposto, con rischi di confusione e sinonimia. La cosa è un po' intenzionale, al fine di stare per ora vicini ad un certo pensiero corrente (anche nella letteratura scientifica, che spesso usa i tre termini piuttosto sinonimicamente). Il successivo prosieguo del discorso – peraltro collegato con molte analisi delle pagine precedenti – farà emergere sempre più, gradualmente, le differenze che corrono tra i significati dei tre termini.

Una prima analisi delle fonti di legittimazione del potere – a prescindere da quanto sarà affrontato nel paragrafo successivo, dedicato ai rapporti tra Potere, Autorità e Libertà – si rende ben possibile se pratichiamo una strada ispirata al sapere globale delle scienze umane. Per tale strada, il termine-concetto di potere può andare almeno in parte a imbastardirsi con il concetto-termine di leadership, almeno nella misura in cui trattiamo comunque dell'interdipendenza e dell'influenzamento reciproco tra gli esseri umani. Quell'interdipendenza e quell'influenzamento che si accendono all'interno dei gruppi, dei macro-gruppi, delle comunità: all'interno cioè di tutti quei circuiti, grandi o piccoli, che saturano un bisogno di timoniere, che fanno nascere una funzione di "guida" affidata a determinati ruoli-persone, atti ad esprimere o imprimere (cioè anche additare in concreto) un cammino collettivo, affrontato sia consensualmente che, in maggiore o minore misura, conflittualmente.

Fin qui le premesse. Entrando più direttamente nell'argomento, andiamo ad utilizzare una messe di contributi che la letteratura scientifica pone a nostra disposizione e che provengono da orizzonti multi- o post-disciplinari: quegli orizzonti che sono costituiti (come già si diceva trattando dei gruppi) dalla storia, dalla politologia, dall'antropologia culturale, dalle scienze economiche, dalla sociologia e – perché no? – dalla biologia.

I quadri di riferimento fondamentali in cui possiamo inscrivere e inquadrare le varie dinamiche delle fonti psico-sociali di legittimazione del potere e della leadership sono quattro:

a. l'Autocrazia, fondata sul Principio di Sovranità. La legittimazione è riconducibile alla grazia di Dio;
b. il Padronato, fondato sui vissuti, attivi e passivi, del Principio di Proprietà;
c. la Tecnocrazia, fondata sul Principio di Competenza, sul sapere, le capacità acquisite, le professionalità;
d. la Democrazia, fondata sul Principio di Consenso. La legittimazione è riconducibile alla volontà della Nazione.

Soffermiamoci un poco su ciascuno di essi, premettendo subito che ancora una volta non si tratta di paradigmi statici, stagni e meccanici.

2.1 *L'Autocrazia*

Siamo di fronte al Potere di guida conferito psicologicamente dal Principio di Sovranità: "per grazia di Dio".

Può sembrare si tratti solo di una situazione di antica memoria, superata dai tempi, obsoleta. In realtà, se ci guardiamo bene in giro – nei tempi e negli spazi che anche l'epoca contemporanea pone sotto la nostra attenzione – si tratta di una condizione socio-psicologica poliedricamente ben riscontrabile tuttora. Magari sotto mentite spoglie. Per certi aspetti, anzi, il XX secolo si è rivelato ricco di personaggi buoni interpreti di mega- macro- o micro-situazioni riconducibili al gioco di qualche Autocrazia: Hitler, Mussolini, Stalin, Mao, Pinochet, Bokassa, ecc., con tutti i loro epigoni, grandi o piccoli; ma anche una miriade di altre figure minori.

Può anche sembrare si tratti di una situazione riscontrabile solo "in alto", ai vertici, alla sommità, a livello dei massimi culmini – faraonici, è il caso di dirlo – di un qualche sistema piramidale sociale. In realtà, anche sotto questo rispetto, se esaminiamo bene le cose, esiste sempre una elevata e spesso saturante congruenza con il "basso" di quello stesso sistema. Anche in questo caso c'è una sorta di armonia del tutto: se non altro quella esprimibile con una osservazione già avanzata, quella secondo cui ciascun sottoposto o subordinato ha l'autocrate o sovrano che si merita e, viceversa, ogni autocrate tende ad avere quel coro di "alalà degli scherani", di montaliana memoria, che gli pertiene.

Va aggiunto che, coerentemente, la "grazia di Dio" scende per così dire per li rami: il sovrano autocrate ha i suoi seguaci diretti, costoro sono i despoti dei loro sottoposti, questi ultimi hanno a loro volta dei supini subordinati e così via dicendo, in una catena di tributarietà che può risultare complessa ma risponde in definitiva ad una sola logica: quella di un rapporto discendente, ad una sola via, tra sovrapposto e subordinato. Alla domanda "da quale fonte" deriva, direttamente o indirettamente, il potere del leader (anche del piccolo leader), la risposta sarà sempre sostanzialmente una: dall'alto, dal Faraone, da Cesare, dall'Imperatore del Celeste Impero, dal Re Sole, dal Führer. Dal Centro, dalla Direzione Generale, dalla Signoria, dal Capo. Da Berlino.

A scanso di equivoci, va esorcizzato il pericolo di un inquadramento manicheo della situazione autocratica: il despotato non è necessariamente e inintelligentemente tirannico e sergentesco. Può essere benissimo "illuminato", anzi spesso lo è. L'essenziale, per dirla con Montesquieu, è che sia "senza leggi né freni". La Storia con la S maiuscola è piena di Signorie illuminate, di tiranni gloriosi, di autocrati sagaci, perfino di usurpatori avveduti e splendenti per specchiate capacità e per risultati conseguiti a vantaggio di sé e degli altri: da Dionigi siracusano ad Alessandro il Grande, da Quin Shihuangdi ad Augusto imperatore, da Timur Lenk a Lorenzo il Magnifico e a Ludovico il Moro, al Re Sole ed a Maria Teresa d'Austria. La Storia con la S minuscola vede pure, ognora e ovunque, dei Cincinnati altrettanto illuminati anche se di minori dimensioni di importanza e spessore spazio-temporale, dittatori carismatici e trascinatori, guide risolutrici. È arduo e suona scorretto dar loro nomi paradigmaticamente esemplificativi, in quanto si tratta di tutti quei condottieri, conduttori, timonieri e "dirigenti" che è possibile ritrovare nelle organizzazioni, nelle comunità, nei grandi e nei piccoli gruppi, nelle famiglie, nelle squadre politiche o sportive, ecc. Se, dove e quando la cultura di quelle organizzazioni, comunità, famiglie, squadre glielo consente.

Non vorrei che quanto ora detto, rovesciando le parti, assumesse il tono e il timbro di un panegirico dell'Autocrazia. Anzi. L'intenzione era ed è solo quella di mettere in guardia da troppo facili e stereotipali stigmatizzazioni dell'Autocrazia stessa – fino alla sua eventuale criminalizzazione automatica – come è d'uso abbastanza corrente. D'altro canto, bisognerebbe non cadere nell'errore opposto e guardarsi dai troppo facili e altrettanto stereotipali incensamenti magnificanti – fino all'eventuale canonizzazione e deificazione – del despota tiranno.

Vi sarebbe un'ultima annotazione da fare, a proposito dell'Autocrazia: è sempre molto interessante analizzare la situazione autocratica in termini di articolazione tra leadership manifesta e appariscente, da un lato, e parallela leadership di supporto, esercitata da qualcuno che è più nell'ombra, dall'altro. Le possibilità in proposito sono riconducibili a due grandi categorie:

a. la prima vede un Autocrate reale e manifesto che dispone di una fondamentale e decisiva "eminenza grigia", emergente tramite selezione reciproca (potremmo indicare questo, classicamente, come il "caso Richelieu"): la situazione scenica, peraltro, potrebbe essere letta come l'articolazione tra un Autocrate reale (Richelieu) e la sua controfigura manifesta che gli fa da schermo (Luigi XIII);

b. la seconda vede l'Autocrate manifesto e appariscente, agente in prima persona, che dispone e seleziona interpreti fondamentali ma di basso profilo (il "caso Tigellino", scudiero di Nerone).

L'analisi delle due dinamiche di gruppo corrispondenti si presenta come molto interessante: in prima istanza il "caso Richelieu" pare esprimere la polarità psicologicamente costruttiva della situazione autocratica, mentre il "caso Tigellino" quella distruttiva. Il corrispondente gioco dei ruoli e il modo d'agire dei codici affettivi (specie quello dei fratelli) paiono abbastanza chiari, in entrambi i casi: la soluzione diversa data alla conflittualità tra leader burocratico-gerarchico, tecnico-funzionale e socio-emotivo risponde a un diverso modo di impostare le funzioni della leadership.

Tuttavia, le complessità sono molte, per cui è bene rinviare ad altra sede psico-storica, più specialistica, l'analisi in oggetto.

2.2. *Il Padronato*

Siamo di fronte al Potere di guida psicologicamente conferito e legittimato dal Principio di Proprietà.

A prima vista, può sembrare trattarsi di una situazione analoga – o anche addirittura sovrapponibile, secondo una certa cultura corrente – a quella autocratica precedentemente delineata.

In realtà, le cose stanno diversamente. Innanzitutto, il termine-concetto di Proprietà non viene qui utilizzato nel suo senso oggettivo, socio-economico-giuridico; almeno prevalentemente, ci si riferisce all'accezione soggettiva e intersoggettiva presente nelle credenze e negli atteggiamenti di coloro che sono attenti alla proprietà. Ciò sia sul versante attivo (i detentori della Proprietà) sia su quello passivo (i deprivati della Proprietà cioè, se si vuole, i proletari). Quanto detto significa porre l'accento sui vissuti che caratterizzano il "Padrone", da un lato, e i suoi subalterni o "Servi" dall'altro. Una relazione sottile e contemporaneamente ben robusta lega queste due polarità, che si incardinano reciprocamente, nel bene e nel male, nelle coalizioni e nei conflitti: l'una spiega l'altra, l'una alimenta l'altra, l'una è il cardine dell'altra. Il termine polarità appare molto indicatore del quadro complessivo in cui ci si muove. Locuzioni o vocaboli quali "spadroneggiare", "attaccare l'asino dove vuole il padrone", "servo del padrone", "impadronirsi" ecc. – così come "divenire proprietario", "entrare in possesso", espropriazione, appropriazione, riappropriazione, ecc. – esprimono bene il fatto per così dire ontologico che nessuno dei due poli sussiste senza l'altro, senza porsi come oggetto del vissuto dell'altro.

In secondo luogo, risulta chiaro che la legittimazione del Potere non proviene dall'alto, come nel caso dell'autocrazia. Anzi, spesso, proviene dal sé (il self-made-man). Comunque, alla fatidica possibile domanda "da quale fonte" istituzionale deriva, direttamente o indirettamente, il potere del leader, la risposta sarà sempre sostanzialmente la seguente: dal possesso, dalla proprietà dei beni mobili o immobili, da quello del territorio, dei mezzi di produzione, dei manufatti, del "Podere" (vocabolo splendidamente espressivo), degli oggetti o degli esseri umani: schiavi, figli, sudditi, ecc. Anche per un altro e correlato motivo la situazione è ben diversa da quella autocratica precedentemente considerata. In quest'ultima, almeno per lo più, il vissuto di proprietà è assente: Cesare (o Luigi XIV o Stalin) non si sente possessore di alcunché e tanto meno dei suoi seguaci. Anzi, al limite ma neppure tanto, la cosa lo disturberebbe, ne restringerebbe il Potere, lo intralcerebbe nel suo assolutismo dittatoriale. Non gli abbisogna alcun atto notarile di proprietà, che anzi farebbe collassare dal cielo sulla terra le basi stesse del suo potere, banalizzandole nell'empiria.

Mutatis mutandis, le cose ora dette valgono anche per il quadro globale di certe culture (come, per fare un esempio forte, le popolazioni nomadiche). Si può anzi osservare che gran parte delle "civilizzazioni" emergenti o previste dal modello storico di Toynbee – oltre che essere diverse dalle "civiltà" identificate dal modello stesso – non implicano il parametro della "proprietà". Non casualmente, è praticamente impossibile far comprendere ad un indiano d'America, o ad un abitante delle isole dei mari del Sud, il concetto stesso di proprietà: non ne ha il vissuto.

In terzo luogo, il quadro del Padronato si sviluppa e si regge su alcune precise e imprescindibili condizioni psico-sociali, che sono contemporaneamente causa ed effetto del quadro medesimo, in un rapporto di tipo circolare:

a. la Proprietà deve essere in grado, almeno potenzialmente, di fornire un *profitto* a chi ne è detentore; non è forse così tanto importante la misura di tale profitto, ma la sua presenza;

b. la Proprietà deve essere, almeno concettualmente, unica (senza spartizioni "societarie" di alcun genere) e di *dimensioni finite*, meglio se più o meno relativamente limitate; quanto più si allarga, spazialmente e/o temporalmente, essa implica – pur senza un rapporto di proporzionalità diretta e semplificata – il passaggio (sincronico o diacronico) ad una delle altre forme basali di legittimazione del potere che vengono delineate nel presente capitolo (autocrazia, tecnocrazia, democrazia). Ciò va chiaramente al di là o anche contro larga parte del pensiero corrente.
Si badi, in proposito, che si è detto "ad una" delle altre forme di legittimazione: non vi sono – o non sono state finora messe in luce – leggi meccaniche di scelta tra una forma e l'altra, sibbene principi dinamici dell'agire processuale;

c. la Proprietà deve essere vendibile, deve poter essere percepita e vissuta come spostabile da un oggetto all'altro, implica cioè qualche forma possibile di compravendita; all'interno di ciò, non è molto importante che tale compravendita venga poi esercitata in questo o quel modo, con maggiore o minor frequenza, all'insegna dell'uno e/o dell'altro sistema di valori (economici, ideologici, estetici, ecc.).

In altre parole la Proprietà implica la *mobilità* e la *flessibilità* almeno teorica degli "investimenti", attraverso un qualche gioco di domanda e di offerta. Se un padre è padrone, deve poter "vendere" i figli (le figlie), che escono così dal suo controllo e dal suo potere per andare sotto proprietà di altri.

Gli obblighi o vincoli psico-sociali istituiti con le tre condizioni di cui sopra implicano, per converso, dei corrispondenti limiti o "divieti":

- *in primis*, non si può mantenere il potere sulla base di una proprietà se non c'è il vissuto di un "ritorno" in qualche modo redditizio da parte della proprietà stessa (perfino la proprietà di se stessi può essere indotta o costretta alla dismissione);
- *in secundis*, non si può mantenere il potere stesso se si varcano certe soglie di dimensione quali-quantitative della proprietà che lo statuisce (le organizzazioni civili, sociali, produttive, ecc. che si siano eventualmente troppo espanse sono infatti costrette a mutazioni del regime di legittimazione, per lo più verso quello di ordine tecnocratico);
- *tertio loco*, il potere in oggetto non può reggere se la "compravendita" diviene, per un motivo o per l'altro, impossibile (il Re Crociato non può comprare, cioè mercificare, Gerusalemme, pena la scomunica e quindi la caduta del suo potere sulla città). Ciò è ben diverso da quanto accade per l'Autocrazia e per la Democrazia: sia la Grazia che il Consenso infatti, almeno teoricamente, non sono in commercio, in quanto non sono oggetto di proprietà.

2.3. *La Tecnocrazia*

Siamo qui di fronte al Potere di governo psicologicamente legittimato dal Principio di Competenza.

Può sembrare trattarsi di una base scontata, unica, ovvia, di legittimazione del comando; ciò nella misura in cui si ritenga illuministicamente valido lo stereotipo – e non solo la fondata e ragionevole speranza – secondo il quale chi possiede determinate capacità (non potenziali!) emerge meritocraticamente nei gruppi in cui opera e con ciò stesso si pone alla loro guida. Così almeno si pensa che dovrebbe accadere, in base al codice paterno.

Le cose, come tutti ben sappiamo, sono molto più complesse, anche se non si può negare il primato e la funzione delle abilità e delle competenze in determinati contesti situazionali, sia di macro- che di micro-strutture.

Anche per il quadro tecnocratico emergono alcuni fattori caratterizzanti che sono circolarmente causa ed effetto, sostegno ed esito, del quadro medesimo:

a. la Tecnocrazia non persegue necessariamente il profitto. Anzi, nell'articolazione figura-sfondo con la *potestà* (potenza e supremazia, fino all'onnipotenza), il profitto sfuma in buona misura in seconda posizione: ciò che infatti importa primariamente al "tecnocrate" ed alla "tecnostruttura" non è la proprietà, ma il costante incremento della propria onnipotenza, esercitata appunto in nome della Techne. Al limite, anche a costo di far o lasciar distruggere la struttura di cui si è alla guida (come si può oggi facilmente e frequentemente riscontrare nella casistica offerta da taluni "Manager" dei grandi imperi economici, pubblici o privati che siano). Sullo sfondo, sembra ben spesso agitarsi l'Io ideale del tecnocrate ed il suo culto;

b. per la Tecnocrazia e per il Tecnocrate, le sfere di dominio controllate sulla base delle proprie competenze hanno da avere *dimensioni* sempre più *ampie*, devono cioè essere in espansione costante, quantomeno in prospettiva; si realizza così una tendenza alla crescita che acquisisce spesso dei connotati richiamanti, metaforicamente, una espansione di tipo tumorale per non dire propriamente cancerogena. Tale logica del "chi si ferma è perduto" non è fuori dalla realtà; contiene e rivela comunque, agevolmente, dei significati psico-patologici, spesso rintracciabili sia nei comportamenti delle tecno-strutture che nell'agire dei loro leader responsabili;

c. la Tecnocrazia è contemporaneamente conservatrice ed innovativa. Tende infatti a realizzare un equilibrio ottimale, anche se forzatamente instabile, tra la *conservazione* dell'utilità basilare del sapere e delle competenze di cui è portatrice, da un lato, e il necessario *aggiornamento* delle proprie competenze stesse, dall'altro. Naviga così – per lo più con successo (salvo le rotture o le "catastrofi") – tra lo scoglio di Scilla della stabilità gelosamente conservatrice del sapere esistente, da lei stessa accumulato con tanta fatica, e il Cariddi del continuo fabbisogno esterno di cambiamento e reciclaggio personale e sociale, di formazione permanente, di aggiornamento ricorrente. Si tratta di due leve psicologiche complementari nel governo del cambiamento: Scilla tende a respingere e rintuzzare la temuta terrifica obsolescenza delle competenze, Cariddi tende a mettere in cura l'obsolescenza stessa e a superarla gradualmente, nella misura del possibile. Spesso all'insegna dell'"Avanti-Adagio-Quasi indietro".

La navigazione è comunque sempre procellosa, perché il mare esterno tende ad essere sempre piuttosto agitato.

2.4. *La Democrazia*

Siamo di fronte al Potere di guida psicologicamente conferito e legittimato dal consenso dei sottoposti: "Per volontà della Nazione". Si ricordi ancora una volta che non ci si riferisce qui al livello delle istituzioni formali, oggettive, giuridiche della convivenza umana e delle strutture e funzioni di Potere che regolano la convivenza medesima. Il consenso formale (il voto, il plauso, l'approvazione esplicita, la ratifica contrattuale, ecc.) non ci interessa, qui e ora. Non è questione di Patto Giuridico né di Patto Sociale (vedi fig. X.1). In questo senso, appare apprezzabile ma certo non sufficiente la tesi di Popper, secondo cui la democrazia consiste nel mettere sotto controllo il potere politico. Quanto meno, si tratta di intendersi sul termine e il concetto di controllo.

Psicologicamente parlando, la questione è un'altra: quella della dinamica del consenso a livello delle istituzioni informali, implicite, nascoste, intersoggettive. Ci si muove, in altri termini, a livello del Patto Comunicazionale e del Patto Psicologico, là dove le forze in campo sono incessantemente in azione, con alterne vicende (cfr. sempre fig. X.1). A questo livello, le cose sono sempre molto più intricate di quanto non appaia e la dinamica del consenso – come si è già avuto occasione di riscontrare – è inestricabilmente inscindibile da quella del dissenso. I due termini ineriscono agli estremi di una dimensione basilare, che ne regge molte altre, subordinate, in costante movimento. Si tratta della dimensione dei conflitti e delle coalizioni tra forze diverse e spesso opposte, che animano il mondo intra- ed inter-soggettivo di ogni essere umano, cioè il suo universo interiore e i suoi rapporti interpersonali e sociali.

In tale costrutto, consenso e dissenso nei confronti del Potere possono articolarsi in mille avventure, all'interno di ciascun individuo così come all'interno di ciascun gruppo psico-sociale: allora, la "volontà della Nazione" è solo la risultante – tra l'altro anch'essa mai statica e fissa, come ovvio – della dinamica accennata. Si comprende bene, pertanto, perché la fonte di legittimazione del Potere di un governante (o di un leader qualsiasi), ove costituita dal Consenso dei governati non può essere ridotta e banalizzata ai meri atti di espressione più o meno plebiscitaria e acquiescente dell'accettazione di quel potere. Se così fosse – come la Storia con la S maiuscola e la storia con la s minuscola hanno tanto spesso mostrato – anche il più oscuro Autocrate, il Padrone più sadico, il più cinico Tecnocrate potrebbero e possono registrare grandi consensi e veri e propri deliri di accettazione plateale e plaudente. La legittimazione insita nel consenso, nella "volontà della Nazione" – cioè la Democrazia – è al contrario una cosa troppo seria per lasciarla rappresentare dalle adunate oceaniche, dagli entusiasmi più o meno corali, dagli indici di gradimento espressi nei sondaggi.

In definitiva, la fonte di legittimazione si può rintracciare nella gestione del dissenso più che del consenso, nella negoziazione, nell'accettazione della critica, nell'interpretazione corretta e propulsiva, non necessariamente conformistica, della domanda profonda che sale dalla base. Non a caso, nelle situazioni che sono invece, al di là delle apparenze formali, autenticamente autocratiche, il dissenso diviene rapidamente dissidenza. Separazione e ostilità. Fino ad essere eventualmente degradato e inquadrato come inimicizia e insulto, eresia, follia. Fino a divenire meritevole di sopruso, carcere, tortura, manicomio. Fino alla logica della tirannia.

Puntualmente, anche per il quadro democratico emergono alcuni fenomeni che sono circolarmente movente e conseguenza, origine e risultato del quadro medesimo:

a. la Democrazia si fonda sulla *fiducia* di base, autentica e reciproca, fra leader e seguaci: costoro sono gli "aventi titolo" ad esprimere – secondo molti canali a due vie e moltissimi continui messaggi di andata e ritorno – la propria evolventesi gradazione di consenso-dissenso nei confronti della leadership. La reciproca vale, assolutamente, anche per il leader nei confronti dei membri della piccola, media o grande comunità in cui egli gioca il suo ruolo. Si tratta di una dinamica vicendevole, di un gioco alternante di atteggiamenti che è generatore di un libero e mutuo scambio di ruoli tra gli attori del rapporto comunicativo;

b. la Democrazia implica un peculiare processo di emersione degli "assistenti" del leader, cioè anche di scelta dei collaboratori e/o successori, da parte del leader stesso. Costui, per ottemperare al meglio ai fondamenti istituzionali che lo legano ai suoi "seguaci", tende in proposito ad attuare (consapevolmente o meno) una condotta decisionale favorevole a chi è più *"gradito"* – in quanto accettato, approvato ed apprezzato – *dagli altri* membri del gruppo, sulla base di criteri che possono essere anche molto diversi da un caso all'altro. Ciò perfino in paragone con chi è eventualmente più gradito al leader stesso. Naturalmente senza mettere in disparte la conservazione dell'equilibrio generale del sistema, anzi proprio tenendo un conto intelligente di tale prospettiva. In ogni caso, il parametro fondamentale su cui poggia la scelta non è più la fedeltà, la consanguineità e neppure la competenza, anche se ovviamente tali fattori continuano ad esercitare dinamicamente un loro peso;

c. la Democrazia, quando autentica, si legittima infine sulla base del fenomeno della trasparenza o *visibilità* del Potere: anche questo fenomeno è una causa e contemporaneamente una conseguenza del realizzarsi e del gestirsi della "volontà della Nazione";

d. come chiosa al punto precedente, si può rilevare come l'essenzialità democratica viene tendenzialmente rivestita da ogni meccanismo di costruttiva mediazione e di equilibrata e matura negoziazione. Ciò al fine di governare al meglio la gestione del consenso-dissenso di cui si diceva.

3. La questione della successione

Come si pone psicosocialmente, nei quattro quadri situazionali paradigmatici delineati in precedenza, la dinamica dell'eredità? Quali sono cioè i processi di successione ad un leader che sia decaduto o venuto a morte (non necessariamente soltanto biologica)?

Il discorso, ovviamente, è stato affrontato e delibato in molte sedi e da parte di discipline diverse, ma per lo più a livello di ciò che accade sugli scenari espliciti, manifesti, appariscenti, spesso giuridici. Il nostro intento è invece quello di svilupparlo a livello delle dinamiche implicite, nascoste, reali, sostanziali, informali. Tale prospettiva è peraltro stata già battuta da taluni autori, di non secondaria importanza (si pensi solo a C. Schmitt e alla analisi di diverse possibili modalità di successione che egli chiama dinastica, democratica, carismatica).

Per quanto ci riguarda, le regole sono diverse e abbastanza caratteristiche per ciascuno dei quattro quadri di legittimazione fondamentali. Possiamo anzi affermare che il modo con cui viene posta la questione delle modalità di successione è abbastanza segnaletico del tipo di «cultura» che impronta di sé ciascun quadro.

Consideriamo brevemente come si muovono le cose in ciascuna delle quattro situazioni.

A. Nel quadro dell'Autocrazia la successione è "dinastica", che non vuol dire ereditaria. Infatti la successione dinastica può avvenire in più modi:

a. per via "genetica" o parentale: uno dei figli o dei famigliari prende il posto dell'Autocrate decaduto.
Domina il parentema.
Per tale via, si possono avere a sua volta dei sotto-casi differenziati (il primogenito, con o senza legge salica; il parente-tutore di un figlio ancora minorenne; il prescelto da un determinato gruppo di pressione o clan, all'interno degli eredi; il più abile nella lotta di successione ecc.). Ciò anche se, per lo più, il paradigma sembra realizzarsi con la successione di padre in figlio: tipici in tal senso i casi delle Monarchie assolute, più o meno illuminate, dalle dinastie faraoniche a Kim Il Sung ai Borboni di Francia;

b. per via "culturale" determinata e/o guidata dall'Autocrate, che sceglie decisionalmente il proprio successore non su base genotipica ma per così dire fenotipica, attraverso procedure (formali o informali) di assegnazione del ruolo di successore a uno dei nuovi leader potenziali emersi dal sistema.
Domina l'erotema, più o meno sublimato e incanalato.
Tipico in tal senso può essere il caso della "adozione" che resse la sequenza dei grandi imperatori romani del II secolo (Nerva, Traiano, Adriano, Antonino Pio, Marco Aurelio) che andò in sfacelo con la riaffermazione della via "genetica" (Commodo che succede a Marco Aurelio);

c. per via ancora "culturale" ma determinata e/o guidata da un Consiglio investito del compito di designare il successore. Tipico in tal senso può risultare il caso dei moderni conclavi della Chiesa cattolica per la scelta del successore al papato;

d. per via sempre "culturale" ma determinata e/o guidata da un usurpatore, che riesce ad emergere in base a guerre, guerreggiate o meno, combattute in nome di qualcuno dei valori impliciti in una o nell'altra delle tre soluzioni prima considerate (la via genetica nelle sue varie fattispecie, la via della designazione affiliativa da parte del predecessore, la via del consiglio). Tipico in tal senso il caso di Ludovico il Moro e quello di Boris Godunov, sia nel suo taglio di realtà che in quello immaginato – non casualmente – dalla letteratura e dall'arte musicale.

In tutti i casi di successione dinastica contemplati, non viene leso il Principio d'Autorità, che tende anzi ad uscirne rafforzato: è in nome di qualche "divinità" o "spirito" superiore (laico o religioso) che viene infatti risolto il problema della successione, spesso attraverso conflitti anche aspri e talora perfino sanguinosi.

La successione, in altre parole, resta sempre dinastica per il sangue o per il lignaggio, nel suo spirito informatore. Essa pertanto non è impunemente vendibile né altrimenti alienabile, né per il fatidico piatto di lenticchie (quello di Esaù che perde la primogenitura a favore di Giacobbe) né per viltà (Celestino V): se ne avrà, al minimo, stigmatizzazione eterna.

B. Nel quadro del Padronato, la successione della proprietà è regolamentata in modo precettato ed anonimo; a differenza di quanto accade nelle autocrazie, essa è anche rinunciabile e alienabile, in un modo o nell'altro. Essa può essere definita come "normativo-burocratica", in quanto poggia fondamentalmente su un determinato (e mutevole) sistema di regole formali, che prescindono da ogni principio di valore che non sia quello costituito dall'applicazione rigida delle regole stesse. Queste d'altro canto sono ispirate da una formale e necessaria regolamentazione dei conflitti tra fratelli: come se il codice dei fratelli sia tenuto ben sotto controllo, così da reprimere la sua valenza aggressiva e lasciar emergere quella sublimata.

In altre parole, la Proprietà è trasmissibile ma la cosa deve avvenire, almeno teoricamente, secondo criteri che sono piuttosto al di fuori dei reali voleri e delle intenzioni del predecessore. In tal senso il riferimento alle "ultime volontà" di costui può anche assumere un certo sapore ironico, mentre ben opportunamente si parla di "legittima" (concetto pur recentissimo e non universale) per indicare la quota parte di spettanza di ciascun erede alla suddivisione della proprietà, sempre secondo una ispirazione di tipo burocratico.

Tra l'altro, in sostanza, il patrimonio sembra dover essere suddiviso secondo criteri largamente ispirati dal codice materno.

Naturalmente sono possibili numerose "trasgressioni" alle norme e, anzi, su questo si sbizzariscono la fantasia e l'iniziativa del proprietario predecessore, con l'ausilio ovvero con l'ostilità del suo entourage, secondo i casi. La trasgressione psicologicamente più importante sembra quella di *non* fare appello, né fattuale né giuridico, alle norme formali, consentendo l'intervento di un Valore concordato che le scavalca: per lo più, quello del rispetto delle volontà effettive del "proprietario".

Alla civiltà occidentale può risultare "naturale" una successione basata sulla trasmissione della proprietà, secondo canoni apparentemente neutrali. Ma – anche a voler prescindere dal fatto che, per il sapere attuale, ogni neutralità è impossibile – va rilevato che in altre culture e civiltà tale passaggio è stato ed è addirittura connotato come innaturale e perfino impensabile: ciò accade in tutti quei casi in cui la proprietà, come vissuto, non esiste (società primitive), oppure in tutti quei casi in cui essa è stata rifiutata per scelta (ordini religiosi).

C. Nel quadro della Tecnocrazia, la successione avviene su basi "tecnico-funzionali". Dato che su tutto domina il parametro delle capacità e delle competenze in costante sollecitazione, il meccanismo sarà teso – spesso spietatamente – a garantire un miglioramento dell'efficacia e dell'efficienza del sistema. Il successore deve fornire mallevadoria circa il fatto che "verrà sviluppato il perseguimento dei fini", che verrà curata oltre modo e misura l'aggiornata realizzazione degli scopi sociali dell'organizzazione di volta in volta in gioco (un impero, un'impresa, un'istituzione scolastica, una famiglia, ecc.), che verrà perseguito quali-quantitativamente il raggiungimento ognora migliorato degli obiettivi del sistema, attraverso un costante rinnovamento delle risorse materiali e umane impegnate nel sistema stesso.

Domina la motivazione sociale del *Power*, intersecata con quella dell'*Achievement*.

Tutto questo naturalmente a livello soggettivo e intersoggettivo, nelle persone coinvolte e nei loro rapporti, perché può anche benissimo accadere che il successore non riesca a mantenere le promesse, cioè a realizzare le prospettive che lo avevano portato a prendere il posto del predecessore.

Nel quadro tecnocratico la successione per lo più non attende la morte fisica o spirituale del leader: la provoca. I meccanismi di obsolescenza e decozione delle risorse – che vengono spremute e bruciate sull'altare della Techne – sono sempre pronti, a disposizione, per suggerire e fornire un successore al Potere in fase di declino, in una sorta di corsa a staffetta: un successore più competente, più aggiornato, più giovane e fresco.

Sono tipici in tal senso i dirigenti d'impresa estromessi ancor giovani dal loro ruolo per far posto a competenze ritenute *up-to-date*, mandati precocemente nel "cimitero degli elefanti" (questa è la locuzione precisa e concreta spesso usata), magari promossi per essere rimossi. Sul piano della Storia, tra i molti, può essere forse richiamato il caso del passaggio del potere, nel Regno Unito, da Churchill ad Attlee, nel 1945, quando con la fine della guerra si rendevano intersoggettivamente più appetibili nuovi tipi di competenza e capacità. Anche se è dubbio che, nel caso richiamato, la fonte di legittimazione del potere sia stata – o sia stata soltanto – tecnocratica piuttosto che democratica.

D. Nel quadro della Democrazia (se autentica) la successione è "concordata e compartecipata". Essa avviene per sintonia e accomodamento, attraverso fasi di negoziazione e transazione trasparenti che, ancor più del solito, hanno luogo *prima* a livello profondo, nascosto e implicito e *poi* sul piano comportamentale, manifesto ed esplicito: prima nei corridoi e poi nell'aula. Ancora una volta, la meccanica della successione formale-giuridica segue la dinamica della successione informale-sostanziale e non viceversa. Il patto psicologico e quello civile reggono e supportano quello sociale e quello giuridico.

Vi è una sorta di corrispondenza tra il ruolo e la funzione di interprete (e di pilotaggio) della situazione in estinzione, che possiamo indicare come *omega*, e il ruolo e la funzione di interprete (e di pilotaggio) della situazione in albore, che possiamo indicare come *alfa*. Anche nei casi di "ribaltoni" critici, la leadership della situazione omega – volente o nolente, consapevole o meno – passa il testimone alla leadership della situazione alfa. L'una e l'altra – insieme! – nel quadro democratico si rendono portatrici ed esponenti di un processo di successione. L'una e l'altra, insieme, governano un cambiamento – per lisi o per crisi – attraverso la gestione del consenso-dissenso tra i membri della comunità.

Che poi il cambiamento tra predecessore e successore possa acquisire le caratteristiche di una crisi, di un vero e proprio salto di qualità (una "catastrofe", nel senso di R. Thom) ovvero le caratteristiche di una lisi, di un movimento meno diruttivo, dipende dai casi.

Il Principio di Compartecipazione dovrebbe improntare la successione democratica sia che il predecessore sia morto, sia che risulti del tutto superato, sia che faccia semplicemente luogo a evolventisi espressioni di Potere.

L'importante è che non vi sia un eccesso di consenso (rotta di collusione) né un eccesso di dissenso (rotta di collisione) tra predecessori e successori così come tra rappresentati e rappresentanti: checché ne sembri, in entrambi i casi la cultura del gruppo è prossima o si sta comunque avviando verso il rischio mortale di una rottura, pur magari benefica da qualche punto di vista.

La fisiologia della successione e della concordia democratica, infatti, non è frutto dell'egualitarismo né della simmetria tra predecessori e successori, ma della valorizzazione armonica delle loro differenze. Anche in questo caso, l'egualitarismo può presentarsi come la malattia estremistica dell'eguaglianza, di cui non è sinonimo.

4. L'articolazione tra Autorità, Potere e Libertà

Discutendo delle interconnessioni tra Leadership e Potere emerge anche, piuttosto prepotentemente, la possibilità di un ulteriore e collegato tipo di analisi interessante: quella che riguarda la riflessione sull'Autorità. Quasi di conseguenza, inoltre, ne discende un discorso possibile sulla Libertà [1].

1. Si noti che si tratta qui di concetti che hanno appassionato in particolare gli illuministi, in relazione col tema dell'eguaglianza. Così come, dal '700 in poi, tutto lo sviluppo del pensiero storico-politologico e – perché no? – psico-antropologico. Consapevolmente o meno.

4.1. *La falsa sinonimia tra Potere è Autorità*

Entrando nel merito dei rapporti fra i termini "potere" e "autorità", può essere utile compiere, anzitutto, una digressione di tipo semantico per verificare e analizzare come i due vocaboli non siano sinonimi, secondo quanto frequentemente si tende a ritenere.

Tale falsa sinonimia riguarda il fatto che il riferirsi ad Autorità e Potere non vuole richiamare due concetti ineluttabilmente sovrapponibili l'uno con l'altro. Pur senza entrare in una disamina propriamente linguistica, che esulerebbe dalla finalità di queste pagine, è possibile prendere in esame i significati basilari dei termini in oggetto, le loro origini semantiche, che cosa essi hanno espresso ed esprimono, all'interno delle rappresentazioni mentali degli umani, nel corso stesso dell'evoluzione antropo-culturale e – perché no? – della storia.

Per far questo, ci si attenga alla triplice ripartizione della semiotica in sintassi, semantica e pragmatica (secondo la terminologia di Morris), privilegiando il sentiero semantico, quello che si occupa dei significati contenuti nei messaggi. Infatti, anche se trasmessi con precisione sintattica estrema, segni e simboli resterebbero privi di senso qualora emittente e ricettore non si fossero accordati in precedenza e convenzionalmente sul loro significato. La scelta del terreno semantico non può essere peraltro esclusiva, dato che i tre aspetti citati sono anche interdipendenti. Nel caso in questione, lo studio dei significati e dei rapporti tra Potere e Autorità (per di più con le necessarie implicazioni e connessioni con la Libertà) è un problema che interessa, per la parte di rispettiva competenza, sia la semantica sia la pragmatica. Più esattamente, per esaminare i rapporti tra Potere, Autorità e Libertà, andrà riguardato sia il significato assunto da tutta una serie di segni nella miriade di messaggi che gli umani si trasmettono tra loro, sia l'influenza reciproca del comportamento che ne deriva, ossia, appunto, l'aspetto pragmatico.

4.1.1. Il Potere

Alle radici, "Potere" significa facoltà, potenza legalmente attribuita, possibilità e capacità di fare, come è ben espresso – per la nostra area linguistica e culturale – dal termine latino potestas. "Potestà" significa, come ho già detto altrove, quel poter "realisticamente usare una forza per far valere la propria volontà". La legittima attualizzazione della volontà (anche se, come si vedrà, due sono le modalità dell'omologazione: quella di tipo repubblicano e quella di tipo imperiale). È anche per questo che "potere" assume due significati, complementari tra loro ma ben diversificati: "avere il permesso di" (come ben esprime il verbo inglese *may*), piuttosto che "essere capace di" (il *can* inglese).

"Potente" significa dunque il facitore, colui che ha il permesso ed è contemporaneamente capace di fare, colui che ha la facoltà pragmatica di realizzare qualcosa, il realizzatore, l'attualizzatore, il gestore concreto delle cose, colui che fa le cose. È interessante, per esempio, notare che in tedesco la terza persona singolare dell'indicativo del verbo *machen* (che deriva dal gotico *magan*), e cioè *macht*, viene talvolta usata per simbolizzare la concretezza della potenza che si realizza (si pensi alla *Wehrmacht*, che alla lettera significa "fa guerra", "fa difesa", "è capace di far armamenti e mischie", "è autorizzato, quindi può, ha il potere, di far guerra"). Quella potenza che, secondo C. Schmitt (1954), è più forte di tutta la malvagità ma anche di tutta la bontà dell'uomo.

Il Potere richiama pertanto una situazione di capacità sia giuridica sia fattuale: ciò riguarda tanto la situazione dei "funzionari o magistrati" di tutte le società di tipo repubblicano (dall'antica Roma alla Serenissima di Venezia, ecc.) quanto quella dei "prefetti" o comunque dei preposti alle varie attività nelle società di tipo imperiale. La differenziazione tra i due significati che lo stesso vocabolo può assumere, cioè anche tra i due modi di esercitare la potestas, deriva dalle due costellazioni di significanti, radicalmente diverse fra loro.

4.1.2. L'Autorità

"Autorità" significa essere generatore di qualcosa o qualcuno, fonte od origine, autore e artefice, come è bene espresso – sempre per la nostra area linguistica e culturale – dal termine latino *auctoritas* (greco αυχανειν). Sinteticamente si può dire che il vocabolo cardine latino è *augere*, che ha i significati seguenti: generare, aumentare, accrescere, ampliare, accelerare, far crescere, proporre, sostenere, sviluppare, autorizzare, consentire.

"Autorità" significa (cfr. Benveniste 1969, tr. it. pp. 396-98) conferire idealmente e sul piano dei valori, prima e oltre che socialmente, le possibilità e le capacità di essere e di fare. Corrispondentemente, "Autore" significa dunque il creatore, colui che è promotore e ideatore di opportunità, il fondatore e accrescitore di potenzialità, il protettore e garante. Il ruolo della figura in Autorità – o del momento in Autorità possibile ed attivabile per ciascun uomo – è sempre rintracciabile, sia presso i singoli individui sia presso entità sopraindividuali indicabili genericamente come gruppi: la funzione è presente ove e quando qualcuno sostiene e consiglia, agisce cioè all'interno di una relazione di aiuto e di sostegno realizzata nei confronti di qualcun altro.

Il caso più paradigmatico è quello del *Consilium* (rimasto anche per noi "Consiglio") depositario di una qualsivoglia Autorità: esso ha normalmente e istituzionalmente (sempre, a livello informale; spesso, a livello formale) la funzione non di gestire il Potere ma di essere l'Autore del Potere medesimo. Il consiglio – sia il consiglio nazionale di un partito o il consiglio di amministrazione, il consiglio dei ministri o il consiglio della bocciofila, il consiglio di un'associazione giovanile o il consiglio di sicurezza delle Nazioni Unite, ecc. – ha semplicemente (si fa per dire) il compito di decidere il da farsi e di conferire il potere di farlo a qualcuno che – all'interno o all'esterno del consiglio stesso – venga giudicato all'uopo affidabile, idoneo e abile. In sostanza, il Consiglio è l'Autore di quella Potenza di cui si parlava al paragrafo precedente.

La funzione dell'Autorità appare di solito molto rispettabile, venerabile, *colenda* (come si diceva in antico), proprio perché sostanziantesi nel fatto di generare, sviluppare, far crescere il Potere di un ruolo interlocutore, occupandosi per di più di controllarne e guidarne la realizzazione. Non a caso, il ruolo dell'Autorità richiama anche una situazione di "dipendenza accettata" (Horkheimer), piuttosto che di "potenza di prestigio" (Geiger).

Per tutto quanto si è detto finora, Autorità e Potere possono e debbono essere concepiti come termini assolutamente non sinonimici: si tratta di due concetti che si rifanno a ruoli e funzioni ben differenziati. Se, come si avrà occasione di riscontrare, si danno anche casi o situazioni in cui qualcuno tende a sovrapporre i due ruoli, non è in vista o in forza di sinonimie semantiche ma a causa di determinate situazioni antropo-culturali e psicosociali. Oltre a tutto, in ogni caso le funzioni di Autorità e Potere restano due, anche se vengono fuse o comunque sommate in una stessa persona o in uno stesso momento.

I due vocaboli, i due concetti, le due dimensioni restano sempre e comunque separati.

4.1.3. La Libertà

Tutto dipende dunque, ben al di là di una loro inesistente sinonimia, dalle modalità di declinazione dei rapporti reciproci fra Autorità e Potere.

Prima di esaminare tale argomento, tuttavia, è utile completare la digressione linguistica, in vista di una migliore comprensione globale dell'intero discorso. "Libertà" significa spontaneità individuale, non preceduta da cause, ovvero inserentesi nella "universale necessità" come "causa tra cause"; possibilità di svolgere le attività o i compiti inerenti al proprio ruolo e alle proprie funzioni di uomo e di *civis* senza lesione dei diritti e degli spazi altrui (e propri); assenza di arbitrarie restrizioni; scelta condizionata delle possibilità esistenti (Platone). Per completare il riferimento alle terminologie latine, tanto pregnanti nella nostra area culturale, il vocabolo *libertas* è puntualmente rintracciabile pressoché in tutte le lingue europee (*liberté*, *libertad*, *liberty*, ecc.) anche perché deriverebbe da una forma indoeuropea ricostruita *leudh*, da cui discende pure il corrispondente termine greco ελευθερία. Nelle lingue di matrice germanica si ha pure la linea che parte da *fri* per arrivare a *frija* (da cui *freedom*, *Freiheit*, ecc.), termine che sta a indicare colui che ha il collo libero, ossia che non è soggetto a schiavitù.

"Libero" significa dunque (cfr. Benveniste, 1969, tr. it. pp. 247-56) colui che è emancipato, indipendente, affrancato, non soggetto, padrone di sé, immune, esente, franco; colui che non è soggetto a costrizioni altrui, che è in assenza di vincoli, di schiavitù, di legami, di impegni, nel *reciproco* rapporto con gli altri esseri umani. Si noti che è quasi sempre definibile in negativo (non soggetto, non legato, non costretto, ecc.). Si annoti pure la possibilità teorica di fare ricorso, per un ulteriore arricchimento della comprensione dell'importanza e dei limiti della reciprocità, al concetto etobiologico di territorio e alle sue configurazioni.

4.2. *Le fondamentali modalità di articolazione tra Potere e Autorità*

A questo punto, abbiamo stabilito una convenzione di base sui significati del Potere e dell'Autorità. Diviene allora possibile procedere ad identificare – secondo un'ottica psico-sociale – la deno-connotazione fondamentale del "cittadino" in una situazione che si può indicare in genere come di tipo *repubblicano*, in contrapposizione a quella del "suddito" in una situazione che si può qualificare in genere come di tipo *imperiale*. Nel delineare le situazioni, si dovrà ricorrere talora a immagini radicalizzate, che possono essere utili soprattutto dal punto di vista espositivo, anche se non sono sempre linearmente riscontrabili nella realtà.

4.2.1. L'anthropos "repubblicano"

Il nucleo centrale della situazione può essere delineato come segue: il cittadino di una repubblica agisce e partecipa alla comunità in cui è inserito, nel senso attivo e in quello passivo, secondo modalità che (per quello che ci riguarda in questo momento) sono contrassegnabili da una separazione radicale, netta e ben precisa – iscritta nei "patti" informali prima che in quelli formali – tra la "figura" o il ruolo dell'Autorità e la "figura" o il ruolo del Potere.

In ogni caso, al livello minimale, il "momento" di declinazione esistenziale centrato sul Potere è sempre chiaramente separato – quando viene a trovarsi agito dalla o nella stessa persona – dal "momento" in cui viene declinato ed attuato il ruolo dell'Autorità. In termini più concreti chi e quando detiene e gestisce l'Autorità non detiene il Potere e viceversa. Le sedi logiche oltre che spazio-temporali delle due istanze di Autorità e Potere sono e hanno da restare separate. Non per motivi etici, giuridico-costituzionali, moralistici, ecc., ma piuttosto prima e a monte di essi: non è possibile detenere

Autorità *insieme* a Potere perché non lo consentono le Istituzioni informali repubblicane.

L'esempio più vivido che è possibile richiamare in proposito, visto anche che ci si è rifatti in precedenza alla triade terminologica latina *auctoritas*, *potestas*, *libertas*, è quello della Repubblica romana. In essa, tutti i quattro "patti" istituzionali (da quello psicologico e comunicazionale a quello sociale, fino a quello poi giuridicamente costituzionalizzato) erano impostati su una separazione molto chiara tra Autorità e Potere: questa risulta l'essenza della società repubblicana, presente a qualunque livello, forma e attività, concreta o meno, su cui si svolgeva il divenire della vita romana (dalla famiglia alle dinamiche di ordine politologico).

Il filologo classico Richard Heinze al quale, dopo Mommsen, si deve, secondo Eschenburg (1965), una parte della spiegazione dello sviluppo semantico della parola *auctoritas* nell'antica Roma, designa tale termine come qualcosa di specificamente romano, consolidatosi

> al punto da dettare obblighi legali o quasi legali, al punto da produrre un'istituzione stabile... L'intera vita privata e pubblica del romano è regolata dalla norma di non prendere nessuna decisione importante senza aver prima consultato quelli ch'egli ritiene competenti in materia. Che cosa sta alla base dell'*auctoritas*?... L'idea che non tutti comprendano tutto, e in particolare tutto da soli; il rispetto di una personalità in cui si incarnano esperienza superiore, competenza e senso di responsabilità, insieme al desiderio di procedere sempre con la massima sicurezza possibile... L'*auctoritas* si acquista per mezzo di una dimostrazione dell'intera personalità; essa viene esercitata a servizio e per il bene dei concittadini, e nella sua espressione più alta e più pura a servizio e per il bene della *res publica* (Heinze, citato in Eschenburg, 1965, tr. it. pp. 18-19).

La situazione è abbastanza chiara, anche se suona oggi un po' enfatica l'esposizione concettuale di Heinze, che risale al 1925 circa.

È importante rilevare il fatto che l'emergenza della Libertà dei cittadini viene proprio garantita dalla separazione tra il momento spazio-temporale di detenzione dell'Autorità da parte dell'individuo (o dei gruppi sociali) e il complementare momento di detenzione del Potere. Oppure, *tout court*, fra il detentore dell'Autorità e quello del

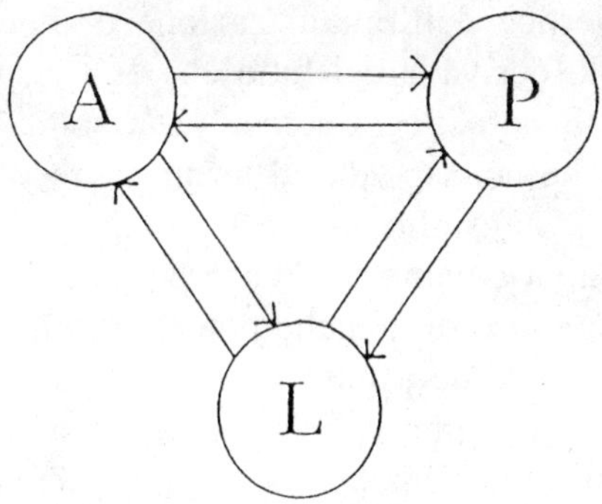

Fig. X.1 - Rappresentazione schematica della convivenza psico-sociale di tipo repubblicano

Potere (cfr. schema di fig. X.1). È ciò che avviene in una società repubblicana e ovviamente nella misura e nei modi in cui la situazione socio-storico-economica consente, cioè entro limiti storici esulanti dal discorso "qualitativo" che si viene, qui e ora, sviluppando.

È utile ribadire che questo discorso, al di là di eventuali apparenze, non è pertinente al diritto (costituzionale o meno). La prospettiva giuridica viene *dopo* le realtà antropologiche e psicosociali qui delineate, il che significa che le tre istanze si realizzano *prima* all'interno degli individui e dei gruppi, cioè anche all'interno del tipo di relazione interpersonale e sociale che s'instaura tra un individuo e l'altro, nonché tra l'individuo e i vari gruppi di cui egli partecipa, nella società repubblicana. Si tratta, se si vuole così qualificarle, di istituzioni soggettive e intersoggettive presenti nelle attività psichiche dell'anthropos repubblicano.

Per quanto concerne la Repubblica romana, ciò corrisponde del resto a quanto sancito in maniera formalizzata e puntuale da Cicerone, nel secolo I a.C. I cardini interdipendenti dell'ordinamento costituzionale romano, secondo Cicerone, erano tre: l'*auctoritas* rappresentata dal Senato, la *potestas* rappresentata dai magistrati dei vari tipi e dei vari ordini e livelli mansionari e la *libertas* partecipata dal popolo dei cittadini tutti, intesi come membri partecipi di una comunità superindividuale costituente l'*urbs* romana.

La consultazione dell'Autorità da parte del Potere era un diritto-dovere tradotto costantemente e concretamente nel costume e nella pratica. Così, al vertice dell'organizzazione di Potere, risiedeva il console, il cui titolo derivava dal fatto che egli era "colui che consulta il popolo e il Senato"; così come, a sua volta, il Senato era un *consilium* (parola che corrisponde al termine greco συμβύλιον, da συμ "con" e βουλή "consiglio, volontà". Se un *magistratus* (funzionario) qualsiasi veniva chiamato a rendere conto delle conseguenze di qualche misura presa o di qualche potere esercitato, gli si chiedeva prima di tutto se e come avesse convocato un *consilium*. Analogamente, il *pater familias* che voleva adottare qualcuna di quelle decisioni gravi per cui il suo potere è andato cupamente celebre (ripudio della moglie, cacciata del figlio, ecc.), doveva anzitutto convocare il *consilium* dei parenti e del clan, cioè degli *auctores* della sua potestas. Il che non significa che vi fosse poi l'obbligo di seguire quanto suggerito dal consiglio degli *auctores*, ma l'esercizio del potere era comunque sottoposto al loro controllo e da esso fortemente condizionato. In sostanza, all'obbligo di consultazione era legata la libertà di decisione, in una dinamica di gruppo del tutto *sui generis*.

L'equilibrio generale del sistema repubblicano, sia pur storicamente relativo, è garante della libertà basata sulla separazione dei ruoli in Autorità rispetto a quelli in Potere. In altre parole, un determinato equilibrio delle tre istanze Autorità, Potere e Libertà prima delineate, consente un determinato tipo di declinazione di ciascuna di esse, con particolare riferimento alla Libertà.

4.2.2. L'anthropos "imperiale"

Consideriamo ora le deno-connotazioni fondamentali del "suddito" di una situazione di tipo *imperiale*. Il nucleo centrale della situazione consiste in questo caso nel fatto che non vi è separazione ma anzi sovrapposizione tra la "figura" o il ruolo dell'Autorità e la "figura" o il ruolo del Potere. In altre parole, la *potestas* assume la particolare caratteristica di autogenerarsi: il suo *auctor* risulta essere la *potestas* stessa. Il punto nodale della trasmutazione dall'"antropologia repubblicana" (e dalle sue istituzioni) all'"antropologia imperiale" (anch'essa con le sue istituzioni formali e informali) è rappresentato dalla diversa modalità di generazione del potere. In altri termini, qui, chi detiene e gestisce il Potere detiene saldamente anche l'Au-

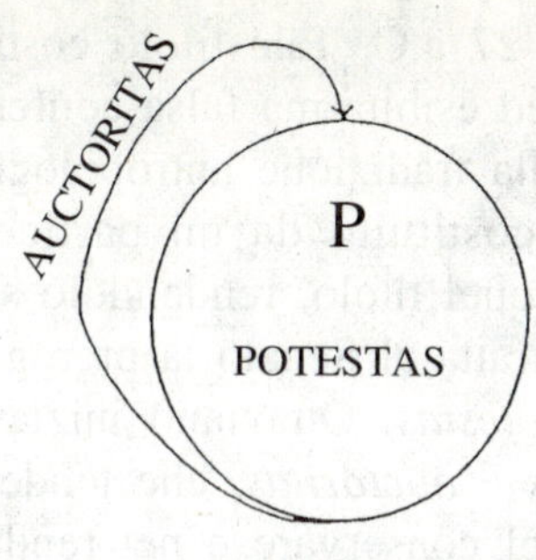

Fig. X.2 - Rappresentazione schematica della convivenza psico-sociale di tipo imperiale

torità. Le sedi logiche e spazio-temporali delle due istituzioni sono e hanno da restare unificate, quasi consustanzializzate, realizzandosi in tal modo un continuo processo di tipo circolare (cfr. fig. X.2).

Attingendo ancora una volta all'esempio della società romana, si può seguire lo sviluppo dell'"anthropos imperiale" ripercorrendo il corso del passaggio dalla repubblica alla monarchia. Il punto di svolta viene di solito posto, emblematicamente, nel "passaggio del Rubicone". In effetti, non è certo qui che si consuma la trasmutazione dalla società repubblicana a quella imperiale; ma è certo in questo evento che la rottura degli equilibri antropologici e psicosociali precedenti viene sanzionata, per dar luogo a nuove strutturazioni.

In un certo senso, il "passaggio" del piccolo fiume potrebbe essere indicato – con maggior esattezza storico-antropologica o comunque con maggior incisività – come la "metamorfosi" del Rubicone. Non a caso, dalla storia come dalla letteratura, il dramma di Cesare viene tanto vividamente analizzato, discusso, partecipato. Egli rappresenta l'ultimo epigono della Repubblica ed il primo alfiere dell'Impero, che pure – storicamente e formalmente – non riuscirà a instaurare. Interviene infatti per lui la punizione per la trasgressione, per il "tradimento" della Repubblica. Da quel "passaggio" in poi, comunque, sempre più difficilmente il Potere – inclusa la *forza* militare, che prima era sempre stata sottoposta e sottomessa all'Autorità – avrebbe rispettato l'Autorità stessa.

L'operazione di trasmutazione, condotta con maggior duttilità, riesce invece ad Ottaviano: costui riceverà dal Senato il titolo di Augustus, "generato", nel 27 a.C. Tale titolo costituiva in realtà una finzione, un'apparente ed esibita ma falsa conferma della conservazione e del rispetto della tradizione antropologica repubblicana. Il fatto nuovo era però costituito da un particolare: egli avrebbe conservato per sempre quel titolo, rendendolo sostanzialmente ereditario. Veniva così sottratta al Senato la prerogativa di essere *auctor*, cioè creatore di *potestas*. Ottaviano iniziava a fondere, nella stessa persona, *potestas* e *auctoritas*, che tendevano a divenire un tutt'uno. Egli infatti, nel conservare e nel rendere sostanzialmente trasmissibile quel *titolo*, si appropriava in realtà anche delle *funzioni* che erano prima riservate al Senato, cioè a chi quel titolo gli aveva conferito: in una parola, avocava a sé anche le funzioni ed il ruolo del Senato, che veniva in tal modo "es-autorato".

L'antica Repubblica romana non aveva conosciuto il Potere duraturo e superiore del singolo, e soprattutto che questi non fosse sottoposto fermamente a qualche Autorità. Questo Potere si unì invece, nella persona di Augusto, a una straordinaria *Auctoritas*. Il Senato, fino a quel momento, aveva emanato i suoi autorevoli pareri dietro consultazione. Augusto, dopo la fine della guerra civile, governò non da tiranno, ma aveva facoltà illimitata di prender decisioni da solo, anche se continuò a consultare il Senato. Se si vuole, egli consigliava al Senato il modo più opportuno di consigliare lui. L'Autorità del Senato, da allora, risultò dall'autorità di Augusto e il gioco delle parti rappresentate dal principe e dal Senato gradualmente s'invertì. *Auctor* era, nella Roma repubblicana, il nome che designava chi presentasse una mozione; ma *auctore principe*, nell'ablativo assoluto, andò a significare ben più che "per proposta del principe": questa locuzione venne ad assumere il senso effettivo di "per disposizione del principe" che costituiva, a quel tempo, una formula di tipo pressoché magico che aveva lo stesso valore di un ordine.

Come accade sempre in questi casi, Ottaviano e il suo agire rappresentavano anche l'effetto e non solo la causa della complessa trasmutazione psicosociale che era intervenuta nella grande alleanza del popolo romano, ivi comprese le fenomeniche economiche, culturali, geopolitiche, ecc. Ciò vale malgrado certe interpretazioni classiche, sia della situazione sia della personalità di Augusto. Se tali interpretazioni fossero vere, infatti, un tale fenomeno trasmutativo avrebbe potuto accadere anche prima. Erano infatti comparse anche prima di lui, sulla scena romana, analoghe personalità di tipo carismatico, in grado anch'esse di mobilitare forze militari di eguale (se non maggiore) peso e consistenza. Ma la trasmutazione non era accaduta. Puntualmente, Ottaviano Augusto ebbe il pudore di chiamare se stesso *princeps* e vi aggiunse anche un *civium*, rinnovando formalisticamente il significato e il valore della parola. Sotto i suoi successori – che da quel momento furono i discendenti dalla sua stessa famiglia, per la vincente ereditarietà del titolo – la *auctoritas* si costituì definitivamente nel modo nuovo.

Da Ottaviano in poi si assiste anche ad un cambiamento del linguaggio, in quanto i successori si qualificano con termini quali *dominus*, *divus*, *deus*. È da notare che *dominus* era l'unico termine con cui, fino a quel tempo, i servi si rivolgevano ai loro padroni: ciò spiega come mai Augusto e il suo primo successore Tiberio l'avessero ancora rifiutato, a causa del suo connotato di tirannia. In altre parole, come il termine *princeps* è l'espressione dell'uguaglianza formale dell'imperatore e degli altri cittadini, *dominus* è quella della sua posizione eminente e della sudditanza sostanziale di chi gli parla o gli scrive. Il termine *dominus*, del resto, viene spesso a significare la forma della divinizzazione dell'imperatore, indicando in un unico concetto sia il *dominus* sia il *deus* (signore o dio). Come ha osservato Mommsen, è proprio dal trapasso terminologico da *princeps* a *dominus* che si può misurare e seguire, con la massima esattezza, lo sviluppo interno della monarchia, dal principato al dominio dispotico.

A partire dall'imperatore Settimio Severo (193-211 d.C.), che si circondò di importanti giuristi, l'*auctoritas principis*, assume un suono duro e assolutistico (Gmelin). Ulpiano, che fu uno dei grandi giuristi contemporanei di Settimio Severo, è l'autore della frase: «Quod principi placuit, legis habet vigorem» («Quello che il principe ha disposto /alla lettera: ciò che al principe è piaciuto/ ha forza di legge»). Furono i giuristi, alla fine, a sancire nelle parole il significato della sovranità e a renderla uno strumento del dominio imperiale.

Auctoritas imperialis e più tardi *auctoritas maiestatis* sono le perifrasi che esprimono il potere illimitato dell'imperatore, che è insieme legislatore e giudice. L'*auctoritas* non cresce più dal basso fino a raggiungere il *princeps*, ma fluisce a lui dal vertice, giù "per tutte le membra" (Gmelin).

4.2.3. Il salto istituzionale tra sudditanza e cittadinanza

Non si pretende che si debbano sempre "rifare gli uomini prima di rifare i regni", come pur recita l'antica massima.

Ma si pretende almeno che non si pensi di poter rifare i regni senza dover rifare, contemporaneamente e congiuntamente, gli uomini.

Questo per riagganciarsi all'antica dicotomia che conturba, affascina ed attanaglia – dagli albori delle civilizzazioni – gli esseri umani: quella rappresentata dalla dimensione bipolare che vede l'INDIVIDUO-UOMO ad un estremo e la sua ORGANIZZAZIONE POLITICO-SOCIALE all'altro. Col connesso eterno interrogarsi sul primato o la priorità da dare all'uno o all'altra.

Si parla molto spesso, per esempio, di cambiare le regole del gioco delle istituzioni giuridiche, nella credenza che ciò sia sufficiente a garantire un cambiamento adeguato delle modalità della convivenza umana, nelle grandi alleanze – così come nelle macro–organizzazioni. Una credenza che è solo una illusione classicamente sociologistica. Un'attesa medianica che il "tocca e sana" delle riforme *strutturali* modifichi ipso facto le relazioni *funzionali* tra gli esseri umani.

In realtà le cose stanno in modo più complesso e articolato. E il rapporto tra Regni e Uomini è piuttosto circolare, un po' come quello esistente tra l'uovo e la gallina. Tanto per cambiare.

Bisognerebbe innanzitutto chiarire, quando si fanno questi discorsi, a quale livello di "istituzione" ci si riferisce, se a quello formale o a quello informale.

Infatti, come si è già avuto occasione di dire, il discorso può essere svolto con riferimento ai singoli diversi quadranti del modello di tipo cartesiano presentato nella tav. X.1.

Si ricorderà che il livello a cui si compie l'analisi – incrociato con la distinzione tra società politica (in prima istanza, il paese legale) e società civile (il paese reale) – condiziona il tipo di negozio o patto di cui si sta trattando: infatti, i tipi di patto presentati dallo schema sono quattro e non due, come troppo spesso si crede.

In altre parole, prima occorre chiarire il livello istituzionale a cui ci si riferisce; conseguentemente, potremo sapere di quale forma di "patto" si parla e si tratta (anche in termini di azione), di volta in volta. Si può certo parlare e trattare di tutti i tipi di "patto", legittimamente, ma senza fare confusione tra l'uno e l'altro. Perché il pensiero confuso, così come la prassi della confusività – con buona pace dei loro numerosi testimoni e portatori sani – non sono mai molto produttivi. Si parla qui di pensiero e prassi confusi non solo sul piano della intenzionalità razionalistica e consapevole, cioè delle "tendenze dominanti della soggettività cosciente"; ma anche, necessariamente, sul piano dei propositi inconsci, delle volontà involontarie, degli intenti preterintenzionali (si tratta di bisticci di parole voluti, di ossimori efficaci).

Senza fare confusione, dunque.

Ritornando alla dicotomia da cui abbiamo preso le mosse – gli uomini e i regni, gli individui e le organizzazioni – è bene non fissarsi sulla configurazione normativa del patto *giuridico* e/o su quella contrattualistica del patto *sociale*; è bene soffermarsi invece sulle condizioni e la qualità del patto *comunicazionale* e di quello *psicologico*. Come sempre, la riflessione e l'azione devono essere centrate sui PROCESSI e non sui CONTENUTI, il che significa muoversi a livello delle Istituzioni informali.

Il problema del cambiamento, infatti, è prima di tutto psico-antropologico e la possibile e diversa articolazione della realtà oggettiva (ivi compresa quella socio-giuridica) dipende da *come* viene vissuto – nella complessità del soggettivo e dell'inter-soggettivo, e non solo intellettualisticamente – il rapporto tra quelle istanze di Potere e di Autorità che sono presenti in ogni essere umano e che sono state delineate in precedenza. Ci si muove cioè nell'ambito dei *processi di comunicazione* che si instaurano da un lato tra le Persone e il Potere (patto comunicazionale) e, dall'altro, tra Persona e Persona, tra Persone e Gruppi, tra Gruppi e Gruppi et cetera (patto psicologico). Non viceversa. In questo senso, gli Uomini e i loro rapporti vengono prima dei Regni, ma non si tratta di un "prima" cronologico: si tratta del fatto che, in modo forte, gli Uomini e i loro processi di comunicazione sono il fondamento istituzionale dei Regni, socio-giuridicamente intesi.

Orbene, a questo proposito, entrano in azione i due tipi fondamentali di funzionamento psico-antropologico che abbiamo considerato ai paragrafi 4.2.1 e 4.2.2 precedenti.

Abbiamo visto che l'Anthropos "imperiale", considera il proprio eventuale Potere come qualcosa di auto-generato e auto-legittimato dalla propria Autorità interna, che non deve quindi rendere conto ad alcuno: io solo sono l'Autore del mio Potere. Siamo di fronte alla logica napoleonica che conduce a strappare la corona dalle mani del Papa Investitore pronunciando la formula «Dio me l'ha data e guai a chi me la tocca».

In questo modo, tuttavia, l'Anthropos "imperiale" si candida e si determina ad essere *suddito* sottoposto di un qualche Potere-Principe; quest'ultimo può garantirgli, in cambio, alcuni segnali di benevolenza e protezione, in primis, certo, Panem et Circenses. È importante notare che i "consiglieri del Principe", in questo caso, sono quelli da lui stesso chiamati e insediati: chiamati ad esprimere opinioni, ad essere consulenti, assistenti (magari "assistenti contro"), avvocati del diavolo, esperti, consigliori, giullari, istrioni.

Yes-men o No-men che siano, eminenze grige o Rigoletti, sono sempre loro alle dipendenze del Principe e non questi alle loro. In proposito, l'analizzatore economico parla chiaro: è il Principe che provvede a compensarli.

Anche la logica del tradimento segue regole sue peculiari: è Bruto, qui, che tradisce Cesare.

Quanto all'Anthropos "repubblicano", invece, abbiamo visto che tende a non sovrapporre, a tener sempre ben distinte le due istanze. Egli gioca volta a volta o il ruolo del Potere o quello dell'Autorità, secondo le peripezie degli accadimenti sociali in cui è coinvolto (grandi o piccoli che siano), ma mai in sovrapposizione. Non sinonimicamente, non congiuntamente, non con-fusivamente. Siamo di fronte alla logica della Rappresentanza e dell'affidamento del Potere a chi è disponibile e capace di esercitarlo, sempre e solo in nome di chi l'ha "autorizzato" a questo (e che può ritirare l'affidamento quando vuole).

In questo modo, l'Anthropos "repubblicano" si candida e si determina ad essere *cittadino* di un Principato che garantisce a tutti, principe e cittadini, la Libertà: quella istanza che è caratteristica della maturità, ragione e frutto dell'autonomia e dell'interdipendenza. In altre parole dalla rigida separazione delle istanze di Potere e Autorità nasce e si sviluppa una pianticella, quella della Libertà. Magari in cambio di sudore, lacrime e sangue. È importante notare che i "consiglieri del Principe", in questo caso, sono quelli che hanno designato lui al principato: lo hanno chiamato e insediato per esprimere e realizzare la loro cultura, la loro volontà, il loro progetto. Sono loro i suoi Autori, non viceversa.

Ispiratori, buoni geni, grandi elettori, membri di consigli carichi di quintessenze generative, tengono sempre il Principe, magari magnifico, alle loro dipendenze. In proposito, anche qui l'analizzatore economico parla chiaro: sono i Consiglieri che compensano il Principe o, meglio, si instaura una qualche forma di complessa interdipendenza tra gli uni e l'altro.

Anche la logica del tradimento segue sue regole diverse: è Cesare, qui, che tradisce il Senato e il Popolo romano.

La Repubblica, a differenza di quanto si pensa spesso e dai più, è una forma ferma, dura, severa, talora scomoda, di convivenza e alleanza civile e psicologica tra gli esseri umani. Essa non è né materna né protettiva, se non della Libertà di tutti e di ciascuno.

Come si può riscontrare, la sostanza profonda dell'essere sudditi o cittadini va scavata ben al di là delle apparenze insite nelle forme, importanti ma non decisive, assunte dai patti giuridici e da quelli sociali. Sudditanza e cittadinanza non sono attitudini o condizioni individualistiche del singolo: esse hanno i loro fondamenti istituzionali nel tipo diverso di strutturazione dei rapporti comunicazionali tra Autorità e Potere, intese come istanze di base messe in gioco dagli esseri umani all'interno dei loro sistemi di convivenza.

In tal modo, al di là delle apparenze giuridico-formali, possiamo anche trovare dei Regni apparenti fondati sui cittadini e delle Repubbliche apparenti fondate sui sudditi. Il che accade anche nella storia e nella geopolitica contemporanee: per le esemplificazioni, vi è solo l'imbarazzo della scelta.

In definitiva, se ne può dedurre che il cambiamento strutturale marcia solo illusoriamente se non si mette in moto anche quello funzionale. E viceversa. Il discorso, in larga misura e ancora una volta, ha da essere di tipo psico-antropologico e non solo socio-giuridico.

Ogni individuo è infatti davvero compartecipe della organizzazione politico-sociale in cui vive e corresponsabile della sua cultura e della sua caratterizzazione.

Bibliografia

Capitolo I. Una torre di Babele

Beck J., 1994, *The Leader's Window: Mastering the Four Styles of Leadership to Build High-Performing Teams*, Wiley, New York.

Bennis W., Nanus B., 1985, *Leader. The Strategies for Taking Charges*, Harper & Row, New York (tr. it.: *Leader, anatomia della Leadership*, F. Angeli, Milano, 1990).

Bocchi G., Ceruti M. (a cura di), 1985, *La sfida della complessità*, Feltrinelli, Milano.

Burns J.M., 1978, *Leadership*, Harper & Row, New York.

Cartwright D., Zander A. (ed.), 1960, *Group Dynamics: Research and Theory*, Harper & Row, New York.

Celli P.L., Gonella F., 1996, *I capi, l'arte del comando spiegata al popolo*, Castelvecchi, Roma.

Conger J.A., 1990, "The Dark Side of Leadership", *Organizational Dynamics*, 19(2), pp. 44-55.

Fisichella D., 1997, *L'altro potere. Tecnocrazia e gruppi di pressione*, Laterza, Roma-Bari.

Fleishman E.A., Hut J.G. (ed.), 1973, *Current Development in the Study of Leadership*, Southern Illinois U.P., Carbondale.

Fornari F., 1977, *Il Minotauro*, Rizzoli, Milano.

Fornari F., 1979, *Per una psicologia laica*. In: SIPs, *Atti XVIII Congresso degli psicologi italiani*, Acireale ott.-nov., tesi congressuali, Palermo.

Galimberti U., 1992, *Dizionario di psicologia*, Utet, Torino.

Galli G., 1995, *Storia delle dottrine politiche*, B. Mondadori, Milano.

Gardner H., 1995, *Leading Minds: An Anatomy of Leadership*, Basic Books, New York.

Gibb C.A. (ed.), 1969, *Leadership*, Penguin, Harmondsworth.

Gibb C.A., 1954, *Leadership*. In: G. Lindzey (ed.), *Handbook of Social Psychology*, cap. 24, pp. 877-920, Addison-Wesley, Reading, Mass.

Giorello G., 1981, *Teorie e modelli nelle scienze*, Atti del Convegno "La conoscenza oggi", Modena, 20-23 gennaio, Einaudi-Patrini, Modena, pp. 13-24.

Guehenno J.M., 1993, *La fin de la démocratie*, Flammarion, Paris (tr. it.: *La fine della democrazia*, Garzanti, Milano, 1994).

Heifetz R.A., 1994, *Leadership without Easy Answer*, Belknap Press of Harvard U.P., Cambridge, Mass.

Kuczmarksi S., 1995, *Values-Based Leadership*, Brooks/Cole, Pacific Grove, Ca.
Lalande A., 1926, *Vocabulaire technique et critique de la philosophie*, Puf, Paris (tr. it.: *Dizionario critico di filosofia*, Isedi, Milano, 1971).
Magris G., 1996, Utopia e disincanto, prolusione al 76° Festival musicale di Salisburgo, 21 Luglio (pubblicata con il titolo "Utopia: non è vero ma ci voglio credere", su *Il Corriere della sera*, 21 luglio 1996).
Mazzoleni G., 1987, *La palude della leadership*. In: G.P. Quaglino (a cura di), *Figure del cambiamento organizzativo*, Tirrenia Stampatori, Torino.
Meindl J.R., Ehrlich S.B., Dukerich J.M., 1985, "The Romance of Leadership", *Administrative Science Quarterly*, 30, pp. 78-102.
Miglio G.F., 1988, *Le regolarità della politica*, due volumi, Giuffrè, Milano.
Morin E., 1977, *La méthode*. Vol. I: *La nature de la nature*, Seuil, Paris (tr. it. parz.: *Il metodo. Ordine e disordine, organizzazione*, Feltrinelli, Milano, 1983).
Morin E., 1984, *Epistémologie de la complexité*. In: C. Atias, J.L. Le Moigne, Edgar Morin, *Science et coscience de la complexité*, Libr. de l'Université, Aix-en-Provence.
Pepitone A., 1981, "Lessons from the History of Social Psychology", *American Psychologist*, 36, n. 9, pp. 972-985.
Pfeffer J., 1977, "The Ambiguity of Leadership", *Academy of Management Review*, 2, pp. 104-112.
Prigogine I., Stengers I., 1979, *La nouvelle alliance. Métamorphose de la Science*, Gallimard, Paris (tr. it.: *La nuova alleanza. Metamorfosi della scienza*, Einaudi, Torino, 1981).
Romano R., 1981, *Il sapere come rete di modelli, Introduzione*. In: *Atti del Convegno "La conoscenza oggi"*, Modena, 20-23 gennaio 1981, Einaudi-Patrini, Modena, pp. 1-12.
Sinha J.B.P., 1995, *The Cultural Context of Leadership and Power*, Sage, London.
Sonnefeld J.A. (ed.), 1995, *Concepts of Leadership*, Dartmouth.
Stogdill R.M., 1974, *Handbook of Leadership: A Survey of Theory and Research*, Free Press, New York.
Trentini G. (a cura di), 1993, *L'uno e i molti*, Atti del V Congresso di Psicologia Sociale, Milano, 1990.
Vroom V.H., 1973, *Leadership*. In: M. Dunnette (ed.), *Handbook of Industrial and Organizational Psychology*, Rand McNally, Chicago.
Vroom V.H, Yetton P.V., 1973, *Leadership and Decision Making*, Pittsburgh, P.A., University in Pittsburg Press.

Capitolo II. Gli orientamenti teoretici di base

Adair J., 1988, *Great Leaders*, Talbot Adair Press, Guilford.
Bales R.F., Slater P.E., 1955, *Role Differentiation*. In: T. Parsons e R.G. Bales (eds.), *The Family, Socialization and Interaction Process*, Free Press Glencoe, Ill., pp. 259-306 (tr. it.: *Famiglia e socializzazione*, Mondadori, Milano, 1974).
Barr L., 1994, *Leadership: Development, Power and Maturity*, Eakin Press, Austin, Tex.
Bass B.M., 1981, *Stogdill's Handbook of Leadership*, Free Press, New York.
Bass B.M., 1990, *Bass & Stogdill's Handbook of Leadership: Theory, Research and Managerial Application*, Free Press, New York.
Bennis W.G., 1961, "Revisionist Theory of Leadership", *Harvard Business Review*, 39, 26-36, pp. 146-150.

Bienen H. (ed.), 1994, *Voices of Power: Leader speak to Followers*, Ecco Press, Hopewell, NJ.
Binda W., Trentini G., 1992, *La leadership*. In: E. Scabini (a cura di), *Psicologia sociale*, Boringhieri, Torino.
Blanchard K., Herzey P., 1969, "Life Cycle Theory of Leadership", *Training and Development Journal*, 23, pp. 26-64.
Blumer H., 1953, *Psychological Import of the Human Group*. In: M. Sherif e M.O. Wilson (eds.), *Group Relations at the Crossroads*, Harper & Row, New York, pp. 185-202.
Burns J.M., 1978, *Leadership*, Harper & Row, New York.
Busino G., 1992, *Élites et élitisme*, Puf, Paris.
Calder B.J., 1977, *An Attribution Theory of Leadership*. In: B.M. Staw and G.R. Salancik (eds.), *New Directions in Organizational Behavior*, St. Clair, Chicago.
Caprara G.V., 1996, *Le ragioni del successo*, Il Mulino, Bologna.
Carli R., 1995, "Il rapporto individuo/contesto", *Psicologia clinica*, n. 2, maggio-agosto, pp. 5-20.
Cartwright D., Zander A. (eds.), 1960, *Group Dynamics: Research and Theory*, Harper, New York.
Cattel R.B., 1951, "New Concepts for Measuring Leadership in Terms of Group Syntality", *Human Relations*, 4, pp. 161-184.
Chabod F., 1964, *Scritti su Machiavelli*, Einaudi, Torino.
Chemers M.M., Ayman R. (eds.), 1993, *Leadership Theory and Research: Perspectives and Directions*, Academic Press, San Diego.
Csoka L.S., 1974, "A Relationship between Leader Intelligence and Leader rated Effectiveness", *Journal of Applied Psychology*, 59, pp. 43-47.
Drenth P.J.D., 1996, "Psychology as a Science: Truthful or Useful?", *European Psychologist*, vol. 1, n. 1, Marzo, pp. 3-13.
Duck S., Wood J.T. (eds.), 1995, *Relationship Challenges*, Sage, London.
Elazar D.J., 1995, "Modelli a confronto", *Federalismo e Società*, a. 1, n. 4, pp. 33-39.
English B., English A.C., 1958, *A Comprehensive Dictionary of Psychological and Psychoanalytical Terms*, Longmans, London.
Etzioni A.E., 1975, *A Comparative Analysis of Complex Organizations* (1st ed. 1961), Free Press, New York.
Eysenck H.J., 1973, *The Inequality of Man*, Temple Smith, London.
Falcone M., 1981, *Bilinguismo precoce e socializzazione*, tesi di laurea in Psicologia, inedita, Facoltà di Magistero, Roma.
Ferrarotti F., 1989, *La sociologia alla riscoperta della qualità*, Laterza, Bari.
Fiedler F.E., 1964, *A Contingency Model of Leadership Effectiveness*. In: L. Berkowitz (ed.), *Advances in Experimental Social Psychology*, vol. 1, pp. 149-190, Academic Press, New York.
Fiedler F.E., 1978, *The Contingency Model and the Dynamics of Leadership Process*. In: L. Berkowitz (ed.), *Advances in Experimental Social Psychology*, vol. 11, Academic Press, New York.
Fiedler F.E., 1994, *Leadership Experience and Leadership Performance*, United States Army Research Institute for the Behavioral and Social Sciences, Alexandria.
Fiedler F.E., Chemers M.M., 1984, *Improving Leadership Effectiveness: The Leader Match Concept*, Wiley, New York.
Fiedler F.E., McGuire M.A., Richardson M., 1989, "The Role of Intelligence and Experience in Successful Group Performance", *Journal of Applied Sport Psychology*, 1(2), pp. 132-149.

Freeman H. (tr. it.: *Le malattie del Potere*, Garzanti, Milano, 1994).
Freud S., 1938, *The History of the Psychoanalitic Movement*. In: A.A. Brill (a cura di e trad.), *The Basic Writings of Sigmund Freud*, Random House, New York.
Fromm E., 1941, *Escape from Freedom*, Holt, Rinehart and Winston Inc., New York (tr. it.: *Fuga dalla libertà*, Edizioni di Comunità, Milano, 1963).
Fromm E., 1955, *The Sane Society*, Rinehart and Co. Inc., New York (tr. it.: *Psicoanalisi della società contemporanea*, Edizioni di Comunità, Milano, 1960).
Gardner H., 1995, *Leading Minds: An Anatomy of Leadership*, Basic Books, New York.
Gibb C.A., 1958, *An Interactional View of the Emergence of Leadership*. In: C.A. Gibb (ed.), *Leadership*, Penguin, Harmondsworth, 1969, pp. 214-222.
Gibb C.A., 1958, "An Interactional View of the Emergence of Leadership", *Aust. J. Psychol.*, 10, pp. 101-110.
Gibb C.A., 1954, *Leadership*. In: Lindzey G. (ed.), *Handbook of Social Psychology*, II, Addison-Wesley, Reading, Mass, pp. 877-917.
Gibb C.A., 1947, "The Principles and Traits of Leadership", *J. Abnor, Soc. Psychol.*, 42, pp. 267-284.
Girod R., 1977, *Inégalité-Inégalités. Analyse de la Mobilité sociale*, Puf, Paris.
Gochman I., Fiedler F.E., 1975, "The Effect of Situational Favorableness on Leader and Member Perceptions of Leader Behavior", *Tech. Rep.*, University of Washington; Organizational Research, Seattle, pp. 75-84.
Granger G.G., 1981, *Modelli qualitativi e modelli quantitativi nella conoscenza scientifica*. In: *Atti del Convegno "La conoscenza oggi"*, Modena, 20-23 gennaio, Einaudi-Panini, Modena, pp. 87-94.
Groon P., 1993, "Psychobiology on the Couch: Character, Biography and Comparative Study of Leaders", *Journal of Applied Behavioral Science*, 29, pp. 342-358.
Hebert J.P., 1977, *Race et intelligence*, Copernic, Paris.
Heifetz R.A., 1994, *Leadership without Easy Answers*, Belknap Press of Harvard U.P., Cambridge, Mass.
Hersey P., Blanchard K.H., 1969, "Life Cycle Theory of Leadership", *Training & Development Journal*, 23, pp. 26-34.
Hersey P., Blanchard K.H, 1982, *Management of Organizational Behavior*, Prentice-Hall Inc., Englewood Cliffs, N.J. (tr. it.: *Leadership situazionale: come valutare e migliorare le capacità di gestione degli uomini*, Sperling & Kupfer, Milano, 1984).
Hitt W.D., 1993, *The Model Leader: A Fully Functioning Person*, Battelle Press, Columbus, Ohio.
Hollander E.P., 1978, *Leadership Dynamics: A Practical Guide to Effective Relationships*, Free Press, New York.
Hollander E.P., Julian J.W., 1969, "Contemporary Trends in the Analysis of Leadership Process", *Psychological Bulletin*, 71, pp. 387-397.
House R.J., 1971, "A Path Theory of Leader Effectiveness", *Administrative Science Quarterly*, 16, pp. 321-338.
House R.J., Shamir B., 1993, *Toward the Integration of Transformational Charismatic and Visionary Theories*. In: M.M. Chmers & R. Ayman (eds.), *Leadership Theory and Research: Perspectives and Directions*, Academic Press, San Diego, pp. 81-107.
Jaques E., 1976, *A General Theory of Bureaucracy*, Heinemann, London (tr. it.: *Teoria generale della burocrazia*, Isedi-Mondadori, Milano, 1976).

Jensen A.R., 1975, *Race and Mental Ability*. In: J. Ebling (ed.), *Racial Variation in Man*, Academic Press, New York.
Kaneklin C., Stella S., 1974, *L'attività di comando*, Etas Libri, Milano.
Kets de Vries M.F.R., 1993, *Leaders Fools and Impostors. Essays on the Psychology of Leadership*, Jossey Bass, New York (tr. it.: *Leader, giullari e impostori*, Cortina, Milano, 1994).
Knowlton B., 1994, *Strategic Leadership and Personality: Making the MBTI Relevant*, National Defence University, Industrial College of the Armed Forces, Washington, D.C.
Lord R.G., Hall R.J., 1993, "Contemporary Views of Leadership and Individual Differences", *Leadership Quarterly*, 3, pp. 137-157.
Lukic R.D., 1964, "La théorie de l'élite chez Pareto et Marx", *Cahiers Vilfredo Pareto*, n. 4, pp. 95-108.
Machiavel, 1996, *Oeuvres*. Introduction, notes, cartes, plans, bibliographie, index des personnes citées, établis par Christian Bec, Ed. R. Laffont, Paris.
Machiavelli N., 1513, *Il Principe*, Edizione critica a cura di G. Mazzoni e M. Casella, Le Monnier, Firenze, 1929.
Machiavelli N., 1991, *Il Principe*, con uno scritto di G.W.F. Hegel, a cura di U. Dotti, Feltrinelli, Milano.
Mann R.D., 1959, "A Review of the Relationships between Personality and Performance in Small Groups", *Psychol. Bull.* 56, pp. 241-270.
Marletti C., 1966, *Classi ed élites politiche: teorie ed analisi*. In: F. Alberoni (a cura di), *Questioni di sociologia*, vol. II, La Scuola, Brescia, pp. 143-196.
Marsiglio W. (ed.), 1995, *Fatherhood*, Sage, London.
Meuwese W., Fiedler F.E., 1965, *Leadership and Group Creativity under Varying Conditions of Stress*, University of Illinois, Group Effectiveness Research Laboratory, Urbana.
Misumi J., 1985, *The Behavioral Science of Leadership: An Interdisciplinary Japanese Research Program*, University of Michigan Press, Ann Arbor.
Northouse P.G., 1997, *Leadership. Theory and Practice*, Sage, London.
Offermann L.R., Kennedy J.K., Wirtz P.W., 1994, "Implicit Leadership Theories: Content, Structure and Generalizability", *Leadership Quarterly*, 5, pp. 43-58.
Pareto V., 1916, *Trattato di sociologia generale*, Barbera, Firenze.
Post J.M., 1986, "Narcissism and the Charismatic Leader-Follower Relationship", *Political Psychology*, 7, pp. 675-688.
Rice R.W., Chemers M.M., 1973, "Personality and Situational Determinants of Leader's Behavior", *Journal of Applied Psychology*, 60, pp. 20-27.
Sals J.M., Miller R.L. (eds.), 1977 *Social Comparison Processes*, Hemisphere, Washington, DC.
Schachtel S., 1964, *The Interaction of Cognitive and Psychological Determinants of Emotional State*. In: L. Berkowitz (ed.), *Advances in Experimental Social Psychology*, Academic, New York, pp. 49-80.
Schiflett S.C., Nealey S.M., 1972, "The Effects of Changing Leader Power: A Test of Situational Engineering", *Organizational Behavior and Human Performance*, 7, pp. 371-382.
Schmidt C., 1954, *Geschpräch über die Macht und den Zugang zum Machtaber*, G. Neske, Pfüllingen (tr. it.: *Dialogo sul potere*, Il Melangolo, Genova, 1990).
Spaltro E., 1969, *Gruppi e cambiamento*, Etas Libri, Milano.
Spaltro E., 1982, *Culture di coppia, di gruppo, di collettivo*. In: E. Scabini (a cura di), *Psicologia sociale*, Boringhieri, Torino.

Spears L. (ed.), 1995, *Reflections on Leadership: How Robert K. Greenleaf's Theory of Servant Leadership influenced Todays Top Management Thinkers*, Wiley, New York.
Stogdill R.M., 1974, *Handbook of Leadership: A Survey of Theory and Research*, Free Press, New York.
Stogdill R.M., 1984, "Personal Factors Associated with Leadership", *Journal of Psychology*, 25, pp. 35-71.
Tanucci G., 1990, "Approccio alla leadership: tra il vecchio e il nuovo", Pro, II, n. 1, pp. 5-6, Roma.
Tarde G., 1890, *Les lois de l'imitation*.
Tjosvold D., Tjosvold M., 1995, *Psychology for Leaders*, Wiley, London.
Trentini G., Silvi S., 1972, "Contributo bibliografico allo studio della Leadership", *Arch. Psic. Neurol. e Psich.*, XXXIII, I, pp. 54-120.
Utet, 1961 e seg., *Grande dizionario della lingua italiana*, fondato da Salvatore Battaglia, ventuno volumi, Torino.
Vitali M., 1990, *Management and leadership* (manoscritto non pubblicato).
Vroom V.H., 1976, *Leadership*. In: M. Dunnette (ed.), *Handbook of Industrial and Organizational Psychology*, Rand McNally, Chicago.
Zeleny L.D., 1939, "Characteristics of Group Leaders", *Sociology and Social Research*, 24, pp. 140-149.

Capitolo III. Leadership formale e leadership informale

Alberoni F., 1989, *Genesi*, Garzanti, Milano.
Amietta P.L., 1993, *Professione dirigente: da manager a leader*, Etas, Milano.
Amietta P.L., 1990, "Leadership: Il mistero del carisma", *Economia & Management*, n. 5, pp. 87-92.
Bass B.M., 1985, "Leadership. Good, Better, Best", *Organizational Dynamics*, 13, pp. 28-40.
Bellotto M., Trentini G., 1990, *Culture organizzative e formazione*, F. Angeli, Milano.
Bennis W., Nanus B., 1985, *Leader. The Strategies for Taking Charges*, Harper & Row, New York (tr. it.: *Leader, autonomia della leadership*, F. Angeli, Milano, 1990).
Blenkinsopp J., 1995, *Sage, Priest, Prophet: Religious and Intellectual Leadership in Ancient Israel*, Westminster John Knox Press, Louisville, Ky.
Bruscaglioni M., 1976, "La cultura delle organizzazioni di lavoro", *Psicologia e Lavoro*, n. 43.
Bryman A., 1992, *Charisma & Leadership in Organization*, Sage, London.
Calas B.M., 1993, "Deconstructing Charismatic Leadership: Rereading Weber from the Darker Side", *Leadership Quarterly*, 4, pp. 305-328.
Calvino G., 1536, *Institutio christianae religionis*, Edizione critica a cura di A. Lafranc, H. Chatelain e J. Pannier, B.E.H.E., Paris, 1911.
Catenacci C., 1996, *Il tiranno e l'eroe*, B. Mondadori, Milano.
Cavalli L., 1994, *The Personalization of Leadership in Italy*, XVI World Congress of the International Political Science Association, agosto, Berlino.
Cavalli L., 1981, *Il capo carismatico. Per una sociologia weberiana della leadership*, Il Mulino, Bologna.
Conger J.A. *et al.*, 1994, *Spirit at Work: Discovering the Spirituality in Leadership*, Jossey-Bass, San Francisco.

Crozier M., 1961, *Le phénomène bureaucratique*, Les Editions du Seuil, Paris (tr. it.: *Il fenomeno burocratico*, Universale Etas, Milano, 1978).

D'Egidio F., Moller C., 1992, *Vision & Leadership. Per un cambiamento culturale teso all'eccellenza*, F. Angeli, Milano.

De Vito Piscicelli P., Zanarini E., 1996, *L'arte del comando*, NIS, Roma.

Di Tomaso N., 1993, "Weber's Social History and Etzioni's Structural Theory of Charisma in Organization: Implications for Thinking about Charismatic Leadership", *Leadership Quartely*, 4, pp. 257-275.

Drucker P.F., 1967, *Il potere dei dirigenti*, Etas, Milano, pp. 1-264; 351-402.

Enriquez E., 1987, "Personalità e organizzazione", *Rivista di psicologia clinica*, n. 2, pp. 161-177.

Fiedler F.E., Bons P.M., Hastings L.L., 1973, *New Strategies for Leadership Utilization*. In: W.T. Singleton & P. Spurgeon (eds.), *Measurement of Human Resources*, Taylor and Francis, London, pp. 233-244.

Fiedler F.E., Chemers M.M., 1974, *Leadership and Effective Management*, Scott, Foresman & Company, Glenview, Ill.

Fornari F., 1977, *Il minotauro*, Rizzoli, Milano.

Frank M.S., 1993, "The Essence of Leadership", *Public Personnel Management*, 22, pp. 381-389.

Gagliardi P. (a cura di), 1986, *Le culture come imprese*, Isedi-Petrini, Torino.

Green S.G., Mitchell T.R., 1979, "Attributional Processes of Leaders in Leader-Member Interactions", *Organizational Behavior and Human Performance*, 23, pp. 429-458.

Hagberg J., 1994, *Real Power: Stages of Personal Power in Organizations*, Sheffield Pub. Co., Salem, Wi.

Hart A.W., 1996, *The Principalship: A Social Leadership Approach*, McGraw-Hill, New York.

Hollander E.P., 1995, *Organizational Leadership and Followership: The Role of Interpersonal Relations*. In: P. Collett, A. Furnham (eds.), *Social Psychology at Work*, 1995, London, pp. 69-87.

Hollander E.P., Webb W.B., 1955, "Leadership, Followership, and Friendship: An Analysis of Peer Nominations", *Journal of Abnormal and Social Psychology*, 50, pp. 163-167.

House R.J., 1977, *A 1976 Theory of Charismatic Leadership*. In: J.C. Hunt, L.L. Larson (eds.), *Leadership: The Cutting Edge*, Southern Illinois U.P., Carbondale.

Howell J.M., Avolio B.J., 1992, "The Ethics of Charismatic Leadership: Submission or Liberation?", *Academy of Management Executive*, 6 (2), pp. 43-54.

Hoyle J., 1995, *Leadership and Futuring*, Corvin Press, Newbury Park, Ca.

Hutton R.R., 1994, *Charisma and Authority in Israelite Society*, Fortress Press, Minneapolis.

Jaher F.C., 1973, *The Rich, the Well Born, and the Powerful. Elites and upper Classes in History*, University of Illinois Press, Urbana, Ill.

Jaques E., 1976, *A General Theory of Bureaucracy*, Heinemann, London (tr. it.: *Teoria generale della burocrazia*, Isedi-Mondadori, Milano, 1976).

Jaques E., 1994, *Executive Leadership: A Practical Guide to Managing Complexity*, Casan Hall & Co., Arlington, Va.

Jaques E., Clement S., 1991, *Executive Leadership*, Casan Hall & Co., Arlington, Va.

Jermier J.M., 1993, "Introduction: Charismatic Leadership: Neo-Weberian Perspectives", *Leadership Quarterly*, 4, pp. 217-233.

Kelley R., 1992, *The Power of Followership. How to Create Leaders People Want to Follow and Followers Who Lead Themselves*, Doubleday Publishing Group, Inc., New York (tr. it.: *Il potere dei collaboratori. Come creare collaboratori capaci di guidarsi… e leader che sappiano farsi guidare*, F. Angeli, Milano, 1994).

Kennedy C., 1992, *I guru del management*, supplemento ad *Espansione*, n. 268, Mondadori, Milano.

Kerr S., 1984, *Leadership and Participation*. In: A. Brief (ed.), *Research on Productivity*, Praeger, New York.

Kets de Vries M.F.R., 1993, *Leaders, Fools and Impostors: Essay on the Psychology of Leadership*, Jossey-Bass, San Francisco (tr. it.: *Leader, giullari e impostori: sulla psicologia della leadership*, Cortina, Milano, 1995).

Kuczmarksi S.S., 1995, *Values-Based Leadership*, Prentice Hall, Englewood Cliffs, N.J.

Longhin L., Mazzei Maisetti F. (a cura di), 1991, *Psicoanalisi e potere*, Laterza, Bari.

Love J.R., 1994, *Liberating Leaders from the Superman Syndrome*, University Press of America, Lanham, Md.

Macciocca L., Massimo R., 1992, *Effetto Leadership*, Buffetti, Roma.

McMahon C., 1989, "Managerial Authority", *Ethics*, 100, n. 1, pp. 14-18.

Merton R.K., 1957, *Social Theory and Social Structure*, Free Press, Glencoe, Ill.

Moscovici S., Doise W., Halls W.D., 1994, *Conflict and Consensus. A General Theory of Collective Decisions*, Sage, London.

Oakley Ed., 1994, *Enlightened Leadership: Getting to the Heart of Change*, Simon & Schuster, New York.

Panebianco A., 1993, "La battaglia del nuovo", *Il Corriere della sera*, 19 luglio, p. 1.

Pierce J.L., 1995, *Leaders and Leadership Process: Readings, Self-Assesments, and Applications*, Austen Press, Rochester, NY.

Post J.M., 1986, "Narcissism and the Charismatic Leader-Follower Relationship", *Political Psychology*, 7, pp. 675-688.

Quaglino G.P., 1994, *Leader senza ombra e organizzazioni senza anima*. Pref. all'edizione italiana di Kets de Vries, Cortina, Milano, pp. VII-XV.

Rice A.K., 1969, "Individual, Group and Intergroup Processes", *Human Relations*, 22, pp. 565-584.

Schein E.H., 1985, *Organizational Culture and Leadership*, Jossey-Bass, San Francisco (tr. it.: *Cultura d'azienda e leadership. Una prospettiva dinamica*, Guerini, Milano, 1990).

Schmitt C., 1954, *Geschpräch über die Macht und den Zugang zum Machtaber*, G. Neske Ed., Pfüllingen (tr. it.: *Dialogo sul potere*, Il Melangolo, Genova, 1990).

Schuman H., Bobo L., Krysan M., 1992, "Authoritarianism in the General Population. The Education Interaction Hypothesis", *Social Psychology Quarterly*, 55 (4), pp. 379-387.

Sells S.B., 1976, *Organizational Climate as a Mediator of Organizational Performance*, Science Technology and the Modern Navy, Department of Navy, ONR, Arlington, Va.

Shamir B., Arthur M.B. & House, Robert J., 1994, "The Rethoric of Charismatic Leadership: A Theoretical Extension, a Case Study, and Implications for Research", *Leadership Quarterly*, 5, pp. 25-42.

Spaltro E., 1982, *Soggettività*, Patron, Bologna.

Starratt R.J., 1993, *The Drama of Leadership*, Falmer Press, London.

Taylor F.W., 1947, *Scientific Management*, Harper and Row, New York (tr. it.: *L'organizzazione scientifica del lavoro*, Etas Kompass, Milano, 1967).

Trentini G., 1962, "La similarità assunta dei leaders", *Arch. di Neur.*, XXXIII, 6, pp. 537-567.
Tuccari F., 1991, *Carisma e leadership nel pensiero di Max Weber*, F. Angeli, Milano.
Turner S., 1993, "Charisma and Obedience: A Risk Cognition Approach", *Leadership Quarterly*, 4, pp. 235-256.
Vitale M., 1991, *Da manager a leader*, Club Istud, manoscritto non pubblicato, p. 11.
Weber M., 1922, *Wirtschaft und Gesellschaft*, Tubingen (tr. it. *Economia e società*, Edizioni di Comunità, Milano, 1961).
Weber M., 1958, *The Religion of India: The Sociology of Hinduism and Buddhism*, tr. a cura di H.H. Gerth & D. Martindale, C.T. Press, Glencoe.
Weber M., 1921, *The Sociology of Charismatic Authority* (tr. dal tedesco a cura di H.H. Gerth e C.W. Mills, da Max Weber, *Essays in Psychology*, Oxford U.P., New York, 1946, pp. 245-252).
Westely F., Mintzberg H., 1989, "Visionary Leadership and Strategic Management", *Strat. Manag. S.*, 10, pp. 17-32.

Capitolo IV. I livelli di funzionamento dell'individuo nel sociale

Alberoni F., 1968, *Statu nascenti*, Il Mulino, Bologna.
Argyle M., 1983, *The Psychology of Interpersonal Behavior*, Penguin, Harmondsworth.
Argyle M., Henderson M., 1985, *The Anatomy of Relationships*, Heinemann, London.
Argyris C., 1964, "The Contingency Model of Leardership Effectiveness. An Evaluation", *Organizational Behavior and Human Performance*, 9, pp. 339-355.
Argyris C., 1990, *Overcoming Organizational Defences*, Alley & Bacon, New York (tr. it.: *Superare le difese organizzative. Strategie vincenti per facilitare l'apprendimento nelle organizzazioni*, Cortina, Milano, 1994).
Asch S., 1955, *Social Psychology*, Prentice-Hall, New York (tr. it.: *Psicologia sociale*, SEI, Torino, 1958).
Bales R.F., 1950, *Interaction Process Analysis*, Addison-Wesley, Reading, MA.
Benincasa V., Vogelsang A., 1994, "Problematiche della comunicazione e livelli di funzionamento conscio e inconscio delle strutture produttive", *Personale e lavoro*, n. 373, pp. 14-19.
Benveniste E., 1969, *Le vocabulaire des institutions indo-européennes*, Edit. de Minnit, Paris (tr. it.: *Il vocabolario delle istituzioni europee*, Einaudi, Torino, 1976).
Bion W.R., 1961, *Experiences in Groups and Other Papers*, Basic Books, New York (tr. it.: *Esperienza nei gruppi*, Armando, Roma, 1961).
Carli R., 1972, *Fenomenologia dell'adattamento sociale*. In: L. Ancona (a cura di), *Questioni di psicologia*, La Scuola, Brescia.
Carli R., Paniccia R.M., 1981, *Psicosociologia delle organizzazioni e delle istituzioni*, Il Mulino, Bologna.
Cigoli V., 1992, *Dall'interazione alla relazione. Teorie dell'azione e temporalità*, Atti del VI Congresso Nazionale di Psicologia Sociale, Pisa, settembre.
Dahrendorf R., 1997, *Perché l'Europa? Riflessioni di un europeista scettico*, Laterza, Bari.
De Masi D., 1973, *Sociologia dell'azienda*, Il Mulino, Bologna.

Duck S., 1994, *Dynamics of Relationship*, Sage Publish, London.
Duck S., 1991, *Human Relationships*, Sage Publish, London.
Duck S., Wood J.T., 1995, *Relationship Challenges*, Sage, London.
Fornari F., 1963, *La vita affettiva originaria del bambino*, Feltrinelli, Milano.
Gleason J.J., Seaman F.J., Hollander E.P., 1978, "Emergent Leadership Processes as a Funtion of Task Structure and Machiavellianism", *Social Behavior and Personality*, 6, pp. 33-36.
Hackman J.R., Morris C.G., 1975, *Group Tasks, Group Interaction Process and Group Performance Effectiveness: A Review and Proposal Integration.* In: L. Berkowitz (ed.), *Advances in Experimental Social Psychology*, v. 8, Academic Press, New York.
Heider F., 1958, *The Psychology of Interpersonal Relations*, Wiley, New York.
Hinde R.A., 1997, *Relationships: Dialectical Perspective*, Lawrence Erlbaum Associates Inc., U.K. (in corso di pubblicazione).
Hollander E.P., 1995, *Organizational Leadership and Followership: The Role of Interpersonal Relations*. In: P. Collett, A. Furnham (eds.), *Social Psychology at Work. Essay in Honour of Michael Argyle*, Routledge, New York, pp. 69-87.
Hollander E.P., 1992, "Leadership, Followership, Self, and Others", *Leadership Quarterly*, (3) 1, pp. 43-54.
Hollander E.P., 1978, *Leadership Dynamics: A Practical Guide to Effective Relationship*, Free Press, New York.
Howard V.A., 1994, *Work, Education, and Leadership: Essays in the Philosophy of Education*, P. Lang, New York.
Jeanneney J., 1994, *L'avenir vient de loin*, Seuil, Paris.
Katz D., Kahn R.L., 1968, *Psicologia sociale delle organizzazioni*, Etas Kompass, Milano.
Kelley H.H., Thiebaut J.W., 1978, *Interpersonal Relations: A Theory of Interdependence*, Wiley, New York.
Kriss E., 1952, *Preconscious Mental Mechanism*. In: *Psychoanalitical Explorations, Art*, Intern. U.P., New York (tr. it.: *Ricerche psico-analitiche sull'arte*, Einaudi, Torino, 1967).
Labella A., Celani T., 1994, "Formazione e istituzione: la nostra esperienza", *Arch. di psicol., neurol. e psich.*, a. LV, n. 3, maggio-giugno, pp. 659-665.
Levy A., 1965, *Psychologie sociale. Textes fondamentaux anglais et américains*, Demod, Paris (tr. it.: *Psicologia sociale, testi fondamentali inglesi e americani*, O.S., Firenze, 1977).
Lewin K., 1948, *Resolving Social Conflicts: Selected Papers on Group Dynamics*, Harper, New York.
Lewin K., 1951, *Field Theory in Social Science*, Harper, New York.
Lo Verso G., 1991, *Il setting formativo: verso una teoria del gruppo di formazione* (manoscritto non pubblicato).
March J.G., Simon H.A., 1961, *Organizations*, Willey, New York.
Marrow A.J., 1969, *The Practical Theorist: The Life and Work of Kurt Lewin*, Basic Books, New York.
Novaga M., 1997, *Psicologia delle organizzazioni*, Maggioli Ed., Rimini.
Post J.M., 1986, "Narcissism and the Carismatic Leader-Follower Relationship", *Political Psychology*, 7, pp. 675-688.
Quaglino G.P., 1996, *Psicodinamica della vita organizzativa. Competizione, difese, ambivalenza nelle relazioni di lavoro*, Cortina, Milano.
Sarason I.G. (a cura di), 1980, *Test Anxiety: Theory, Research and Applications*, Erlbaum, Hillsdale, NJ.

Scabini E. (a cura di), 1982, *Psicologia sociale*, Boringhieri, Torino.
Sherif M. *et al.*, 1961, *Intergroup Conflict and Cooperation: The Robbers Cave Experiment*, University Book Exchange, Norman, Okla.
Sherif M. & C., 1953, *Groups in Harmony and Tension*, Harper, New York.
Smith S., Haythorn W.W., 1972, "Effects of Compatibility, Crowding, Group Size, and Leadership Seniority on Stress, Anxiety, Hostility and Annoyance in Isolated Groups", *Journal of Personality and Social Psychology*, 22, 67.
Spaltro E., 1996, *Il buon lavoro*, Edizioni Lavoro, Roma.
Steiner I.D., 1972, *Group Process and Productivity*, Academic Press, New York.
Stogdill R.M., 1950, *Leadership, Membership, Organization*. In: C.A. Gibb (ed.), *Leadership*, 1969, Penguin, Harmondsworth.
Trentini G., 1962, "La similarità assunta dei leaders", *Arch. di Neur.*, XXXIII, 6, pp. 537-567.
Triandis H.C., 1979, *Values, Attitudes and Interpersonal Behavior*. In: H.E. Howe (ed.), *Nebraska Symposium on Motivation 1979: Beliefs, Attitudes and Values*, vol. 27, University of Nebraska Press, Lincoln.
Volkan V.D., "Ethnicity and Nationalism: A Psychoanalytic Perspective", *Applied Psychology: An Intern. Review*, 1998, 47(1), pp. 45-57.
Weimann G., 1994, *The Influentials: People who Influence People*, State University of New York Press, New York.
Zajonc R.B., 1965, "Social Facilitation", *Science*, 149, pp. 269-274.

Capitolo V. Gruppo e leadership

Abdullah S.M., 1995, *The Power of One: Authentic Leadership in Turbulent Time*, New Society Publisher, Philadelphia.
Alberoni F., 1968, *Statu nascenti*, Il Mulino, Bologna.
Amerio P., 1987, *Individui e gruppi nell'ottica cognitiva psicosociale*. In: G. Trentini (a cura di), *Il cerchio magico*, F. Angeli, Milano, pp. 21-52.
Ancona L., Achille P.E., 1974, *Comportamenti e tecniche di gruppo*, Etas Libri, Milano.
Anderson L.R., 1966, "Leader Behavior, Member Attitudes and Task Performance of Intercultural Groups", *Journal of Social Psychology*, 69, pp. 305-318.
Andrews H.B., 1995, *Group Design and Leadership: Strategies for Creating Successful Common-Theme Group*, Allyn and Bacon, Boston.
Anzieu D., 1976, *Le group et l'inconscient*, Bordas, Paris (tr. it.: *Il gruppo e l'inconscio*, Borla, Roma, 1990).
Bales R.F., Slater P.E., 1955, Role *Differentiation in Small Decision-Making Groups*. In: C.A. Gibb (ed.), *Leadership*, 1969, pp. 255-276.
Barr L., 1994, *Leadership: Development, Power and Maturity, Eakin Press, Austin,* Tex.
Basso J.A., 1983, *Les groupes de pression*, Puf, Paris.
Bennis W., Nanus B., 1985, *Leader. The Strategies for Taking Charges*, Harper & Row, New York (tr. it.: *Leader, autonomia della leadership*, F. Angeli, Milano, 1990).
Blanchard K., 1988, *Raving Fans. A Revolutionary Approach to Customer Service*, William Morrow & Co. Inc., New York (tr. it. *Costruire gruppi di successo*, F. Angeli, Milano, 1991).

Celani T., Percopo Napolitani A., 1994, "Il gruppo con e nella istituzione. Verso un progetto di formazione", *Arch. di Psicol., Neurol. e Psich.*, 3, a. IV, maggio-giugno, pp. 701-707.
Corino U., Napoletano L., 1980, *La formazione orientata sul gruppo di lavoro*, F. Angeli, Milano.
Di Maria F., Lo Verso G. (a cura di), 1995, *La psicodinamica dei gruppi*, Cortina, Milano.
Duck S. (ed.), 1994, *Dynamics in Relationships*, Sage, London.
Eco U., 1975, *Trattato di semiotica generale, Bompiani, Milano.*
Eco U., 1985, *Sugli specchi e altri saggi*, Bompiani, Milano.
Eiser R., 1980, *Cognitive Social Psychology*, McGraw Hill, New York (tr. it.: *Psicologia sociale cognitivista*, Il Mulino, Bologna, 1983).
Fagenson E.A., 1994, "Mentoring. Who needs it? A Comparison of Proteges' and Nonproteges' Needs for Power, Achievement, Afiliation and Authority", *Journal of Location Behavior*, 45, pp. 123-124.
Flament C., 1965, *Réseaux de communication et structures de group*, Dunod, Paris (tr. it.: *Reti di comunicazione e strutture di gruppo*, Isedi, Milano, 1974).
Fornari F., 1987, *Gruppo e codici affettivi*. In: G. Trentini (a cura di), *Il cerchio magico*, F. Angeli, Milano, pp. 137-157.
Fornari F., 1983, *La lezione freudiana*, Feltrinelli, Milano.
Fornari F., 1981, *Il codice vivente. Femminilità e maternità nei sogni delle madri in gravidanza*, Boringhieri, Torino.
Fornari F., Frontori L., Riva Crugnola, 1985, *Psicoanalisi in ospedale. Nascita e affetti nell'istituzione*, Cortina, Milano.
Freud S., 1921, *Massenpsychologie und Ich-Analyse*, Internationaler psychoanalysischer Verlag, Liepzig, Wien, Zurich (tr. it.: *Psicologia delle masse e analisi dell'Io*. In: *Opere*, vol. IX, Boringhieri, Torino, 1977).
Gardner H., 1995, *Leading Minds: An Anatomy of Leadership*, Basic Books, New York.
Groon P., 1993, "Psychobiology on the Couch: Character, Biography and Comparative Study of Leaders", *Journal of Applied Behavioral Science*, 29, pp. 342-358.
Heller F.A., 1986, *The Use and Abuse of Social Science*, Sage, London.
Hemphill J.K., 1949, *The Leader and his Group*. In: Gibb C.A. (ed.), *Leadership*, 1969, pp. 223-229, Penguin B., Harmondsworth.
Hollander E.P., Kelly D.R., 1990, *Rewards from Leaders as Perceived by Followers: Further Use of Critical Incidents and Rating Scales*, Eastern Psychological Association Annual Meeting, 30 marzo, Philadelphia.
Hoyle F., 1958, *The Black Cloud* (tr. it.: *La nuvola nera*, Garzanti, Milano, 1966).
Kaneklin C., 1996, *La leadership creativa*, XXIV Congresso Nazionale Psicologia Italiana, Gorizia, ottobre.
Kotler J.A., 1994, *Advanced Group Leadership*, Brooks/Cole, Pacific Grove, CA.
Lewin K., 1947, *Group Decision and Social Change*. In: T.T. Newcomb e E.L. Hartley (eds.), *Readings in Social Psychology*, Holt, New York, pp. 330-340.
Lewin K., 1951, *Field Theory in the Social Sciences*, Harper, New York.
Liss J.K., 1991, *La comunicazione ecologica: manuale per la gestione dei gruppi di cambiamento sociale*, La Meridiana, Molfetta.
Lord R.G., Masher K.J., 1990, *Leadership Perceptions and Leadership Performance: Two Distinct but Interdependent Processes*. In: J. Carroll (ed.), *Advances in Applied Social Psychology: Business Settings*, vol. 4, pp. 129-154, Erlbaum, Hillsdale, N.J.
Lo Verso G., 1994, "La gruppoanalisi: basi epistemico-metodologiche", *Arch. di psicol, neurol. e psich.*, n. 3, a. LV, maggio-giugno, pp. 608-618.

Luft J., 1969, *Of Human Interaction*, National Press, Palo Alto, Ca. (tr. it.: *Psicologia e comunicazione*, Isedi, Milano, 1975).
McClelland D.C., 1975, *Power: the Inner Experience*, Free Press, New York.
Moreno J.L., 1934, *Who Shall Survive?*, Beacon House, New York.
Napolitani F., Percopo Napolitani A., 1994, "Terapeuta e gruppo. Terapeuta, gruppo e istituzione", *Arch. di psicol. neurol. e psich.*, n. 3, a. LV, maggio-giugno, pp. 671-678.
Nelson P.D., 1964, *Similarities and Differences among Leaders and Followers*. In: C.A. Gibb (ed.), *Leadership*, Penguin, Harmondsworth, 1969, pp. 307-316.
O'Brien G.E., 1969, "Group Structure and Measurement of Potential Leader Influence", *Australian Journal of Psychology*, 21, pp. 277-289.
Offermann L.R., Kennedy J.K., Wirtz P.W., 1994, "Implicit Leadership Theories: Content, Structure and Generalizability", *Leadership Quarterly*, 5, pp. 43-58.
Ortega y Gasset J., 1941, *Historia como sistema y del Imperio Romano*, Ed. Alianza editorial, Madrid (tr. it.: in *Scritti politici*, a cura di L. Pellicani e A. Caucchia Scalamatti, Utet, Torino, 1979).
Pepitone A., 1981, "Lessons from the History of Social Psychology", *Amer. Psychologist*, vol. 36, n. 9, pp. 972-985.
Pierce J.L., 1995, *Leaders and Leadership Process: Readings, Self-Assesments and Applications*, Austen Press, Rochester, NY.
Reich R.B., 1987, "Entrepreneurship Reconsidered: the Team as Hero", *Harvard Business Review*, 65(3), pp. 77-83.
Romano R., 1981, *Il sapere come rete di modelli, Introduzione*. In: *Atti del Convegno "La conoscenza oggi"*, Modena, 20-23 gennaio 1981, Einaudi-Patrini, Modena, pp. 1-12.
Sherif M., 1968, *Group Formation*. In: D.L. Sills (ed.), *International Encyclopedia of the Social Science*, vol. 6, pp. 276-283, Macmillan and Free Press, New York.
Shima H., 1968, "The Relationship between the Leader's Model of Interpersonal Cognition and the Performance of the Group", *Japanese Psycological Research*, 10, pp. 13-30.
Sonnenfeld J.A. (ed.), 1995, *Concepts of Leadership*, Dartmouth.
Spaltro E., 1985, *Pluralità, Manuale di psicologia di gruppo*, Patron, Bologna.
Spaltro E., 1978, *Lotta contro e lotta per*, Celuc, Milano.
Tajfel H., Fraser C., 1978, *Introducing Social Psychology*, Penguin, Harmondworth (tr. it.: *Introduzione alla psicologia sociale*, Il Mulino, Bologna, 1979).
Trentini G., 1963, "Tecniche di gruppo e ricerche motivazionali", *La misura dei mercati e dell'opinione pubblica*, n. 4, pp. 1-28.

Capitolo VI. I codici affettivi

Bertcher H.J., 1995, *Group Participation, Techniques for Leaders and Member*, Sage, London.
Boehnke K., Hagan J., Merkens H., "Right-wing Extremism Among German Adolescents: Risk Factors and Protective Factors", *Applied Psychology: An Intern. Review*, 1998, 47(1), pp. 109-126.
Celestino Guastoni R., 1993, "La leadership: tra l'ordine del giorno e l'ordine della notte", *FOR*, n. 21-22, pp. 85-88.
Cristante D., 1993, *Una teoria onirica della conoscenza*, Il Cardo, Venezia.
Fornari F., 1976, *Simbolo e codice*, Feltrinelli, Milano.

Fornari F., 1976, *Introduzione, Psicoanalisi nelle istituzioni e psicoanalisi dell'ideologia*. In: *Psicoanalisi e istituzioni*, Atti del congresso tenutosi all'Università degli Studi di Milano, 30 ottobre-1 novembre 1976, Firenze, 1978, pp. VII-XIII e 285-301.
Fornari F., 1977, *Dalla Traumdeutung all'analisi coinemica*, Unicopli, Milano.
Fornari F., 1979, *I fondamenti di una teoria psicoanalitica del linguaggio*, Torino.
Fornari F., 1980, *Analisi coinemica del colloquio*. In: G. Trentini (a cura di), *Manuale del colloquio e dell'intervista*, Mondadori, Milano.
Fornari F., 1981, *Il codice vivente. Femminilità e maternità nei sogni delle madri in gravidanza*, Boringhieri, Torino.
Fornari F., 1981, *La malattia dell'Europa*, Feltrinelli, Milano.
Fornari F., 1987, *Gruppo e codici affettivi*. In: G. Trentini (a cura di), *Il cerchio magico*, F. Angeli, Milano.
Freud S., 1900, *Die Traumdeutung*, F. Deuticke, Leipzig und Wien (tr. it.: *L'interpretazione dei sogni*, a cura di C. Musatti, Boringhieri, Torino, 1966).
Galimberti U., 1991, *Il corpo*, Feltrinelli, Milano.
Greenwood J.D., 1994, *Realism, Identity and Emotion, Reclaiming Social Psychology*, Sage, London.
Iannaccone A. *et al.*, 1993, "On becoming a Leader: Effects of Gender and Cultural Differences on Power Distance Reduction", *European Journal of Social Psychology*, 23,4, luglio-agosto.
Kuczmarksi S., 1995, *Values-Based Leadership*, Brooks/Cole, Pacific Grove, Ca.
Marsiglio W. (ed.), 1995, *Fatherhood*, Sage, London.
McClelland D.C., 1975, *Power: The Inner Experience*, Free Press, New York.
Muensterberger W., Esman A. (eds.), 1972, *The Psychoanalytic Study of Society*, vol. V, International Universities Press Inc., New York.
Nair K., 1994, *A Higher Standard of Leadership: Lessons from the Life of Gandhi*, Berrett-Koehler, San Francisco.
Panebianco A., 1996, "Le due giustizie", *Il Corriere della sera*, 10 aprile, pp. 1-2.
Pauletta D'Anna G.M., 1996, *Sulla relazione e sul gruppo*, il Segnalibro, Torino.
Posthuma B.W., 1996, *Small Group in Counseling and Therapy: Process and Leadership*, Allyn & Bacon, Boston.
Quaglino G.P., Casagrande S., Castellano A., 1992, *Gruppo di lavoro, lavoro di gruppo*, Cortina, Milano.
Spaltro E., 1982, *Soggettività. Introduzione alla psicologia del lavoro*, Patron, Bologna.
Volkan V.D., "Ethnicity and Nationalism: A Psychoanalytic Perspective", *Applied Psychology: An Intern. Review*, 1998, 47(1), pp. 45-57.

Capitolo VII. Genesi delle ricerche sugli stili di conduzione della leadership

Bales R.F., 1950, *Interaction Process Analysis: A Method for the Study of Small Groups*, Addison-Wesley, Cambridge, Mass.
Bass B., 1990, "From Transactional to Transformational Leadership", *Organization Dynamics*, 18, pp. 19-31.
Beck J., 1994, *The Leader's Window: Mastering the Four Styles of Leadership to build High-Performing Teams*, Wiley, New York.
Bourantas D., Paplexandris N., "Sex Differences in Leadership: Leadership Styles and Subordinate Satisfaction", *Administrative Science Quarterly*, vol. 5, n. 5, pp. 7-10.

Coser L., 1956, *The Functions of Social Conflict*, The Free Press, Glencoe, III (tr. it.: *Le funzioni dei conflitti sociali*. In: A. Levy (a cura di), *Psicologia sociale: testi fondamentali anglo-americani*, O.S., 1977, Firenze).

De Vito Piscicelli P., Zanarini E., 1996, *L'arte del comando*, NIS, Roma.

Gaskell G., Sealy P. (eds.), 1979, *Social groups*, Open University (tr. it.: *I gruppi sociali*, Mondadori, Milano, 1980).

Gastil J., 1994, "A Meta-Analysis Review of the Productivity and Satisfaction of Democratic and Autocratic Leadership", *Small Group Research*, 25 (3), pp. 384-410.

Hersey P., Blanchard K.H., 1982, *Management of Organizational Behavior*, Prentice-Hall, New York (tr. it.: *Leadership situazionale*, Sperling & Kupfer, Milano, 1984).

Lewin K., 1952, *Field Theory in Social Science*, Tavistock, London.

Lewin K., Lippitt R., White R., 1939, "Pattern of Aggressive Behavior in Experimentally Created 'Social Climates'", *Journal of Social Psychology*, X, pp. 271-299.

Likert R., 1967, *The Human Organization*, McGraw-Hill, New York.

Likert R., 1961, *New Patterns of Management*, McGraw-Hill, New York (tr. it.: *Nuovi modelli di direzione aziendale*, F. Angeli, Milano, 1988).

Marino S., Saggino A., 1994, "Tipi psicologici e stili di leadership: una rassegna della letteratura sul Myers-Briggs Type Indicator", *Psicologia e lavoro*, a. XXIV, 3, pp. 36-43.

McGregor D., 1966, *Leadership and Motivation*, MIT Press (tr. it.: *Leadership e motivazione nelle imprese*, F. Angeli, Milano, 1975).

Mitchell D.V., 1968, "Leadership Complexity and Leadership Style", *Journal of Personality and Social Psychology*, 16, pp. 166-174.

Reddin W.J., 1967, "The 3-D Management Style Theory", *Training and Development Journal*, April.

Sanford F., 1950, *Authoritarianism and Leadership*, Institute for Research in Human Relations, Philadelphia.

Schachter S., 1951, "Deviation, Resectand Communication", *Journal of Abnorm. Soc. Psychol.*, 1946, pp. 190-207 (tr. it.: A. Levy (a cura di), *Psicologia sociale, testi fondamentali anglo-americani*, O.S., Firenze, 1977).

Shula D., 1995, *Everyone's a Coach: You Can Inspire Anyone to Be a Winner*, Harper Business, New York.

Singh P., 1979, *Occupational Values and Styles of Indian Manager*, Wiley Eastern, New Delhi.

Sinha J.B.P., 1980, *The Nurturant Task Leader*, Concept, New Delhi.

Spaltro E., 1992, *Soggettività*, Patron, Bologna.

Tannenbaum A.S., 1967, *Social Psychology of the Work Organization*, Wardsworth Pub. Co., Belmont, Ca. (tr. it.: *Psicologia sociale della organizzazione di lavoro*, F. Angeli, Milano, 1969).

Tannenbaum R., Weschler I.R., Massarik F., 1975, *Leadership and Organization: A Behavioral Science Approach*, McGraw-Hill, New York (tr. it.: *La direzione degli uomini. Leadership e nuovi stili di direzione nelle imprese: l'approccio comportamentistico*, F. Angeli, Milano, 1977).

Thibaut J.W., Kelley H.H., 1959, *The Social Psychology of Group*, Wiley, New York.

Capitolo VIII. I modelli della leadership

Bales R.F., Slater P.E., 1955, *La differenziazione dei ruoli nei gruppi ristretti decisionali*. In: T. Parsons e R.F. Bales (eds.) (tr. it.: *Famiglia e socializzazione*, Mondadori, Milano, 1974).

Barge J.K., 1994, *Leadership: Communication Skills for Organizations and Group*, St. Martin Press, New York.
Bass B., 1990, "From Transactional to Transformational Leadership", *Organizational Dynamics*, 18, pp. 19-31.
Bennis W., Nanus B., 1985, *Leaders. The Strategies for Taking Charges*, Harper & Row, New York (tr. it.: *Leader, anatomia della leadership*, F. Angeli, Milano, 1990).
Bettin P.J., Fiedler F.E., 1984, "The Effects of Ledership Experience on Organizational Performance: A Review", *Organizational Research Tech. Rep.*, n. 84-5.
Blake R.R., Mouton J.S., 1964, *The Managerial Grid*, Gulf Publ. Co., Houston, Tex.
Binda W., Trentini G., 1982, *La leadership*. In: E. Scabini (a cura di), *Psicologia sociale*, Boringhieri, Torino.
Boehnke K., Bar-Tal D., "Political Psychology as Applied Psychology: An Introduction", *Applied Psychology: An Intern. Review*, 1998, 47(1), pp. 3-4.
Bons P.M., Fiedler F.E., 1976, "Changes Organizational Leadership and the Behavior of Relationship-and Task-Motivated Leader", *Administrative Science Quarterly*, 21, pp. 453-473.
Bryman A., 1992, *Charisma & Leadership in Organization*, Sage, London.
Chemers M.M., Ayman R. (eds.), 1993, *Leadership Theory and Research: Perspectives and Directions*, Academic Press, San Diego.
De Masi D., Bonzanini A. (a cura di), 1984, *Trattato di sociologia del lavoro e dell'organizzazione*, F. Angeli, Milano.
Di Tomaso N., 1993, "Weber's Social History and Etzioni's Structural Theory of Charisma in Organization: Implications for Thinking about Charismatic Leadership", *Leadership Quartely*, 4, pp. 257-275.
Fairholm G.W., 1994, *Leadership and the Culture of Trust*, Praeger, Westport, Conn.
Fiedler F.E., 1964, *A Contingency Model of Leadership Effectiveness*. In: L. Berkowitz (ed.), *Advances in Experimental Social Psychology*, vol. 1, Academic Press, New York, pp. 149-190.
Fiedler F.E., 1965, *The Contingency Model: A Theory of Leadership Effectiveness*. In: H. Phoshansky e B. Seidenberg (eds.), *Basic Studies in Social Psychology*, Holt and Co., New York, 1965.
Fiedler F.E., 1967, *A Theory of Leadership Effectiveness*, McGraw-Hill, New York.
Fiedler F.E., 1971, "Validation and Extension of the Contingency Model of Leadership Effectiveness: A Review of Empirical Findings", *Psychological Bulletin*, 76, pp. 128-148.
Fiedler F.E., 1994, *Leadership Experience and Leadership Performance*, US Army Research Institute for the Behavioral and Social Sciences, Alexandria, Virginia.
Fiedler F.E., Garcia J.E., 1988, *New Approaches to Effective Leadership*, Wiley, New York.
Frank M.S., 1993, "The Essence of Leadership", *Public Personnel Management*, 22, pp. 381-389.
Hagberg J., 1994, *Real Power: Stages of Personal Power in Organizations*, Sheffield Pub. Co., Salem, Wi.
Hersey P., Blanchard K.H, 1982, *Management of Organizational Behavior*, Prentice-Hall, Englewood Cliff (tr. it.: *Leadership situazionale: come valutare e migliorare le capacità di gestione degli uomini*, Sperling & Kupfer, Milano, 1984).
Hitt W.D., 1993, *The Model Leader: A Fully Functioning Person*, Battelle Press, Columbus, Oh.

Jaques E., 1976, *A General Theory of Bureaucracy*, Heinamann Educational Books Ltd., London (tr. it.: *Teoria generale della burocrazia*, Isedi-Mondadori, Milano, 1979).

Kaneklin C., 1997, *Research of New Models for a leadership in crisis: cross-cultural perspectives*, Symposium al VII Congresso dell'EAWOP, Verona, 25 aprile.

Kaneklin C., Aretino G., 1993, *Pensiero organizzativo e azione manageriale*, Cortina, Milano.

Kaneklin C., Stella S., 1974, *L'attività di comando*, Etas Libri, Milano.

Knoop R., 1994, "A Model of Universal Leadership based in Psychological Type", *Journal of Social Behavior & Personality*, 9.

Likert R., 1961, *New Patterns of Management*, McGraw-Hill, New York (tr. it.: *Nuovi modelli di direzione aziendale*, F. Angeli, Milano, 1973).

Lombardi M., 1972, "Stili di direzione: i modelli", *Impresa e società*, vol. 2, n. 16, pp. 6-15.

Lombardi M., 1972, "Stili di direzione: teorie e ricerche", *Impresa e società*, vol. 2., n. 20, pp. 2-10.

Marino S., Saggino A., 1994, "Tipi psicologici e stili di leadership: una rassegna della letteratura sul Myers-Briggs Type Indicator", *Psicologia e lavoro*, a. XXIV, 3, pp. 36-43.

Oakley Ed., 1994, *Enlightened Leadership: Getting to the Heart of Change*, Simon & Schuster, New York.

Peters L.H., Hartke D.D., Pohlmann J.T., 1985, "Fiedler's Contingency Theory of Leadership: An Application of the Meta-Analysis Procedure of Schmidt and Hunter", *Psychological Bulletin*, 97, pp. 274-285.

Reddin W., 1969, *The Tridimensional Grid*, University of New Brunswick Press, New Brunswick, N.J.

Redl F., 1942, "Group Emotion and Leadership", *Psychiatry*, 5, pp. 573-586 (tr. it.: *Emozione di gruppo e leadership*. In: A. Lévy (a cura di), *Psicologia sociale*, O.S., Firenze, 1977).

Rice R.W., Bender L.R., Vitters A.G., 1982, "Testing the Validity of the Contingency Model for Female and Male Leaders", *Basic and Applied Social Psychology*, 3, pp. 231-247.

Shamir B., Arthur M.B. & House, Robert J., 1994, "The Rethoric of Charismatic Leadership: A Theoretical Extension, a Case Study, and Implications for Research", *Leadership Quarterly*, 5, pp. 25-42.

Starratt R.J., 1993, *The Drama of Leadership*, Falmer Press, London.

Stella S., Kaneklin C., 1974, *L'attività di comando*, Etas Libri, Milano.

Tannenbaum R., Schmidt W.H., 1958, "How to Choose a Leadership Pattern", *Harvard Business Review*, 36. pp. 95-101.

Tichy N., Deyanna M.A., 1986, *The Transformational Leader*, Wiley, New York.

Tweeddal R.E., 1970, "Esperienze di ristrutturazione aziendale applicando la teoria 3-D", *Riv. Org. Aziend.*

Veca S., 1981, *Teorie e modelli nell'ambito del politico*. In: R. Romano (a cura di), *Il sapere come rete di modelli*, Einaudi-Panini, Modena, pp. 27-42.

Vroom V.H., 1976, *Leadership*. In: M. Dunnette (ed.), *Handbook of Industrial and Organizational Psychology*, Rand McNally, Chicago.

Vroom V.H, Yetton P.V., 1973, *Leadership and Decision Making*, University in Pittsburgh Press, Pittsburgh, P.A.

Weimann G., 1994, *The Influentials: People who Influence People*, State University of New York Press, New York.

Capitolo IX. Le funzioni della leadership

Bales R.F., 1970, *Personality and Interpersonal Behavior*, Holt, Linehart & Winston, New York.

Barnard C.I., 1938, *The Functions of the Executive*, Harvard U.P., Cambridge, Mass (tr. it. *Le funzioni del dirigente*, Utet, Torino, 1974).

Bennis W., Nanus B., 1985, *Leader. The Strategies for Taking Charges*, Harper & Row, New York (tr. it.: *Leader, autonomia della leadership*, F. Angeli, Milano, 1990).

Buker E.A., Leiserson M.A., Rinehart J.A. (eds.), 1994, *Taking Parts: Ingredients for Leadership, Participation and Empowerment*, University Press of America, Lanham.

Chemers M.M., 1970, "The Relationship between Birth Order and Leadership Style", *Journal of Social Psychology*, 80, pp. 243-244.

Coser L., 1955, "The Functions of Small-Group Research", *Soc. Problems* 3, pp. 1-6 (tr. it.: *Le funzioni del conflitto sociale*. In: A. Levy (a cura di), *Psicologia sociale*, O.S., Firenze, 1977).

Cunningham W.G., 1993, *Cultural Leadership: the Culture of Excellence in Education*, Allys & Bacon, Boston.

De Masi D., 1993, *Imparare ad essere creativi*. In: Atti del XII Congresso AIF, 27-30 ottobre, Parma.

Duck S. (ed.), 1994, *Dynamics of Relationships*, Sage, London.

Fagenson E.A., 1994, "Mentoring. Who needs it? A Comparison of Proteges' and Nonproteges' Needs for Power, Achievement, Afiliation and Authority", *Journal of Location Behavior*, 45, pp. 123-124.

Ferrarotti F., 1967, *La sociologia*, Garzanti, Milano.

Fiedler F.E., 1994, *Leadership Experience and Leadership Performance*, US Army Research Institute for the Behavioral and Social Sciences, Alexandria, Virginia.

Fornari F., 1979, *I fondamenti di una teoria psicoanalitica del linguaggio*, Boringhieri, Torino.

Gibb C.A., 1969, *Leadership*. In: G. Lindzeyn (ed.), *Handbook of Social Psychology*, Addison Wesley, Reading, Mass.

Greenwood J.D., 1994, *Realism, Identity and Emotion, Reclaiming Social Psychology*, Sage, London.

Gryskiewicz S., Vaught B.C., Johansson C.B., 1975, *Describing the Creative Leader*. In: *I Nation. Confer. Myers-Briggs Type Indicator*, 20 ottobre, Gainesville, Florida.

Hanks K., 1994, *The Change Navigator: Preparing a New Kind of Leader for an Uncharted Tomorrow*, Crisp, Menlo Park, Ca. (tr. it. *Navigare nel cambiamento. Come preparasi a un futuro inesplorato*, F. Angeli, Milano, 1996).

Hitt W.D., 1993, *The Model Leader: A Fully Functioning Person*, Battelle Press, Columbus, Oh.

Hollander E.P., 1995, *Organizational Leadership and Followership: The Role of Interpersonal Relations*. In: P. Collett e A. Furnham (eds.), *Social Psychology at Work. Essay in Honour of Michael Argyle*, Routledge, New York, pp. 69-87.

Hollander E.P., 1986, "On the Central Role of Leadership Process", *International Review of Applied Psychology*, 35, pp. 39-52.

Jacques E., 1989, *Requisite Organization: The CEO's Guide to Creative Structure and Leadership*, Cason Hall & Co., London (tr. it.: *L'organizzazione indispensabile. Guida alla leadership e alla struttura creativa*, Guerini, Milano, 1991).

Janis I.L., 1989, *Crucial Decisions. Leadership in Policymaking and Crisis Management*, Free Press MacMillan Inc., New York (tr. it.: *Scelte cruciali. Come migliorare la qualità della leadership e delle decisioni in politica, in economia e nelle istituzioni*, Giunti, Firenze, 1992).

Jaworski A., 1993, *The Power of Silence, Social and Pragmatic Perspectives*, Sage, London.

Kets De Vries F.R., 1993, *Leaders, Fools and Impostors: Essay on the Psychology of Leadership*, Jossey-Bass, San Francisco (tr. it.: *Leader, giullari e impostori sulla psicologia della leadership*, Cortina, Milano, 1995).

Lawrence P.R., Lorsch J.W., 1967, *Organization and Environment: Differentiation and Integration*, Harvard U.P., Cambridge, Mass.

Lawrence P.R., Lorsch J.W., 1967, "Differentiation and Integration in Complex Organizations", *Administrative Science Quarterly*, 12, pp. 1-47.

Love J.R., 1994, *Liberating Leaders from the Superman Syndrome*, University Press of America.

Moscovici S., Doise W., Halls W.D., 1994, *Conflict and Consensus. A General Theory of Collective Decisions*, Sage, London.

Pierce J.L., 1995, *Leaders and Leadership Process: Readings, Self-Assesments and Applications*, Austen Press, Rochester, NY.

Pollina G., 1993, *Fondamenti della leadership manageriale e della leadership specialistica, Psicologi e Organizzazioni*, Logos, Padova.

Posthuma B.W., 1996, *Small Groups in Counseling and Therapy: Process and Leadership*, Allyn & Bacon, Boston.

Redl F., 1942, *Émotion de groupe et leadership*. In: A. Levy (ed.), *Psychologie Sociale*, Dunod, Paris, 1968 (tr. it.: *Emozione di gruppo e leadership*. In: A. Lévy (a cura di), *Psicologia sociale*, O.S., Firenze, 1977).

Rispoli L., 1994, "La psicoterapia funzionale nel gruppo e nell'istituzione", *Arch. di psicol., neurol. e psich.*, 3, a. LV, pp. 694-700.

Schein E.C., 1985, *Organizational Culture and Leadership*, Jossey-Bass, San Francisco (tr. it.: *Cultura d'azienda e leadership. Una prospettiva dinamica*, Guerini, Milano, 1990).

Schuman H., Bobo L., M. Krysan, 1992, "Authoritarianism in the General Population. The Education Interaction Hypothesis", *Social Psychology Quarterly*, 55 (4), pp. 379-387.

Sells S.B., 1976, *Organizational Climate as a Mediator of Organizational Performance*, Science Technology and the Modern Navy, Department of Navy, ONR, Arlington, VA.

Selznick P., 1957, *Leadership in Administration. A Sociological Interpretation*, Harper & Row, New York (tr. it.: *La leadership nelle organizzazioni*, F. Angeli, Milano, 1984).

Slater P., 1974, *Earthwalk*, Ph. Slater Publ., USA (tr. it.: *La camminata terrestre*, O.S., Firenze, 1978).

Tucari F., 1991, *Carisma e leadership nel pensiero di Max Weber*, F. Angeli, Milano.

Weber M., 1958, *The Religion of India: The Sociology of Hinduism and Buddhism*, tr. a cura di H.H. Gerth & D. Martindale, C.T. Press, Glenocoe.

Weber M., 1921, *The Sociology of Charismatic Authority*, tr. a cura di H.H. Gerth & C.W. Mills, 1946, da *Max Weber: Essays in Psychology*, Oxford U.P., New York, pp. 245-252.

Wills G., 1994, Certain Trumpets: the Call of Leaders, Simon & Schuster, New York.
Zenger J.H. *et al.*, 1994, *Leading Teams: Mastering the New Role*, Irwin, Homewood, Ill.

Capitolo X. Leadership e Potere

Abdullah S.M., 1995, *The Power of One: Authentic Leadership in Turbulent Times*, New Society Publishers, Philadelphia.
Achille M., Achille P.A., Mac Donald H., Ogloff J.R.P., 1994, *Autoritarisme et choix politiques aux élections fédérales de 1993*, 62° Congrès de l'ACFAS, 18 maggio, Università del Québec a Montréal.
Adorno T.W., Frenkel-Brunswick E., Levinson D.J., Sanford R.N., 1950, *The Authoritarian Personality*, Harper, New York.
Antiseri D. (a cura di), 1996, *Come controllare chi comanda: Karl R. Popper*, Ideazione Editrice, Roma.
Bendix R., 1978, *Kings or People: Power and the Mandate to Rule*, Univ. Calif. Press, Berkeley (tr. it.: *Re o Popolo*, Feltrinelli, Milano, 1980).
Ben-Yoav O., Hollander E.P., Carnevale P.J.D., 1983, "Leader Legitimacy, Leader-Follower Interaction, and Followers' Ratings of the Leader", *Jo. of Soc. Psychol.*, 121, pp. 111-115.
Benveniste, 1969, *Le vocabulaire des institutions indo-européennes*, Edit. Minut, Paris (tr. it.: *Il vocabolario delle istituzioni indoeuropee*, Einaudi, Torino, 1976).
Bettin P.J., 1983, "The Role of Relevant Experience and Intellectual Ability in Determining the Performance of Military Leaders: A Contingency Model Explanation", *Technical Report*, 84-5, University of Washington, Organizational Research, Seattle.
Bienen H. (ed.), 1994, *Voices of Power: Leader Speak to Followers*, Ecco Press, Hopewell, NJ.
Blakesley L., 1995, *Presidential Leadership: From Eisenhower to Clinton*, Nelson-Hall, Chicago.
Bobbio N., 1976, *La teoria della forma di governo nella storia del pensiero politico*, Giappichelli, Torino.
Brodskij I., 1986, *Less than one, selected essays*, Farrar, Straus e Giroux (tr. it.: *Fuga da Bisanzio*, Adelphi, Milano, 1987).
Burckhardt J., *Griechische Kulturgeschichte*, Berlin-Stuttgart, 1898-1902 (tr. it.: *Storia della civiltà greca*, Sansoni, Firenze, 1965).
Busino G., 1978, *Élite*, in *Enciclopedia*, Einaudi, Torino.
Busino G., 1992, *Élite et élitisme*, Puf, Paris.
Catenacci C., 1996, *Il tiranno`e l'eroe*, B. Mondadori, Milano.
Chabod F., 1964, *Scritti su Machiavelli*, Einaudi, Torino.
Chaussinand-Nogaret G., 1975, *Une histoire des élites, 1700-1848*, Mouton, Paris.
Chrislip D.D., 1994, *Collaborative Leadership: How Citizens and Civic Leaders Can Make a Difference*, Jossey-Bass, San Francisco.
Christie R., 1991, *Authoritarianism and Related Constructs.* In: J.P. Robinson, P.R. Shaver, L.S. Wrightsman (eds.), *Measures of Personality and Social Psychological Attitudes*, vol. 1, Academic Press, San Diego.
Christie R., Geis F.L., 1970, *Studies in Machiavellianism*, Accademic Press, New York.

Cicerone M.T., 55 A.C., *De Republica* (tr. it.: *Dello Stato*, Gela Edit., Roma).
Cohen Y., 1995, *Les polytechniciens dans le discours sur le commandement (1891-1940)*. In: B. Belhoste *et al.* (dir.), *La France des X. Deux siècles d'histoire*, Economica, Paris.
Conger J.A. *et al.*, *Spirit at Work: Discovering the Spirituality in Leadership*, Jossey-Bass, San Francisco.
De Masi D., 1973, *Sociologia dell'azienda*, Il Mulino, Bologna.
Dahrendorf R., 1959, *Class and Class Conflict in Industrial Society*, Routledge and Kegan, London (tr. it.: *Classi e conflitto di classe nella società industriale*, Bari, Laterza, 1963).
Dahrendorf R., *Lebenschancen, anlaufe zur socialen und politischen theorie*, Suhrkamp Verlag, Frankfurt A.M. (tr. it.: *La libertà che cambia*, Bari, Laterza, 1994).
De Rita G., 1996, *1966-1996, I trenta rapporti annuali sulla situazione italiana*, Censis, Roma.
Diderot D., 1978, *Potere politico e libertà di stampa*, Editori Riuniti, Roma.
Dioguardi G., 1995, *Dossier Diderot*, Sellerio, Palermo.
Drucker P.F., 1954, *The Practice of Management*, Harper, New York (tr. it.: *Il potere dei dirigenti*, Etas Libri, Milano, 1967).
Erasmo da Rotterdam, 1509, *Laus stultitiae* (tr. it.: *Elogio della pazzia e dialoghi*, Edizione critica a cura di B. Croce, Laterza, Bari, 1914).
Eschenburg T., 1965, *Über Autorität*, Suhrkamp Verlag, Frankfurt am Main (tr. it.: *Dell'autorità*, Il Mulino, Bologna, 1976).
Esposito R. (a cura di), 1996, *Oltre la politica: Adorno, Arendt, Barth, Bataille, Blanchot, Broch, Canetti, Patocka, Weil*, B. Mondadori, Milano.
Ferrarotti F., 1968, *Trattato di sociologia*, Utet, Torino.
Fisichella D., 1998, *Tecnocrazia, Enciclopedia del Novecento*, Fondazione Treccani, Roma.
Filippi G.L., 1996, *Leadership, Power and Motivation*, XXVI Intern. Congress of Psychol., 16-21 agosto, Montréal, Canada.
French J.R., Raven B., 1959, *The Bases of Social Power*. In: D. Cartwright (ed.), *Studies in Social Power*, Institute for Social Research, Ann Arbor (tr. it.: *Le basi del potere sociale*, in A. Levy (a cura di), *Psicologia sociale*, O.S., Firenze, 1965).
Fromm E., 1941, *Escape from Freedom*, Rinehart, New York (tr. it.: *Fuga dalla libertà*, Ed. Comunità, Milano, 1941).
Gabrieli V. (a cura di), 1956, *Puritanesimo e libertà. Dibattiti e libelli*, Einaudi, Torino.
Galli G., 1995, *Storia delle dottrine politiche*, B. Mondadori, Milano.
Geiger T., 1926, *Die Masse und Ihre Aktion; ein Beitrag zur Soziologie der Revolutionen*, Enke, Stuttgart.
Gmelin U., 1937, *Auctoritas. Römischer princeps und päpstliches Primat*. In: Seeberg (a cura di), *Geistige Grundlagen römischer Kirchenpolitik, Forschungen zur Kirchen und Geistesgeschichte*, Holzmann & Weber, Stuttgart.
Gramsci A., 1975, *Quaderni del carcere*, a cura di V. Gerratana, Einaudi, Torino.
Grusky O., 1970, *The Effects of Succession: A Comparative Study of Military and Business Organizations*. In: O. Grusky e G. Miller (eds.), *The Sociology of Organizations*, Free Press, Glencoe, Ill.
Guehenno J.M., 1993, *La fin de la démocratie*, Flammarion, Paris (tr. it.: *La fine della democrazia*, Garzanti, Milano, 1994).
Hagberg J., 1994, *Real Power: Stages of Personal Power in Organizations*, Sheffield Pub. Co., Salem, Wis.

Hanson D.J., 1982, *Authoritarianism and Dogmatism: Political Orientations*. In V.K. Kool, J.J. Ray (eds.), *Authoritarianism across Culture*, Himalaya Publishing House, Bombay, pp. 122-141.
Heinze R., 1939, *Auctoritas*. In: *Vom Geist des Römertums*, Leipzig-Berlin.
Hockheimer M., 1952, *Survey of the Social Sciences in Western Germany*.
Hollander P.E., 1985, *Leadership and Power*. In: G. Lindzey, E. Aronson (eds.), *The Handbook of Social Psychology*, Random House, New York, pp. 485-537.
Hutton R., 1994, *Charisma and Authority in Israelite Society*, Fortress Press, Minneapolis.
Jaques E., 1976, *A General Theory of Bureaucracy*, Heinemann Educ. Books, London (tr. it.: *Teoria generale della burocrazia*, Isedi, Milano, 1979).
Jeanneney J., 1994, *L'avenir vient de loin*, Editions du Seuil, Paris.
Johnson P., 1988, *Intellectuals*, P. Johnson, Publ. (tr. it.: *Gli intellettuali*, 1989, Longanesi, Milano).
Kets De Vries F.R., 1993, *Leaders, Fools and Impostors: Essay on the Psychology of Leadership*, Jossey-Bass, San Francisco (tr. it.: *Leader, giullari e impostori. Sulla psicologia della leadership*, Cortina, Milano, 1995).
Kipnis D., 1976, *The Powerholders*, University of Chicago Press, Chicago.
Lanzalaco L., 1995, *Istruzioni, organizzazioni, potere*, NIS, Roma.
Longhin L., Mazzei Maisetti F. (a cura di), 1991, *Psicoanalisi e potere*, Laterza, Bari.
Machiavel, 1996, *Oeuvres*. Introduction, notes, cartes, plans, bibliographie, index des personnes citées, établis par Christian Bec, Laffont, Paris.
Machiavelli N., 1513, *Il Principe*, Edizione critica a cura di G. Mazzoni e M. Casella, Le Monnier, Firenze, 1929.
Machiavelli N., 1513, *Il Principe*, con uno scritto di G.W.F. Hegel a cura di U. Dotti, Feltrinelli, Milano, 1991.
Mancuso M., Price R.G., Wagenberg R. (a cura di), 1994, *Leader and Leadership in Canada*, Oxford U.P., Toronto.
Marsiglio W. (ed.), 1995, *Fatherhood*, Sage, London.
McClelland D., 1975, *Power: The Inner Experience*, Irvington, New York.
Miglio G.F., 1988, *Le regolarità della politica*, due volumi, Giuffrè, Milano.
Montesquieu De Secondar C.L., 1748, *L'esprit des lois*.
Mommsen T., 1871, *Römisches Staatsrecht*, vol. I, Leipzig.
Mosca G., 1896, *Elementi di scienza politica*, Bocca, Roma.
Nair K., 1994, *A Higher Standard of Leadership: Lessons from the Life of Gandhi*, Berrett-Koehler, San Francisco.
Panebianco A., 1997, *Guerrieri democratici*, Il Mulino, Bologna.
Pareto U., 1916, *Trattato di sociologia generale*, Barbera, Firenze.
Platone, 386-370 A.C., *Politeia* (tr. it.: *La Repubblica*, Rizzoli, Milano, 1981).
Radtke H.L., Stamm H.J. (eds.), 1994, *Power/Gender. Social Relations in Theory and Practice*, Sage, London.
Rawls J., 1971, *A Theory of Justice*, Harvard U.P., Cambridge, Mass. (tr. it.: *Una teoria della giustizia*, Feltrinelli, Milano, 1982).
Ritter G., 1948 (tr. it.: *Il volto demoniaco del potere*, Il Mulino, Bologna, 1997).
Rizzi B., 1939, *La bureaucratisation du monde*, Hachette, Paris.
Roquette M.L., 1988, *La psychologie politique*, Puf, Paris.
Rousseau J.J., 1754, *Discours sur l'origine et les fondements de l'inégalité parmi les hommes*, Rey, Amsterdam, 1755 (tr. it.: *Discorso sull'origine e i fondamenti dell'ineguaglianza tra gli uomini*, Editori Riuniti, Roma, 1971).

Rousseau J.J., 1762, *Du contrat social*, Genève (tr. it.: *Il contratto sociale*, Einaudi, Torino, 1994).
Sartori G., 1987, *The Theory of Democracy Revisited*, Chatham House, New York.
Schmitt C., 1954, *Geschpräch über die Macht und den Zugang zum Machtaber*, G. Neske Ed., Pfüllingen (tr. it.: *Dialogo sul potere*, Il Melangolo, Genova, 1990).
Sinha J.B.P., 1990, *The Cultural Context of Leadership and Power*, Sage, New Delhi.
Sinha J.B.P., 1995, *The Cultural Context of Leadership and Power*, Sage, London.
Sola G., 1996, *Storia della scienza politica*, NIS, Roma.
Spaltro E., 1984, *Sentimento del potere*, Boringhieri, Torino.
Spaltro E., 1996, *Subjective Economy as a Psychological Device for Governments*, IUPS International Union of Psychological Science, XXVI International Congress of Psychology, 16-21 agosto, Montréal, Canada.
Stewart M., 1997, *Partnership and Power*, Eur. J. of Work and Organ. Psych., 6(2), pp. 219-225.
Storoni Mazzolani L., 1996, *Tacito o della potestas*, Passigli, Milano.
Tancredi M., 1993, *Attività e potere nell'organizzazione*, Etas Libri, Milano.
Toynbee A., 1934-1939, *A Study of History: The Geneses of Civilizations*, Oxford U.P., London (tr. parziale it.: *Panorami della storia: genesi delle civiltà*, B. Mondadori, Milano, 1952-1955).
Toynbee A., 1976, *Mankind and Mother Earth*, Oxford U.P. (tr. it.: *Il racconto dell'uomo*, Garzanti, Milano, 1977).
Trentini G., 1993, *La psicologia tra cittadinanza e sudditanza*, Atti del XXIII Congresso Nazionale degli Psicologi Italiani, SIPs, Milano.
Trentini G., 1980, *Potere/Autorità*. In: *Enciclopedia Einaudi*, vol.10, Einaudi, Torino.
Veca S., 1981, *Teorie e modelli nell'ambito del politico*. In: R. Romano (a cura di), *Il sapere come rete di modelli*, Einaudi-Panini, Modena, pp. 27-42.
Vecchiato G., 1996, *The Managerial Thought of Niccolò Machiavelli*, MSc Dissertation, London School of Econ. and Polit. Sc.
Voltaire (Francois Marie Arouet detto-), 1734, *Traité de méthaphysique*, Kehl Ed., Paris (tr. it.: *Trattato di metafisica*. In: *Scritti filosofici*, Laterza, Bari, 1972, pp. 125-196).
Voltaire (Francois Marie Arouet detto-), 1764, *Dictionnaire Philosophique*, portatif, Londres-Genève (tr. it.: *Dizionario filosofico*, a cura di Mario Bonfantini, Einaudi, Torino, 1969).
Voltaire (Francois Marie Arouet detto-), 1756, *Essai sur les moeurs et l'esprit des nations et sur les principaux faits de l'histoire*, Cramer, Genève (tr. it.: *Edizioni per il Club del Libro*, Milano-Novara, 1966-1967).
Weimann G., 1994, *The Influentials: People who Influence People*, State University of New York Press, Albany.
Wills G., 1994, *Certain Trumpets: The Call of Leaders*, Simon & Schuster, New York.

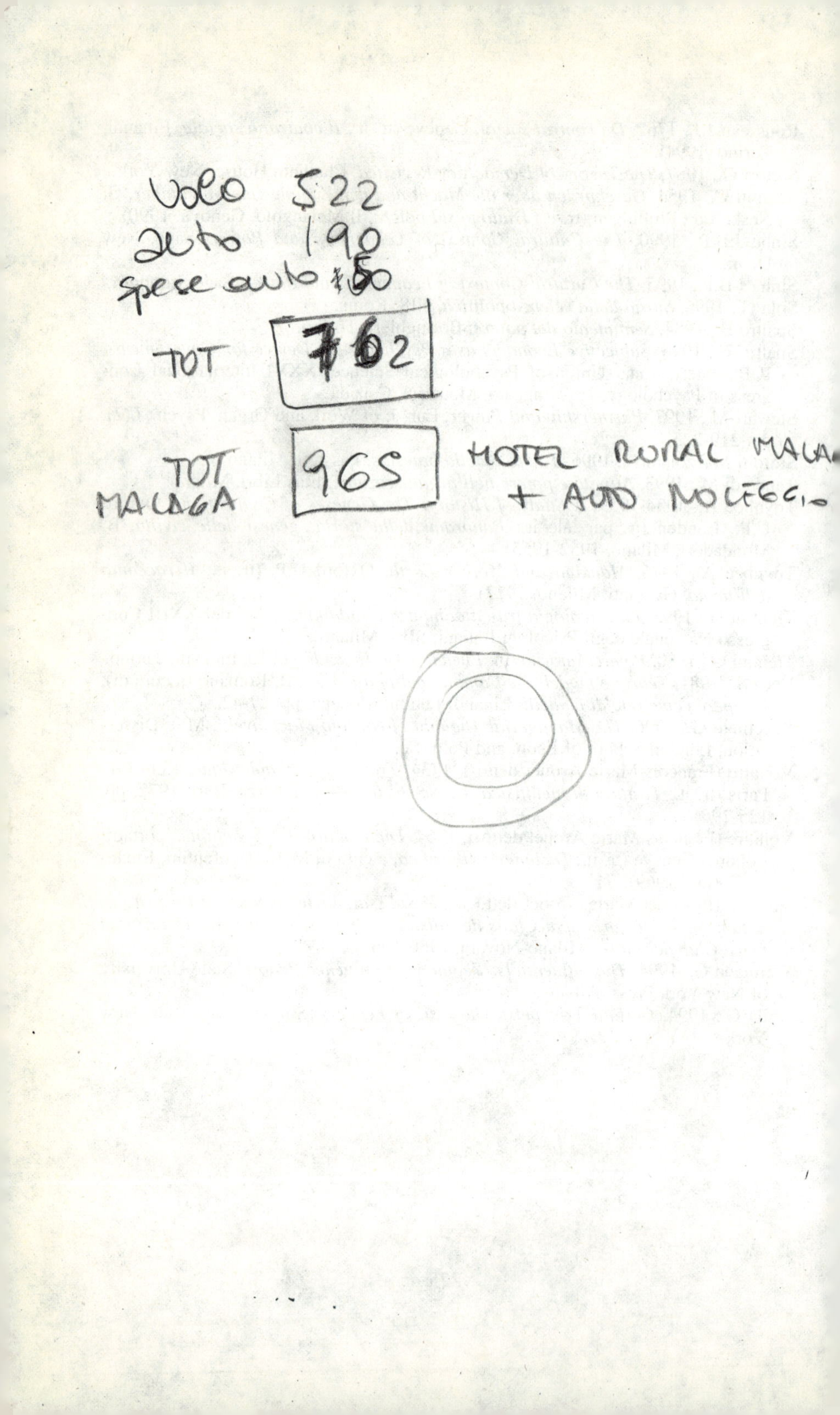

Volo 522
auto 190
spese auto 50

TOT 762

TOT MALAGA 965 HOTEL RURAL MALA
+ AUTO NOLEGGIO